物权法：
规则与解释

Property Law:
Rules and
Explanations

姜海峰　著

图书在版编目(CIP)数据

物权法：规则与解释/姜海峰著. —北京：北京大学出版社，2022.10
ISBN 978-7-301-33496-6

Ⅰ. ①物… Ⅱ. ①姜… Ⅲ. ①物权法-研究-中国 Ⅳ. ①D923.24

中国版本图书馆CIP数据核字(2022)第193175号

书　　　名	物权法：规则与解释 WUQUANFA：GUIZE YU JIESHI
著作责任者	姜海峰　著
责 任 编 辑	方尔埼
标 准 书 号	ISBN 978-7-301-33496-6
出 版 发 行	北京大学出版社
地　　　址	北京市海淀区成府路205号　100871
网　　　址	http://www.pup.cn　http://www.yandayuanzhao.com
电 子 信 箱	yandayuanzhao@163.com
新 浪 微 博	@北京大学出版社　@北大出版社燕大元照法律图书
电　　　话	邮购部 010-62752015　发行部 010-62750672 编辑部 010-62117788
印 刷 者	三河市北燕印装有限公司
经 销 者	新华书店
	965mm×1300mm　16开本　19.75印张　278千字 2022年10月第1版　2022年10月第1次印刷
定　　　价	79.00元

未经许可，不得以任何方式复制或抄袭本书之部分或全部内容。
版权所有，侵权必究
举报电话：010-62752024　电子信箱：fd@pup.pku.edu.cn
图书如有印装质量问题，请与出版部联系，电话：010-62756370

前　言

本书根据《民法典》以及最高人民法院的最新相关司法解释,在我多年物权法课程的讲稿基础上整理而成。本书的撰写和出版得到了江苏大学研究生院、教务处以及江苏大学法学院的资助。

物权法本身入门较难,要理解相关规则的适用对象并不易。故此,本书参考国外一些教材的做法,以若干实际案例和教学案例来说明有关规则,每章单独编号,以"例×"的方式按顺序编列,希望有助于读者对于规则的理解。

我的物权法知识的掌握,很大程度上是在阅读海峡两岸诸位教授著作的影响下达成的,诸位教授实为我的物权法之师。但正如亚里士多德所言,吾爱吾师,吾更爱真理。故此,本书结合德国原始文献,对于诸位教授一些观点提出了批判性的看法。

本书虽然精心撰写和校对,但错讹难免,欢迎读者诸君提出批评,意见请电邮:jhf@ujs.edu.cn。

姜海峰

2021年12月16日于家中书房

目　录

第一章　概述 ································ 1
第一节　物权的概念 ························ 1
一、物权的概念与特征 ···················· 1
二、物权与债权的区别 ···················· 5
第二节　物权法 ···························· 6
一、物权法的发展历史 ···················· 6
二、物权法的调整对象 ···················· 7
三、物权法的特点 ························ 8
第三节　物权的体系 ························ 10
一、物权法定原则 ························ 10
二、物权的分类 ·························· 14
三、物权的体系 ·························· 16
第四节　物权的效力 ························ 17
一、物权的优先效力 ······················ 17
二、物权的排他效力 ······················ 21
三、物权的追及效力 ······················ 22
第五节　物权请求权 ························ 22
一、概述 ································ 22
二、返还原物请求权 ······················ 24
三、排除妨害请求权 ······················ 28

四、消除危险请求权 ………………………………………… 29
　　五、连成贤诉臧树林排除妨害纠纷案 …………………… 30
  第六节　作为物权的客体的物 ……………………………… 34
　　一、物的含义 ………………………………………………… 34
　　二、物的分类 ………………………………………………… 36

第二章　物权变动 …………………………………………………… 40
  第一节　概述 ………………………………………………… 40
　　一、物权变动的含义 ………………………………………… 40
　　二、物权变动的形态 ………………………………………… 40
　　三、物权变动的原因 ………………………………………… 42
  第二节　物权变动的公示和公信原则 ……………………… 43
　　一、物权变动的公示原则 …………………………………… 43
　　二、物权变动的公信原则 …………………………………… 62
  第三节　基于法律行为的物权变动 ………………………… 63
　　一、基于法律行为的物权变动的立法模式 ……………… 63
　　二、基于法律行为的物权变动的中国模式 ……………… 67
  第四节　物权变动的其他原因 ……………………………… 83
　　一、私法上其他原因 ………………………………………… 83
　　二、公法上的原因 …………………………………………… 91

第三章　所有权 ……………………………………………………… 96
  第一节　概述 ………………………………………………… 96
　　一、所有权与所有制 ………………………………………… 96
　　二、所有权的含义 …………………………………………… 98
　　三、所有权的特征 …………………………………………… 100
  第二节　所有权的种类 ……………………………………… 101
　　一、国家所有权 ……………………………………………… 101
　　二、集体所有权 ……………………………………………… 103
　　三、私人所有权 ……………………………………………… 104

四、法人所有权 …………………………………………… 104
　第三节　建筑物区分所有权 …………………………………… 105
　　一、建筑物区分所有权的含义 …………………………… 105
　　二、专有部分的所有权 …………………………………… 106
　　三、共有部分的共有权 …………………………………… 108
　　四、成员权 ………………………………………………… 113
　第四节　相邻关系 ……………………………………………… 116
　　一、含义 …………………………………………………… 116
　　二、相邻关系处理的基本原则 …………………………… 117
　　三、相邻关系的内容 ……………………………………… 117
　第五节　共有 …………………………………………………… 120
　　一、共有的概念及分类 …………………………………… 120
　　二、共有份额 ……………………………………………… 121
　　三、共有人的内部关系 …………………………………… 123
　　四、共有人的外部关系 …………………………………… 124
　　五、共有物的分割 ………………………………………… 125
　第六节　所有权取得的特别规定 ……………………………… 127
　　一、善意取得 ……………………………………………… 127
　　二、遗失物的拾得 ………………………………………… 146
　　三、拾得漂流物、发现埋藏物或隐藏物 ………………… 148

第四章　用益物权 ………………………………………………… 149
　第一节　概述 …………………………………………………… 149
　　一、用益物权的含义 ……………………………………… 149
　　二、用益物权的体系 ……………………………………… 149
　　三、用益物权和所有权的关系 …………………………… 152
　第二节　土地承包经营权 ……………………………………… 152
　　一、土地承包经营权的含义 ……………………………… 152
　　二、土地承包经营权的取得 ……………………………… 154

三、承包地不得调整和收回及例外 ············· 155
　　四、"三权分置"与土地经营权 ············· 156
第三节　建设用地使用权 ············· 158
　　一、建设用地使用权的含义 ············· 158
　　二、建设用地使用权的设立和处分 ············· 160
　　三、建设用地使用权的期限届满及处理 ············· 165
第四节　宅基地使用权 ············· 167
　　一、宅基地使用权的含义 ············· 167
　　二、宅基地使用权的取得、转让和行使 ············· 168
　　三、宅基地使用权的变更登记与注销登记的价值 ············· 170
第五节　居住权 ············· 170
　　一、居住权的含义 ············· 170
　　二、作为人役权的居住权及其异化 ············· 171
　　三、居住权的设立、消灭 ············· 173
第六节　地役权 ············· 174
　　一、地役权的含义 ············· 174
　　二、地役权的从属性与不可分性 ············· 175
　　三、地役权的设立 ············· 176
　　四、地役权的变动 ············· 177

第五章　担保物权 ············· 178
第一节　概述 ············· 178
　　一、担保物权的含义 ············· 178
　　二、担保物权的特征 ············· 179
　　三、物保与人保并存的处理 ············· 188
　　四、担保物权消灭的原因 ············· 199
第二节　抵押权 ············· 200
　　一、抵押权的含义 ············· 200
　　二、抵押权的设立 ············· 200

三、抵押权效力 ·· 215
　　四、抵押权的顺序 ·· 238
　　五、抵押权的实现 ·· 251
　　六、最高额抵押权 ·· 256
第三节　质权 ·· 258
　　一、质权的分类及其与抵押权的区别 ···················· 258
　　二、动产质权 ·· 259
　　三、权利质权 ·· 270
第四节　留置权 ··· 276
　　一、留置权的含义 ·· 276
　　二、留置权的成立条件 ······································ 276
　　三、留置权的效力 ·· 279
　　四、留置权的实现 ·· 280
　　五、留置权消灭的特别规定 ································ 280

第六章　占有 ·· 282

第一节　概述 ·· 282
　　一、我国《民法典》规定的占有制度 ···················· 282
　　二、占有的性质和含义 ······································ 282
　　三、占有的分类 ··· 283
第二节　占有保护 ·· 285
　　一、概说 ·· 285
　　二、占有人返还原物请求权 ································ 285
　　三、占有人的排除妨害和消除危险请求权 ·············· 288
第三节　所有人、占有人关系 ···································· 289
　　一、所有人、占有人关系的含义 ·························· 289
　　二、占有人就使用利益损害的赔偿义务 ················· 289
　　三、占有人孳息返还义务 ··································· 292
　　四、所有人的费用支付义务 ································ 294

五、占有人在占有物毁损、灭失时的损害赔偿责任 ………… 295
附录：占有规则的适用——以长租公寓经营"爆雷"为例 ………… 299
　　一、长租公寓经营的性质——转租 ……………………… 299
　　二、长租公寓中的占有关系——多重间接占有
　　　　（占有连锁） …………………………………………… 300
　　三、长租公寓"爆雷"与占有连锁的打破 ……………… 300
　　四、占有连锁的维持 ……………………………………… 301
　　五、作为所有人的房东的返还原物请求权及其行使条件 … 304
　　六、作为占有人的房客的地位保护 ……………………… 304
　　七、结语 …………………………………………………… 305

第一章 概 述

第一节 物权的概念

一、物权的概念与特征

《民法典》第114条第2款(以下无特别注明,有关条文均为《民法典》的条文)规定:"物权是权利人依法对特定的物享有直接支配和排他的权利,包括所有权、用益物权和担保物权"。该款前半句即为物权的法律定义。

（一）物权的客体是特定的物

(1)客体是物,但依法也可以是权利。

物权,从文义来看,其客体应该是物。不过第115条也规定:"物包括不动产和动产。法律规定权利作为物权客体的,依照其规定。"因此,在法律有规定的例外情况下,权利本身也可以成为物权的客体。例如,《民法典》第十八章第二节规定的权利质权就以权利作为物权客体。

[例1-1]甲公司将其持有的乙公司的股票出质给丙银行以办理质押贷款,从而筹措公司所急需的流动资金。丙银行就甲公司拥有的乙公司的股权享有质权,这就是权利质权。

(2)物的特定性是支配物的前提。

正如物权的定义所指出的,物权是一种直接支配的权利,这就要求物权的客体原则上必须具有特定性。因为不特定、变动不居的对象通常无法被直接支配。例如,一瓶矿泉水就属于特定物,在其上可以成立物权,而滔滔江水,由于其本身无法被特定,因此江水本身不能通过物权制度来保护。《民法典》第247条虽然规定水流属于国家所有,不过这一规定的民法意义并不大。难道我们能够认为汇入大海的长江水是国家所有权的流失吗?因此,该条款的意义在确定取水许可和水资源的有偿使用。

(3)一权一物。

物权的客体是特定物,还意味着"一权一物"。也就是物权通常只能在一个特定的物上成立,而不是在集合物上成立。比如,书包里面有几本书,就有几个所有权(再加上一个书包的所有权)。

(4)物的特定性在物权设定时依法可以有例外,但是物权行使(实现)时依然需要特定(确立)。

作为物权客体的权利自然也要特定,如例1-1中作为质权客体的股权。不过,不管作为物权客体的是物还是权利,依照法律规定,在例外的情况下客体也可以不具备特定性。动产浮动抵押就是这种情况的适例。第396条规定,"企业、个体工商户、农业生产经营者可以将现有的以及将有的生产设备、原材料、半成品、产品抵押,债务人不履行到期债务或者发生当事人约定的实现抵押权的情形,债权人有权就抵押财产确定时的动产优先受偿。"此时,物权的客体并不限于抵押权设定时已有的财产,还包括将有的财产。不过,在债权人主张优先受偿时,权利必须有特定的行使对象。亦即,浮动抵押的客体本身将不再处于浮动的状态,这就是所谓"确定"(第411条)。又如,应收账款质押的客体也可以是将有的应收账款(第440条第6项)。作为质权客体的应收账款本身,在质权人主张优先受偿前,同样也会不断变化,也是不特定的。

[例1-2:最高人民法院指导案例53号]福建海峡银行股份有限公司福州五一支行诉长乐亚新污水处理有限公司、福州市政工程有限公

司金融借款合同纠纷案[1]

2005年3月24日,福州市商业银行五一支行与长乐亚新公司签订《单位借款合同》约定:长乐亚新公司向福州市商业银行五一支行借款3000万元;借款用途为长乐市城区污水处理厂BOT项目;借款期限为13年,自2005年3月25日至2018年3月25日;还就利息及逾期罚息的计算方式作了明确约定。福州市政公司为长乐亚新公司的上述借款承担连带保证责任。同日,福州市商业银行五一支行与长乐亚新公司、福州市政公司、长乐市建设局共同签订《特许经营权质押担保协议》,约定:福州市政公司以《长乐市城区污水处理厂特许建设经营协议》授予的特许经营权为长乐亚新公司向福州市商业银行五一支行的借款提供质押担保,长乐市建设局同意该担保;福州市政公司同意将特许经营权收益优先用于清偿借款合同项下的长乐亚新公司的债务,长乐市建设局和福州市政公司同意将污水处理费优先用于清偿借款合同项下的长乐亚新公司的债务;福州市商业银行五一支行未受清偿的,有权依法通过拍卖等方式实现质押权利等。上述合同签订后,福州市商业银行五一支行依约向长乐亚新公司发放贷款3000万元。长乐亚新公司于2007年10月21日起未依约按期足额还本付息。

本案中,被质押的是长乐亚新公司"污水处理费"收取权,即为应收账款。该账款有进有出,在债权人未主张质权时,不断变动,其作为物权客体不具备特定性。在性质上是与前述浮动抵押相同的浮动债权质押。

(二)物权是支配物的权利

物权是支配权。支配权(Herrschaftsrecht)一语来自德语,德国学者指出,支配权赋予权利人对于特定客体绝对的、直接的掌控权力。[2] 支配权的客体原本也包括人,如对于奴隶的支配。不过,现代文明国家

---

[1] 参见最高人民法院网站,http://www.court.gov.cn/shenpan-xiangqing-16095.html,2020年9月3日访问。

[2] Brox/Walker, Allgemeiner Teil des BGB, 43. Aufl., 2019, S. 282.

均不再承认人作为支配权的客体。物权是支配权,或者说对物的支配权就是物权。《德国民法典》第903条第1款规定:"只要不违反法律或者与第三人的权利相冲突,物的所有人可以任意处置其物并排除他人的任何干涉"。可见,支配权意味着权利人对客体有任意处置的权利,可以决定客体事实上和法律上的命运。[1] 权利人是物的掌控者。就此而言,虽然人身权和物权均属于对世权、绝对权,但人身权却不能被作为支配权来看待。尽管作为其客体的人身利益是法律的保护对象,但该权利的确立不是为了让权利人任意处置该利益。

(三)物权是对物的直接支配

物权人通常直接占有物,他人只是负有不得干涉物权人行使物权的不作为义务,权利人实现权利并不需要他人的配合,这就是所谓的直接支配。不过,有些物权并不以占有为内容,如抵押权。虽然抵押权人能够支配物的交换价值,即独占其可以优先受偿的这部分交换价值,但是物本身并不由其占有。要实现对价值的支配,尚需要抵押人的配合。如果抵押人不配合,则需要通过法院来实现抵押权。[2] 在此意义上,抵押权人并不能实现对于抵押财产的直接支配。

(四)物权是排他的权利

物权是排他的权利,即物权客体由物权人独占,有我没你,有你没我,这也是物权作为支配权所必然具有的特点。你的就是我的,我的就是你的,所谓的共有,只是数人共享一个支配权,而不是两个支配权。关于这一点,下文在介绍物权的排他效力时还会有进一步说明。

[例1-3] 甲乙共同购买一本书,甲看的时候乙就看不了,乙看的时候甲就看不了,同一个所有权,由两个人分时享有。

应该注意,《民法典》的定义本身确认的是,物权是排他的权利,不

---

[1] 有人认为,此处的"支配"有安排、利用的意思,包括占有、使用、收益和处分的权能的总和,参见黄薇主编:《中华人民共和国民法典释义》,法律出版社2020年版,第224页,其似乎是以所有权为描述对象,前后概括也不一致。

[2] 《民法典》第410条第2款:"抵押权人与抵押人未就抵押权实现方式达成协议的,抵押权人可以请求人民法院拍卖、变卖抵押财产。"

是排除他人干涉。一方面,排除他人干涉体现为诸如返还原物、排除妨害、消除危险等物权请求权(第235、236条);另一方面,《民法典》第207条也明确规定"国家、集体、私人的物权和其他权利人的物权受法律平等保护,任何组织或者个人不得侵犯",该条除了确定不同主体所有权平等保护,也就是民法上的保护手段是一致的;同时"任何组织或者个人不得侵犯"的规定表明,物权人可以排除他人干涉,体现了物权作为对世权、绝对权的特点。

二、物权与债权的区别

(一)主体上的区别

物权是对世权、绝对权,义务人是权利人之外的所有人,任何人都负有不得妨害物权人权利行使的义务。而债权是对人权、相对权,义务人是特定的债务人,第三人即使妨碍了债权的实现,债权人也不得以债权受损为由要求其承担民事责任。

[例1-4]甲将房屋出售给乙,乙已经支付了全部房款,但是房屋尚未交付和过户。丙又向甲求购该房屋,甲又再次将房屋出售给丙,并交付了房屋,办理了过户手续。乙就房屋对甲享有的权利是相对权,只能对甲主张,而不能对丙主张。乙不能主张丙购买该房屋侵害了其对于甲享有的债权,乙只能要求甲承担违约责任。

[例1-5]甲的手机遗失,乙捡到后卖给不知情的丙,后甲在丙处发现其购得的手机是甲遗失的手机,甲要求丙返还该手机,丙不得以该手机是其从乙处购得为由予以拒绝。因为甲主张的是其所享有的物权,可以对妨害其物权的任何人主张。(应该特别注意,如果丙的手机取得,符合第311、312条规定的返还条件的,那么依据第312条,甲应该从其知道手机在丙处之后两年内要求丙返还。)

(二)客体上的区别

如前所述,物权的客体通常是物,而债权的客体是债务人的行为,也就是给付。甲乙签订合同,将乙的房屋卖给甲,自合同签订之日起,甲就有权要求乙交付房屋和转移房屋的所有权(给付),债权就已经产生(第502条第1款、第598条)。不过此时甲尚未取得房屋的所有权,只有办理了房屋所有权转移登记(过户)后甲才能取得物权(第209条第1款第1分句),从而才能享有对房屋的支配。

(三)性质上的区别

物权以对物的支配为内容,是支配权,而债权以请求债务人为或不为一定行为为内容(第118条第2款),是请求权。物权虽然是支配权,但是物权受到妨害时,物权人自然也可以行使物权请求权(第235—236条),但该请求权是物权的一部分,不能脱离物权而单独转移。

第二节 物权法

一、物权法的发展历史

《物权法》作为民法的一部分被纳入了《民法典》,成为《民法典》的物权编。《物权法》于2007年通过,在此之前,我国并没有形式意义上的物权法。但是实质意义上的物权法却一直存在。比如,就土地来说,新中国成立前解放区的土改,到新中国成立后全国性的土改,而后农业合作社化运动,再到改革开放初期的包产到户,均涉及耕地的物权制度。1986年的《民法通则》在"财产所有权和与财产所有权有关的财产权"一节之下,除所有权外,还规定了承包经营权(《民法通则》第81条第3款)、全民所有制企业对企业财产的经营权(《民法通则》第82条),并于债权一节规定了抵押权和留置权两种担保物权(《民法通则》第89条);1986年的《土地管理法》确认了农民的宅基地使用权(《土地管理法》第38条);1988年《宪法》修改后,明确规定土地的使用权可以依法转让(《宪法》第10条第4款);1990年《城镇国有土地使用权出让和转让暂行条例》,规定了国有土地使用权;1994年《城市房地产管理法》则以法律的形式确认了房地产开发中的国有土地使用权;1995年的《担保法》则对抵押权、质权、留置权三种担保物权做了全面规定;

2002年《农村土地承包法》对土地承包经营权做了全面规定。

2007年的《物权法》对上述当时已经存在的各种物权进行了系统的规定,但不再认为经营权是一种独立的物权,并新增了地役权和对占有本身的保护规定。《民法典》整体承继了《物权法》中的各项规定,并同时新规定了居住权。

二、物权法的调整对象

《民法典》物权编第205条规定:"本编调整因物的归属和利用产生的民事关系。"

(一)物的归属关系

物权法所规定的各种物权,均涉及相应的物的利益归属和对相关利益的支配。《民法典》此处将物的归属与利用并列,则是指物的全面利益的归属,也就是所有权。

(二)物的利用关系

对于物的利用可以有债权性利用和物权性利用。前者如为解决居住问题,租赁他人房屋。对此《民法典》是通过合同编的租赁合同的相关规定来调整这类关系的。物权法调整的是物的利用关系,当然是物权性的物的利用,各类用益物权的规定,对物的使用价值的利用,显然可以归入这类关系。至于担保物权,作为利用关系,只能是指利用担保财产的交换价值。物权性利用,就有关利益本身就有支配权,在此意义上也是广义的物的归属关系。

归属从语义上看,有物或物的利益就是权利人的了,给权利人就支配物的名分之意,他人不要争了的意思。就此我们会想到法律所谓"定分止争"[1]的作用。不过物权法的作用不仅限于定分止争,也包括解决纠纷,尤其是物权保护中的物权请求权的规定。

---

[1]《管子·七臣七主》:"法者,所以兴功惧暴也,律者,所以定分止争也,令者,所以令人知事也。"

至于物权法规定的占有制度本身,保护的主要不是物的归属和利用,而是对于占有形成的和平秩序以及占有人可以和平占有的人格利益的维护。

三、物权法的特点

(一)固有法和继受法

物权制度与一国的社会发展密切相关,若干物权制度本身的形成和确立直接立足于社会的发展本身,是本国固有的法律。诸如土地承包经营权、宅基地使用权、国有土地使用权,这些涉及集体土地和国有土地之利用的物权制度,均为我国的固有法。

但是正如物权一语本身就是源于德国,除了固有法之外,基于清末修律形成的传统,我国很大一部分物权制度则是继受自德国、瑞士、日本等国法律。而担保物权制度中如浮动抵押、应收账款质押、价金抵押权的超级优先权等制度又与英美法有密切联系。因此,我国物权法有着大量的继受法因素。

(二)强行法和任意法

《民法典》第116条规定:"物权的种类和内容,由法律规定",即所谓的物权法定。除此之外,部分标的的物权变动也要求依法公示,《民法典》第208条规定:"不动产物权的设立、变更、转让和消灭,应当依照法律规定登记。动产物权的设立和转让,应当依照法律规定交付。"整体来说,物权法的规定大多数是强行法,而非任意法。

物权法的任意法较少,但不是没有,如就地役权的内容本身,《民法典》第372条规定:"地役权人有权按照合同约定,利用他人的不动产,以提高自己的不动产的效益。"需役地如何利用供役地设定役权,取决于当事人的合同约定。更合适的例子是《民法典》第406条第1款,"抵押期间,抵押人可以转让抵押财产。当事人另有约定的,按照其约定。抵押财产转让的,抵押权不受影响",即抵押人转让抵押财产的权利可以根据约定受到限制。

(三)实体法和程序法

物权法以物权为其规范对象,当然是实体法,但是也有程序法内容,诸如不动产登记程序的一些规定、抵押权实现的程序等,不过详细的程序仍然需要根据诸如《不动产登记暂行条例》《不动产登记暂行条例实施细则》《民事诉讼法》等确定。另外,关于动产担保物权登记的程序,尤其是登记机构,《民法典》未吸收《担保法》的授权规定,2021年1月1日《国务院关于实施动产和权利担保统一登记的决定》第3条则规定:纳入统一登记范围的动产和权利担保,由当事人通过中国人民银行征信中心动产融资统一登记公示系统自主办理登记……

这里需要说明的是有些程序性规定事实上对物权法规定的实体权利产生了直接影响,有些影响并无充分实体法基础。

[例1-6] 开发商甲为筹集资金将所开发的商品房抵押给银行乙,办理了抵押登记,而后又将抵押房屋出售给丙,丙支付了部分价款,并接受了房屋交付,但是产权无法过户。由于甲未按期归还贷款,乙依据生效判决申请强制执行该房屋,丙提出异议,是否应该支持?

《最高人民法院关于人民法院办理执行异议和复议案件若干问题的规定》第29条指出:"金钱债权执行中,买受人对登记在被执行的房地产开发企业名下的商品房提出异议,符合下列情形且其权利能够排除执行的,人民法院应予支持:(一)在人民法院查封之前已签订合法有效的书面买卖合同;(二)所购商品房系用于居住且买受人名下无其他用于居住的房屋;(三)已支付的价款超过合同约定总价款的百分之五十。"

依据上述规定,如果购房者所购商品房系用于居住且买受人名下无其他用于居住的房屋,则其生存权大于银行的贷款安全,其执行异议应该予以支持。银行贷款抵押无从执行的有关风险几乎无从回避。

第三节 物权的体系

一、物权法定原则

(一)物权法定的含义

物权法定,是指物权的种类和内容,由法律规定(第116条)。

1. 类型强制

物权种类法定,也被称为类型强制(Typenzwang,拉丁文 numerus clausus,数目上锁死的意思),狭义的物权法定就是指种类法定。

2. 类型固定

物权的内容法定,也是落实物权法定的必然要求,而内容法定,也被形象地称为类型固定(Typenfixierung)。也就是如果选定了某个类型的物权,这个物权的内容法律已经确定好了,不能随意改变,因为如果内容可以任意改变,不免会发生挂羊头、卖狗肉的风险。也就是说,当事人设定的物权内容与法律不一致,实际上创设了一个法律没有规定的物权,从而规避物权法定的要求。诚然,如前所述,《民法典》允许当事人自由约定地役权的内容,对这类物权法律很大程度上放松了所谓类型固定的要求。但是,该类物权仍须具有役权的性质,即利用他人不动产,目的是提高需役地的效益,而非与需役地无关的设定。

3. 物权法定适用的对象

物权法定是对当事人的限制,也就是不能由当事人约定法律没有规定的新的物权。物权法定并不构成对立法和司法实践发展的限制。[1] 事实上我国的物权的种类和内容在立法上也是不断地增加和完善的,我们司法实践也承认了让与担保这一新的物权。

2020年的《最高人民法院关于适用〈中华人民共和国民法典〉有关

---

[1] Wellenhofer, Marina, Sachenrecht, 34. Aufl. München, 2019, S. 28.而 Prütting, Hanns, Sachenrecht, 35. Aufl., 2014, S. 9 则认为在德国"物权法定没有阻止判例和学说进一步法律续造其他物权"。

担保制度的解释》(以下简称《担保制度解释》)第68条规定:债务人或者第三人与债权人约定将财产形式上转移至债权人名下,债务人不履行到期债务,债权人有权对财产折价或者以拍卖、变卖该财产所得价款偿还债务的,人民法院应当认定该约定有效。当事人已经完成财产权利变动的公示,债务人不履行到期债务,债权人请求参照民法典关于担保物权的有关规定就该财产优先受偿的,人民法院应予支持(第1款)。债务人或者第三人与债权人约定将财产形式上转移至债权人名下,债务人不履行到期债务,财产归债权人所有的,人民法院应当认定该约定无效,但是不影响当事人有关提供担保的意思表示的效力。当事人已经完成财产权利变动的公示,债务人不履行到期债务,债权人请求对该财产享有所有权的,人民法院不予支持;债权人请求参照民法典关于担保物权的规定对财产折价或者以拍卖、变卖该财产所得的价款优先受偿的,人民法院应予支持;债务人履行债务后请求返还财产,或者请求对财产折价或者以拍卖、变卖所得的价款清偿债务的,人民法院应予支持(第2款)。债务人与债权人约定将财产转移至债权人名下,在一定期间后再由债务人或者其指定的第三人以交易本金加上溢价款回购,债务人到期不履行回购义务,财产归债权人所有的,人民法院应当参照第二款规定处理。回购对象自始不存在的,人民法院应当依照民法典第一百四十六条第二款的规定,按照其实际构成的法律关系处理(第3款)。

该解释承认了让与担保的债权人优先受偿地位,也就是承认了其担保物权人的地位。一方面,只承认优先受偿权,不承认所有权人的地位;另一方面,就优先受偿权的行使均以担保物权的规定为前提。另外,强调了担保权人优先受偿地位必须以完成所有权的物权变动为前提,从而避免违反变动需要公示的公示原则的要求。

最高人民法院的裁判指出:"就转移担保物所有权的物权行为而言,债权人与债务人双方虽因缺乏让渡担保物所有权的真实合意,债权人不得基此主张享有担保物的所有权。但若担保物已经实际交付予债权人或担保物已经变更登记至债权人名下,完成了财产权利变动公示,则根据'举重以明轻'的解释规则,否认债权人的所有权人地位,有限度承认让与担保的担保物权效力,支持债权人关于将担保物拍卖、变卖、折价所得价款优先受偿的权利,既系对当事人意思自治的尊重,亦未对债务人之其他债权人利益造成损害,体现了衡平双方利益的让与担保合同的核心价值。"[1]

其要旨是:(1)之所以债权人不能主张所有权,是因为物权变动合意隐藏了当事人没有移转所有权的意图;(2)之所以发生让与担保效力,是因为双方有让债权人取得担保物权的意思表示。同时,已经以所有权变动的方式公示,不会对债务人的其他债权人利益造成损害。

4. 关于习惯法

我国的典当行所进行的典当行为,并无法律上的依据。仅有2005年《典当管理办法》对其进行了规定。"本办法所称典当,是指当户将其动产、财产权利作为当物质押或者将其房地产作为当物抵押给典当行,交付一定比例费用,取得当金,并在约定期限内支付当金利息、偿还当金、赎回当物的行为"(《典当管理办法》第3条第1款);"典当期限或者续当期限届满后,当户应当在5日内赎当或者续当。逾期不赎当也不续当的,为绝当"(《典当管理办法》第40条第1款);"绝当物估价金额不足3万元的,典当行可以自行变卖或者折价处理,损溢自负"(《典当管理办法》第43条第2项)。有关规定与担保物权的规定并不一致,尤其是其对流质的处理,与《民法典》关于质权的相应规定(第428条)并不相符,典当是所谓营业质权,对此也没有法律规定,其之所以取得物权的地位,乃习惯法使然。一方面这是典当行一贯的做法(反复出现:具备了习惯法的客观要素),另一方面也从来没有人质疑过这种做法的合法性,大家都认为应该这么做(大家都认为这是法:具备了习惯法的主观要素),也就是通过习惯法确立的物权。当然以3万元为

---

[1] 曾福元诉湖南新国置业发展有限公司合同纠纷再审案,最高人民法院(2019)最高法民再304号民事判决书。

限的做法,自然是受《典当管理办法》影响形成的习惯。

(二)物权法定的理由

(1)便于物权的保护。

由于物权是对世权,其他人均需要尊重物权,物权的数量有限和内容确定性,可以便于他人认识并维护物权。

(2)便于物的有效利用。

物权数量的有限性也便于物的效用发挥,不会让一个物之上存在若干物权人,从而彼此牵制以至于根本无法发挥物的价值。

(3)便于物权的公示。

物权有时候需要通过登记公示,而物权法定时,可以使登记的内容本身简明清晰,除了查询者可以清晰地认识外,公示程序也更为迅捷。

(4)便于维护合同自由和提高交易效率。

由于物权法定,就物权的内容本身,交易中无须再详细约定,同时由于物权法定,物权的内容是法律规定的,不会对他人产生不测之损害,也无须由行政机关或者司法机构来审查物权的内容是否对他人公平,交易会更为安全迅捷,合同自由能够真正实现。当然这里的合同自由,只是订立合同的自由因为物权法定,所以就涉及物权内容的合同内容自由本身是不存在的。

(三)违反物权法定的后果

当事人的约定如果违反物权法定原则,自然不可能按照当事人的意愿设定物权,其法律后果须根据具体情形确定。

(1)设定的法律未规定的物权,不能导致无名的具有对世效力的物权的成立,也就是物权行为不成立。但是,就设立物权合同的当事人而言,不违背关于法律行为效力的《民法典》规定,不妨碍发生债权行为的效力,在当事人之间产生相应的债权债务。

(2)设定的法律规定的物权,但是内容与法律规定相违背,有关内容无效,无效的内容以法律的规定取代。但是,如果约定的内容整体上与法定的内容相悖,有关物权本身也无从成立,而在当事人之间发生的债权债务关系有效与否,则取决于有关的法律行为效力规则。

二、物权的分类

（一）完全物权和限制物权

根据权利人支配范围的不同可以将物权分为对物进行全面支配的完全物权,也就是所有权和对物进行有限的支配的物权,即限制物权,也称定限物权。

（二）用益物权和担保物权

用益物权和担保物权是对限制物权的进一步划分。

用益物权,是指对物的使用价值进行支配的物权,其标的为物本身的使用收益,简称用益。《民法典》第323条规定:"用益物权人对他人所有的不动产或者动产,依法享有占有、使用和收益的权利。"在实践中,用益物权通常在不动产上设立,因为不动产数量有限,区位不移,因此有必要通过物权性利用来有效发挥不动产的价值。当然,在我国用益物权存在还有一个非常重要的原因,就是土地公有,如个人想拥有房屋的所有权,必须利用公有的土地,个人无法对土地享有所有权,只能通过用益物权本身获得对世的权利。《民法典》规定用益物权的客体自然也是不动产。第323条中提及的作为用益物权客体的动产,不精确对应的物权只能是取水权等与自然资源有偿开发使用相关联的物权,如取水权,这些权利由有关自然资源法进行规定,相对于《民法典》规定的物权而言,属于特别法规定的特别物权,对于这些特别物权,《民法典》只是作了概括性提及:"依法取得的海域使用权受法律保护"（第328条）,"依法取得的探矿权、采矿权、取水权和使用水域、滩涂从事养殖、捕捞的权利受法律保护"（第329条）。值得注意的是,这些特别物权大多也是不动产用益物权。另外,这些特别法上的用益物权,与传统的用益物权并不相同。传统的用益物权行使后,所有权人的权利并不会消失,但诸如采矿权、取水权这类自然资源取得使用许可或者有偿使用之后,所有人对于矿产、水的所有权就已经消灭了,变成用益物权人所有。

担保物权是以物的交换价值确保物权人受担保的债权的实现,而担保作用的实现主要是通过担保物权人对担保财产享有的优先受偿权。《民法典》第 386 条规定:"担保物权人在债务人不履行到期债务或者发生当事人约定的实现担保物权的情形,依法享有就担保财产优先受偿的权利,但是法律另有规定的除外。"

(三)自物权和他物权

自物权就是对自己的物享有的物权,他物权就是对他人的物享有的物权。所有权为自物权,限制物权通常都是他物权,因为人们通常没有必要对自己享有所有权的物为自己设定限制物权。不过必要时也有例外,如《最高人民法院关于适用〈中华人民共和国担保法〉若干问题的解释》(已废止)第 77 条曾经规定:"同一财产向两个以上债权人抵押的,顺序在先的抵押权与该财产的所有权归属一人时,该财产的所有权人可以以其抵押权对抗顺序在后的抵押权"。该条规定了所有人抵押权。

[例 1-7] 甲将价值 200 万元的房屋抵押给乙,担保乙债权 150 万元,而后又将房屋抵押给丙,担保丙债权 100 万元。后甲乙又达成协议,将抵押房屋出售给乙,如果甲到期未清偿乙丙债务,由于受到房屋所有人乙就房屋顺序在先的抵押权的限制,丙只能优先受偿 50 万元。

虽然上述司法解释已经被废止,但是有关处理是公平的,有必要继续坚持。

(四)法定物权和意定物权

这是根据物权取得的原因进行的划分,基于法律行为取得的物权为意定物权,基于法律规定直接取得的物权为法定物权。

对于所有权不适用这种划分,该分类适用对象为限制物权。《民法典》规定的限制物权通常属于意定物权。不过,留置权则是依据法律规定直接产生的(第 447 条)。国有土地使用权也可能依据法律规定产生,如甲的房屋是其曾祖父在新中国成立前于南京城区购得,原本不但拥有房屋所有权,也拥有土地所有权,但是 1982《宪法》第 10 条第 1 款规定:"城市的土地属于国家所有",此时甲就房屋所占用的国有土地,自然只能享有国有土地使用权,该权利取得又是依据宪法规定所保留下来的对土地的权利,属于法定物权。

(五)本权和占有

如前所述,我国物权法不但对物权有规定,也规定了占有制度。占有不是物权。

占有本身根据其有无作为占有根据的本权,又分为有权占有和无权占有,占有的本权可以是物权,也可以是债权。对于无权占有,又分为善意占有和恶意占有。善意占有,是指占有人不知道自己是无权占有且无重大过失的情形;恶意占有,是指占有人知道或者由于重大过失不知道自己是无权占有的情形。占有人以所有人的身份占有,是自主占有,不以所有人身份进行占有,是他主占有。

占有有直接占有和间接占有之分。直接占有是指直接管领物,间接占有是基于占有媒介关系,通过直接占有人(占有媒介人)而实现对物的管领。占有媒介关系赋予间接占有人以返还请求权,从而得以间接管领物。常见的占有媒介关系是各种合同,如借用、租赁、保管、运输等等。质押合同产生质权,也产生所有人的间接占有。买卖合同中的所有权保留,也赋予保留所有权的出卖人间接占有人的地位。占有媒介关系应该是暂时的,如国有土地使用权人和土地所有人之间的关系,由于所有和占有长期分离,似不宜认为产生国家对土地的间接占有,此时不发生占有媒介关系。

三、物权的体系

《民法典》物权编规定的物权体系如下:

(一)所有权

第二分编规定了所有权。

(二)用益物权

《民法典》第三分编用益物权的第十一至十五章规定了土地承包经

营权、建设用地使用权、宅基地使用权、居住权、地役权。

(三)担保物权

《民法典》第四分编担保物权第十七至十九章规定了抵押权、质权和留置权。

(四)占有

《民法典》第五分编对占有这一事实的保护也作了规定,占有虽然不是物权,但是依然是物权编中所规定的重要制度。

另外,《民法典》合同编中规定所有权保留中出卖人的权利(第641条)、融资租赁中出租人的权利(第745条)以及有追索权的保理中保理人对于应收账款的权利(第766、768条),承包人就建设工程价款对工程的法定优先权(第807条)等也是《民法典》规定的担保物权。

第四节 物权的效力

我国物权法教科书通常都有关于物权的效力的分析,对于物权的效力把握,有利于我们进一步认识物权的作用以及特征。但需要说明的是,物权的效力是对物权的法律的规定以及相关的其他规定适用本身,就其适用结果的各种共有的现象的总结,而非无须说明法律依据的物权生而有之的效力。物权的效力包括:物权的优先效力、物权的排他效力、物权的追及效力和物权请求权。考虑到我国《民法典》对物权请求权本身有专门的规定,故在第五节专节探讨该问题。

一、物权的优先效力

物权的优先效力分为物权优先于债权的效力,以及物权彼此之间的效力。

(一)物权优先于债权的效力

1. 表现

同一个物之上存在物权,即使为另一个可能发生在先的债权的给付所涉及,物权优先于债权。

(1)一物二卖时,先取得物权的人优先于另一个买受人受到保护。

[例1-8]甲将房屋出售给乙,并已交付,而后又将该房屋卖给丙,并且办理了不动产转移登记,将房屋产权过户给丙。丙可否要求乙返还该房屋?

解析:丙有权依据《民法典》第235条要求乙返还该房屋,因为该条规定的两个要件皆已齐备。

第235条规定,无权占有不动产或者动产的,权利人可以请求返还原物。适用该条有两个要件:一是请求权人是物权人(该条是物权的保护一章的规定,故条文中权利人专指物权人);二是义务人是无权占有人(第235条规定的物权请求权的要件详见本章第五节的分析)。

①丙经过移转登记已经取得该房屋的所有权(第209条第1款第1分句),是第235条意义上的权利人,

②乙是无权占有人,依据第598条,卖方负有交付房屋的义务,乙有权根据该条规定取得该房屋的占有,是有权占有而非无权占有,但是,乙占有该房屋的权利是乙对于甲的债权,债权具有相对性,该权利只能对甲主张,不能对于丙主张,也就是不能对于丙主张其为有权占有。乙对于丙而言为无权占有,第235条规定的第二个要件也已经具备。

(2)特定物虽然已经为债权的给付所及,若再成立物权的,物权优先于债权。

比如,甲将房屋出售给乙,未办理转移登记前,又抵押给丙,办理了抵押登记。丙的抵押权优先于乙的债权,乙只能要求甲除去抵押权这一物上负担,比如通过清偿对丙所负担的债务,使抵押权所担保的债权消灭,从而消灭丙所享有的抵押权(第393条第1项)。

2. 例外

(1)买卖不破租赁。

[例1-9]甲将房屋出租给乙,租期5年,租赁期间甲又将该房屋卖给丙,并且办理了不动产转移登记,将该房屋产权过户给丙。丙可否要

求乙返还该房屋?

解析:丙没有权利依据第235条要求乙返还该房屋,因为适用该条的要件不具备。

乙并非无权占有人。依据第708条,出租人甲有义务将租赁物交付给乙,乙有权依据租赁合同占有该房屋,属于有权占有。第725条规定:"租赁物在承租人按照租赁合同占有期限内发生所有权变动的,不影响租赁合同的效力。"依据该规定,乙基于租赁合同对于甲可以主张的权利,可以继续对于所有权变动中的受让人丙主张,对于丙而言,乙在租赁期间同样是有权占有人而非无权占有人,如例1-8中所言的第235条规定的第二个要件不具备。

(2)抵押不破租赁。

抵押权设立前,抵押财产已经出租并转移占有的,原租赁关系不受该抵押权的影响(第405条)。

(3)基于债权对动产的占有可以对抗买受人的物权。

[例1-10]甲将自行车出借给乙,乙骑自行车从江苏大学去扬州大学见女朋友,乙的情敌丙得知此事后,将甲的自行车买下,而后丙打电话通知已经骑行到瓜洲渡口的乙将该自行车返还给他,理由是他是该自行车的所有人,不愿意将该车借给乙。丙的主张是否成立?

解析:丙基于其所有权人的身份,要求乙返还自行车,依据第235条该请求权基于物权的返还原物请求权不成立,因为该条规定的要件不具备。如例1-8解析所言,适用第235条的要件有二:

①甲是权利人,甲将自行车转让给丙,依据第227条并结合第224条,甲是通过将其基于借用合同对于乙拥有的返还自行车的债权请求权,转让给乙而完成的所有权转让。也就是说,通过第227条规定的指示交付,甲完成了交付,丙依据第227条取得了所有权,丙是第235条意义的权利人。

②乙是无权占有人。乙依据甲乙之间的借用合同,有权占有该自行车,该占有是基于借用合同而享有的占有使用该自行车的债权而享

有的占有,该有权占有具有相对性,即只能对于债务人甲主张,而不得对于第三人主张。也就是说,对于丙来说,乙似乎依然是无权占有人。但是,由于丙的物权的取得是基于第 227 条规定的指示交付,通过甲基于借用合同要求乙返还借用自行车的债权的转让完成。第 548 条规定,债权转让时债务人对让与人的抗辩,可以对受让人主张。当借用期限未满时,乙可以以返还自行车的义务未届履行期为由主张拒绝向甲返还自行车的抗辩权,依据第 548 条,该抗辩权不但可以对甲主张,也可以对丙主张,就此来说,乙相对于丙,就不是第 235 条意义上无权占有人,适用第 235 条的第 2 个要件并不具备。

(4)买受人生存权的特别保护。

如本章第二节例 1-6 所述,如果申请执行人是先成立抵押权的权利人,其无法对抗后成立的买受人的债权。

(二)物权彼此之间的优先效力

1. 时间顺序原则

同一个物之上存在两个物权时,先成立的物权优先于后成立的物权。

比如,甲将房屋抵押给乙丙,与乙丙先后办理了抵押登记,抵押权也就根据登记的先后顺序而成立(第 402 条),依据第 414 条第 1 款第 1 项的规定,权利成立在先的抵押权优先于后成立抵押权受偿。

2. 例外

(1)限制物权与所有权。

在所有权上设定限制物权,后者必然成立在后,但是其存在本身必然构成对前者的限制,从而优先于前者。

(2)法律的特别规定。

根据法律的特别规定,可能导致物权成立在先,权利却未必在先。比如,甲将汽车先后抵押给乙丙,虽然没有登记,依据第 414 条第 1 款乙丙的抵押权先后成立,丙乙先后登记,仅丙登记或者丙乙均未登记。此时,先成立的乙的抵押权均不优先于丙的抵押权,或者在其之后(第 414 条第 1 款第 1 项、第 2 项)或者与其处于同一顺序(第 414 条第 1 款第3项)。

二、物权的排他效力

正如前面关于物权的法律定义分析中所指出的,物权作为支配权,具有独占的特性,是排他的权利,也就具有排他的效力,具体表现可以从以下两个方面进行分析:

一方面,就所有权而言,一物不容二主。也就是说,就一个物之上只能成立一个所有权,一物一权。比如第269条第1款规定,"营利法人对其不动产和动产依照法律、行政法规以及章程享有占有、使用、收益和处分的权利"。包括国有企业在内的企业财产,自然归企业所有,而第268条规定:"国家、集体和私人依法可以出资设立有限责任公司、股份有限公司或者其他企业。国家、集体和私人所有的不动产或者动产投到企业的,由出资人按照约定或者出资比例享有资产收益、重大决策以及选择经营管理者等权利并履行义务。"出资人享有的不是针对企业的每一项财产的所有权,而是股权,其具体规则由《公司法》规定。

另一方面,就相同的利益,必然是独占的,不可能同时属于两个物权人。比如,所有权和作为限制物权的国有土地使用权并存时,所有人就不能占有使用土地,占有使用必须由土地使用权人享有。而两个国有土地使用权也不能存在于同一土地之上,政府作为所有权人如果要再次出让已经出让的土地,必须先依法收回国有土地使用权,才能够再次出让。就前面所讨论的物权优先效力提到的抵押权来说,其中一个未言明的前提就是,不管最后的顺序如何,对最终确定的就抵押财产的价值而言,只能各自支配可以优先受偿的部分,其优先受偿,意味着其他人就不能优先受偿。[1]

---

[1] 正是基于物权这种排他效力的体现,史尚宽先生认为,没有物权相互之间的优先效力问题,抵押权的顺序是物权效力强弱问题。参见史尚宽:《物权法论》,荣泰印书馆1957年版,第10页。

三、物权的追及效力

所谓物权的追及效力,是指只要物权存在,不论物几经转手,物权人均可以追及物之所在,行使物权。第235条规定的返还原物的物权请求权的行使就体现这一效力。比如,甲将图书借给乙,乙又送给了丙,又被丁偷走该书,由于甲是图书的所有权人,丁是无权占有人,符合第235条返还原物请求权的适用条件,不管该物如何转手,甲均可以行使其对于图书的所有权这一物权。又如,甲将房屋抵押给乙,甲又将房屋出售给丙,即使办理了过户手续,抵押权本身不受影响(第406条第1款)。也就是说,丙接受了附物上负担的抵押财产的转让,乙当然可以向新的所有人丙主张抵押权,从而形成乙的房屋的抵押权,即使所有权发生变动,抵押权人依然可以就房屋行使抵押权,体现了物权的追及效力。

第五节 物权请求权

一、概述

(一)物权请求权的含义与性质

物权请求权,是指在物权的圆满状态受到妨害或者有妨害之虞时,物权人基于物权请求排除该妨害或者消除妨害危险的权利。

物权请求权是物权的效力,是物权的一部分,不能脱离物权而转让。物权的转让本身也意味物权请求权转让。[1]

(二)物权请求权的范围

《民法典》物权的保护一章,共有七个条文,第233条关于物权纠纷的解决方式是一条宣示性规定。第234条关于物权确认请求权与物权的圆满状态受到妨害无关,因此不属于物权请求权,诉讼上为确认之

---

[1] BGH MDR 2018, 225.

诉,而非给付之诉,与实体法上的请求权无关。而第237、238条则是关于不动产或者动产毁损时,修理、重作、更换或者恢复原状的请求权和物权被侵害时的损害赔偿请求权以及其他民事责任的规定。其中,每一条款均以"依法"二字加以限制,这表明两个条文本身不是构成要件完备的条文。这两个条文主要涉及的是侵权责任的承担,其具体适用必须以侵权法规则为依据,当然也可能涉及侵害物权的违约责任,如果要求承担违约责任,自然必须以违约责任的规定为基础。但无论如何,这两条本身并非独立的请求权基础。[1]

第235、236条规定了三项物权请求权,即返还原物请求权、排除妨害请求权和消除危险请求权。两个条文中请求权人均以权利人作为称谓,由于是物权保护这一章的规定,此处的权利人只能专指物权人,其他诸如债权人、占有人等不能适用这两条的规定。

第239条关于物权保护的方式可以单独适用,也可以根据权利被侵害的情形合并适用的规定,脱胎于第179条第3款关于承担方式可以单独适用,也可以合并适用的规定。但是由于第235、236条涉及的物权请求权,第237、238条涉及的债权请求权,两者更可能涉及的是责任竞合,而非简单的单独适用或者合并适用的问题。

(三)物权请求权与时效

物权请求权作为物权的一部分,只要物权存在,请求权就不应该消灭或者无法行使。否则,会导致不可接受的所有权和占有的永久分离,故不应该适用诉讼时效。第196条第1、2项规定的请求停止侵害、排除妨碍、消除危险以及不动产物权和登记的动产物权的权利人请求返还财产的请求权,不适用诉讼时效。不过,这里所指的并非物权请求权,而是与以民事义务为基础的民事责任关联的债权请求权。物权请求权本来就一概不适用诉讼时效。

---

[1]《民法典》起草中有建议删除这两个条文,最后根据物权保护一章规定保护应该的保护的全面性的意见,保留了这两个条文,但是加上了"依法"二字,表明两个条文非独立的请求权基础。黄薇主编:《中华人民共和国民法典释义》,法律出版社2020年版,第446页。

[例1-11]甲将房屋出售给乙,乙付清全部价款后,甲将房屋交付给了乙,但是双方一直没有办理过户手续。乙要求甲办理过户手续,即要求甲转移房屋所有权的权利,属于第598条规定的买方享有的债权。该债权请求权如果适用诉讼时效,时效期间届满的,该请求权依据第192条第1款也不消灭,只是卖方可以主张时效期间届满的不履行义务的抗辩权。而买受人乙基于第598条享有的要求甲交付,即移转占有的债权,在甲履行该债务后,可以继续作为其有权占有的根据,乙不属于第235条规定的无权占有人,甲因此也不可以要求乙返还房屋。此时同样会形成所有权和占有的永久分离,这一结果不符合所有权的性质,故似乎同样不宜承认就买方要求转移房屋所有权的债权请求权,有诉讼时效适用的余地。

二、返还原物请求权

(一)含义

第235条规定:"无权占有不动产或者动产的,权利人可以请求返还原物。"据此,返还原物请求权,是指不动产或者动产被他人无权占有的,物权人可以请求无权占有人返还原物的权利。

(二)成立要件

1. 请求权人是物权人

请求权人是物权人,权利行使之后,意味着物权人重新取得占有。也就是说,占有是物权的内容。因此,该权利除了适用于所有权外,只能适用于权利内容涉及占有的物权,如用益物权、质权、留置权,而抵押权则不适用该条。对于质权、留置权而言,如果所有人也可以请求无权占有人返还原物的,自然也必须返还给质权人或者留置权人。所有权人返还原物请求权,罗马法上称为物的返还请求权(rei vindicatio)。

2. 义务人是无权占有人

(1)无权占有人。

义务人必须是无权占有人。所谓无权,是指相对于请求权人,义务人没有占有的本权,不管是物权,还是债权,都没有。另外,占有人如果相对于物权人依据彼此之间的合同就交付有抗辩权,不属于无权占有人,从而避免了当事人之间的合同安排被物权请求权的行使所破坏。

[例1-12]甲将房屋出售给乙,并将房屋所有权移转给乙,以便乙办理房屋抵押贷款,从而可以用来支付房款。但由于乙未支付房款,即使乙基于所有权要求甲交付房屋,甲有权主张同时履行抗辩权(第525、526条),甲对于乙依然不属于无权占有人。

(2)现在的占有人。

义务人必须是占有人,即使其曾经是无权占有人,但若现在已不占有该物,对其主张返还原物根本就没有意义。而如果占有的标的物在无权占有人手中灭失,此时涉及的是第461条关于占有人赔偿责任的规定适用。该条尤其保护善意占有人的利益,但无论如何,在标的物灭失时,不存在适用返还原物请求权的问题。

无权占有人虽然不是现在的直接占有人,但是属于间接占有人,从第235条的字面而言,返还原物的间接占有也是返还原物,逻辑上物权人应该依然可以要求其返还间接占有。不过有时会使问题复杂化,因为即使所有人取得间接占有,占有媒介关系使直接占有人依然是有权占有人,一方面,所有人有可能短时间内并不能取回原物,另一方面,可能因此又需要无权间接占有人就此进一步承担返还不能的责任,似乎没有必要。

例如,甲以所有权保留的方式出售保龄球球道给乙,乙承租了丙的宾馆,将保龄球球道安装于该宾馆。由于乙未能支付租金,丙解除了乙丙之间的租赁合同,而后丙又将保龄球球道再次出租给丁,而乙又未能支付保龄球球道的价款,甲如果向丙要求返还保龄球球道的间接占有,[1]丙的间接占有返还之后,此时丁相对于甲就成为有权占有人,甲无法取得直接占有,从而又构成丙的返还不能,需要就返还不能承担责任。故此,承认甲对直接占有人丁返还原物的请求权即可。

---

[1] BGHZ 53, 29.

(三)举证责任

从物权保护角度出发,就有权占有本身,占有人应该负有举证责任,而请求权人只须证明自己有可以行使返还原物的请求权的物权即可。

如果占有人是否为无权占有事实不明,应该认定为无权占有。也就是说,如果占有人不能证明自己不是无权占有人,物权人就可以行使该条规定的请求权。从经验法则上看,一方面仅仅以物权人不能证明占有人是无权占有人,就不能请求返还原物,不利于对物权人的保护;另一方面,如果占有人都不能证明自己不是无权占有人,又没有义务返还原物,这可能给予占有人无限期的保护,因为无法确定占有的权源,也就可能无法确定其可以占有的时间,最终导致物权人的权利被架空。基于这一举证责任分配的考量,无权占有不是请求权的成立要件,而是请求权不成立的消极要件,或者说是请求权不成立的抗辩要件。请求权人行使请求权时,无须证明义务人不是无权占有人,只要证明其是占有人即可;而占有人需要证明自己不是无权占有人,从而阻止请求权人的请求权的成立。

(四)占有连锁与返还原物请求权

1. 含义

占有连锁(德文原文 Besitzrechtskette),[1]即占有权连环,是指多重有权占有相互衔接,如直接占有人相对于间接占有人是有权占有,间接占有人相对于所有人也是有权占有,如果所有人对于间接占有人转让直接占有有授权的或者无权禁止的,此时所有权人不得对直接占有人主张返还原物请求权。

占有连锁典型例子是转租,第716条第1款规定:"承租人经出租人同意,可以将租赁物转租给第三人。承租人转租的,承租人与出租人之间的租赁合同继续有效",此时作为所有人的出租人不得要求转承租人返还原物。对于未经出租人同意进行转租的,第716条第2款只是

---

[1] Wellenhofer, Marina, Sachenrecht, 34. Aufl. München, 2019, S. 331.

规定,"承租人未经出租人同意转租的,出租人可以解除合同"。问题是所有人能否不解除合同,而要求转承租人将财产返还给承租人?答案应该是肯定的,转承租人的占有是基于债权取得的占有,在转租有授权时,转承租人自然可以基于转租合同享有的债权对抗出租人。而如果转租未经出租人同意,此时转承租人对于所有人还是构成无权占有,出租人可以要求将财产返还给承租人,从而恢复出租人和承租人之间的间接占有关系,达到第 235 条规定的返还原物的效果。

再比如,甲将房屋出售给乙并交付给乙,由于乙房款未全部支付,故尚未办理所有权移转登记。乙又将房屋出租给丙,此时甲应该无权阻止乙的出租,基于占有连锁,自然也就无从对丙主张返还原物的物权请求权。但是,如果由于乙违约导致甲解除了甲乙之间的买卖合同,此时乙相对于甲不再是有权占有,占有连锁不再成立,甲则有权依据第 235 条要求丙返还房屋于自己。

2. 反向占有连锁成立的可能

占有连锁是直接占有权的一重重赋予,似乎也有反向的占有连锁的成立的余地。甲将房屋出卖给乙,虽然未交付,但已过户以便于乙办理房屋抵押贷款,从而支付房屋价款。乙未贷款,而是将房屋直接卖给了丙,并办理过户手续,但是丙也没有按照约定支付价款,丙有无权利要求甲交付房屋?或者丙已经支付价款,丙有无权利要求甲返还房屋?

对甲来说,乙也是间接占有人,这里似乎也有占有连锁的问题。而甲与前述次承租人地位类似。物权从乙转移给丙之后,乙丙之间关系中,乙应该是直接占有人,丙是间接占有人。甲乙之间关系也是如此,占有是反过来的占有连锁。所以,如果丙未支付价款,无论如何,乙对于丙是有权占有,丙不能向乙要求交付该房屋,也不能向甲要求返还,而如果已经支付价款,丙可以向乙要求交付,此时乙对于丙不构成有权占有,占有连锁从而被打断。因此,丙也就可以基于物权请求权直接要求甲返还房屋。[1]

三、排除妨害请求权

(一)含义

依据第236条规定,妨害物权的,权利人可以请求排除妨害。

(二)成立要件

1. 请求权人

同返还原物请求权。

2. 义务人

义务人首先必须是妨害物权的人。妨害,是指以占有以外的方式,妨害物权人的权利行使。妨害的形式有很多种,只要是阻碍物权人的权利行使,都有可能是妨害,比如环境污染,邻居住宅用途的改变,妨害对物的利用,比如采光、通行等。

义务人必须是无权妨害人。与占有不同,物权人一般不会赋予他人以妨害的物权或者债权,是否为无权妨害,取决于物权人有无容忍义务。就不动产而言,尤其要看基于相邻关系的规则。物权的行使本身受到其他人权利的限制,在一定范围内物权人对于他人的妨害有容忍的义务,而不得要求排除。比如,邻居有人弹琴,有人吹笛子,有人唱歌,只要不是不合适的时间,不是整日整夜的妨害,此时就不能要求排除妨害。

(三)排除妨害与妨害归责

作为物权请求权的排除妨害请求权,行使时不需要义务人有过错,但是需要客观上可以归责于义务人,即义务人造成了妨害。

[例1-13] 台风将邻居乙的树刮倒在甲的院子里,甲让乙弄走,乙

---

[1] 对此,作者请教了对占有连锁有深入研究的台北大学游进发教授,他认为无论丙有没有付款,丙均不能主张物权请求权,因为丙从来没有取得过占有。实际上,游进发教授认为只有对所有人构成侵占,才有基于所有权的返还原物请求权,这与该请求权意在恢复所有权的圆满状态,要件上只要求义务人是无权占有的法律要求不一致。因此,这个理由作者不能认同。

让甲还给他,这个算邻居乙的返还原物请求权,还是算甲的排除妨害请求权?

我国通说是排除妨害请求权与妨害人的过错无关,但是德国通说认为妨害要可以归责于妨害人(BGH NJW 1993, 1855; 1995, 2633),否则,物权人只能自己排除妨害。还是贯彻所谓的风险自负(casum sentit dominus)原理。需要注意,归责不等于有过错,没有过错的归责可以是一种客观的归责。无论如何,台风造成的妨害,无法归责于甲的邻居,根据德国法的规定,物权人不能请求邻居排除妨害。甲需要自担费用,排除妨害。

我国排除妨害若不要求有过错,这种判断可能会有些困难,估计还是需要根据直觉,将这个归入排除妨害,可能更让人容易接受些。法律上就是,不是甲无权占有乙的树,而是乙的树对于甲对院子的物权构成妨害,不过即使认为甲自己排除妨害,应该不等于甲需要将树返还给乙,甲可以将树移出。答案似乎应该是:甲可以要求乙排除妨害,乙不排除妨害,甲也没有返还的义务。甲自己排除妨害的费用,也应该由甲的邻居乙负责。

第三人把邻居的墙推倒到权利人的院子,权利人是要求第三人排除妨害,还是要求邻居排除妨害?由于此时妨害不可归责于邻居,同样不可以要求邻居排除妨害。排除妨害,得排除的是邻居造成的妨害。据此,权利人不能要求邻居排除妨害。邻居没有过错(不能主观归责)不是理由,不是我的邻居造成的妨害(不能客观归责)就是理由了。

四、消除危险请求权

(一)含义
依据第236条的规定,可能妨害物权的,权利人有权请求消除危险。
(二)要件
1. 权利人
同返还原物请求权。

2. 义务人

是造成妨害危险的人。

(三)排除妨害与消除危险

消除危险是妨害发生之前,为预防该妨害的发生,请求义务人提前采取相应的措施。而妨害发生之后,如果造成了持续性的妨害,并且如果仅仅通过排除妨害还不能避免妨害的进一步发生时,排除妨害可能就需要与消除危险请求权同时行使。比如,住宅小区的一楼住宅出租给他人成为餐厅,楼上居民可以要求餐厅停止营业,以消除对自己的妨害。但是,为避免该妨害继续发生的可能,消除危险请求权可以赋予要求出租方解除与餐馆经营者合同的请求权,就是不是暂停营业,而是终止营业。

五、连成贤诉臧树林排除妨害纠纷案[1]

(一)裁判简介

【案件事实】 上海市浦东新区周浦镇瑞安路×弄×号×室房屋原系被告臧树林房屋拆迁后以补偿安置款购得,2008 年 8 月,系争房屋的权利核准登记至被告名下,房屋由被告及家人居住使用。2011 年 8 月 12 日,案外人李榛以被告代理人的身份与案外人谢伟忠就系争房屋签订《上海市房地产买卖合同》,约定房地产转让价款为 80 万元,2011 年 8 月 12 日,向相关部门递交了房产转移登记申请书,后系争房屋权利登记至案外人谢伟忠名下。2011 年 10 月,原告连成贤与案外人谢伟忠就上海市浦东新区周浦镇瑞安路×弄×号×室房屋签订了买卖合同,约定房地产转让价款为 110 万元,2012 年 4 月 5 日,系争房屋权利核准登记至原告名下。2012 年 7 月 5 日原告起诉案外人谢伟忠要求其将系争房屋交付原告,被告作为第三人申请参与诉讼,后法院判决,确认以被告名

---

[1] 参见《连成贤诉臧树林排除妨害纠纷案》,载中华人民共和国最高人民法院公报网站,http://gongbao.court.gov.cn/Details/7ab50f96c9eb79d4bb0efe6f78eef5.html,2020 年 9 月 7 日访问。

义与案外人谢伟忠就上海市浦东新区周浦镇瑞安路×弄×号×室房屋订立的《上海市房地产买卖合同》无效;驳回原告要求案外人谢伟忠将系争房屋交付原告的诉求;驳回被告要求确认原告与案外人谢伟忠就系争房屋的买卖关系无效的诉求。原告以其已合法取得系争房屋,现被告仍居住在系争房屋中,严重侵犯了原告作为物权人对物权正常权利的行使为由诉至一审法院,要求被告立即迁出上海市浦东新区周浦镇瑞安路×弄×号×室房屋。

【裁判理由】二审终审裁判认为:本案的争议焦点在于,当所有权与占有权能发生分离的情况下,买受人是否可以其为房屋所有权人基于返还原物请求权要求房屋内的实际占有人迁出。

第一,生效判决已确认案外人李榛以被告臧树林代理人身份与案外人谢伟忠就系争房屋所签订的买卖合同无效,即第一手的房屋买卖并非原始产权人臧树林之真实意思表示,该买卖合同对臧树林自始不发生法律效力,其从 2008 年 8 月起居住在系争房屋内,并占有、使用该房屋至今具有合法依据,故产权人连成贤在其从未从出售方谢伟忠处获得房屋实际控制权的情况下,径行要求实际占用人臧树林迁出,法院不予支持。

第二,在第二手的房屋买卖交易中,被上诉人连成贤与案外人谢伟忠签订了系争房屋的房地产买卖合同并支付了相应对价,该买卖合同已经生效判决确认为有效合同,故对连成贤与谢伟忠均具有法律约束力,双方均应依合同之约定履行相应义务。鉴于此,连成贤对系争房屋的权利应通过该房地产买卖合同的履行(包括房屋的权利交付以及实物交付)来实现。本案中,虽然连成贤已于 2012 年 4 月 5 日取得了系争房屋的房地产权证,完成了房屋的权利交付过程,但其自始未曾取得过系争房屋的占有、使用权。对此,连成贤应依据其与案外人谢伟忠签订的房地产买卖合同之约定基于债权请求权向合同相对方主张权利。结合本案来看,由于第一手的买卖合同已被确认为无效,案外人谢伟忠自始至终没有合法取得过系争房屋而客观上无法向连成贤履行交付房屋的义务,故连成贤应向谢伟忠主张因无法交付房屋导致合同无法继续履行的违约责任。

【裁判摘要】公报概括的该案的要旨在于:签订房屋买卖合同后出卖方应向买受人履行权利与实物的双重交付,在买受方已取得房屋产权而未实际占有的情况下,其仅仅基于物权请求权要求有权占有人迁出,法院应作慎重审查。若占有人对房屋的占有具有合法性、正当性,买受方应以合同相对方为被告提起债权给付之诉,要求对方履行交付房屋的义务或在房屋客观上无法交付的情况下承担相应的违约责任。

(二)对裁判的评价

就该案案由来说,连成贤要求臧树林迁出诉争房屋,法院确定本案的案由为排除妨害的做法是不完整的,该案至少包含了或者主要是返还原物纠纷。返还原物请求权和排除妨害(《物权法》第 35 条即《民法典》第 23 条使用的是排除妨害,而非排除妨碍的表述)请求权均是物权请求权,两者区分在于,后者所谓的妨害是以占有以外的方式妨害物权人行使其物权。本案中双方争议在于,臧树林是否能够继续以占有的方式妨害连成贤行使该物权,因此这里的请求权当然包含了返还原物请求权,而非仅仅是排除妨害请求权。[1]

就裁判摘要而言,其认为物权请求权对于有权占有人行使时,也需要慎重审查的说法并无意义,如果认定物权请求权的行使对象是有权占有人,由于不存在义务人必须是无权占有人的适用条件,自然不能适用《物权法》第 34 条(公报没有明确说明有关裁判的法律依据,但是从其行文来看,所涉及的依据就是与《民法典》第 235 条对应的当时的《物权法》第 34 条)。故而,根本无须再进行什么慎重审查。而如果认定其是《物权法》第 34 条意义上的无权占有人,自然就不存在向所谓有权占

---

[1] 可能考虑到臧树林不仅要返还房屋占有,而且还要迁出,也就是将房屋腾空,所以被认为是排除妨碍。但正如德国联邦法院虽然将《德国民法典》第 1004 条第 1 款规定排除妨碍请求权,作为租期届满所有人对承租人的腾空房屋的请求的依据,法院同时也认为第 985 条规定的所有人返还原物请求权也是请求权基础 BGH MDR 2018, 225。单纯列为排除妨碍纠纷案,显然不是合适的选择。

有人主张物权请求权的问题。

就裁判理由和裁判结果来说,无论事实认定和法律适用上,该案均是错误的。

依据《物权法》第 34 条(即现行《民法典》第 235 条),连成贤有权要求臧树林返还该房屋,因为该条的构成要件均已齐备。

第一,连成贤已经取得了房屋的所有权,是《物权法》第 34 条意义上的权利人。二审裁判认为连成贤不属于这里的权利人的理由是:"虽然连成贤已于 2012 年 4 月 5 日取得了系争房屋的房地产权证,完成了房屋的权利交付过程,但其自始未曾取得过系争房屋的占有、使用权。""产权人连成贤在其从未从出售方谢伟忠处获得房屋实际控制权的情况下,径行要求实际占用人臧树林迁出,法院不予支持。"法院要求连成贤取得过对房屋的实际控制,取得过房屋的占有、使用权,也就是必须曾经取得过系争房屋的占有,才能向臧树林主张返还该房屋的物权请求权。然而,这一观点于法无据。《物权法》第 34 条的规定已经明确表明,法律并不要求请求权人是占有人,只要是物权人即可。

第二,臧树林是无权占有人。臧树林占有该房屋的依据是其享有的所有权,而连成贤取得所有权后,一物不容二主,臧树林自然就丧失了所有权,臧树林不能再以所有权人的身份,对连成贤主张其是有权占有人。而臧树林与连成贤之间没有任何合同关系,也没有任何可以对抗连成贤的债权。法院认为:"生效判决已确认案外人李榛以被告臧树林代理人身份与案外人谢伟忠就系争房屋所签订的买卖合同无效,即第一手的房屋买卖并非原始产权人臧树林之真实意思表示,该买卖合同对臧树林自始不发生法律效力,其从 2008 年 8 月起居住在系争房屋内,并占有、使用该房屋至今具有合法依据。"该案是连环买卖,即臧树林将房屋出卖给谢伟忠,谢伟忠将房屋再出卖给连成贤。臧树林和谢伟忠之间的合同无效,使谢伟忠对于臧树林负有因合同无效而产生的法律后果,在不涉及合同无效,物权变动也无效时(本案中合同虽然无效,但连成贤已经善意取得了所有权,因此不涉及臧树林基于其所有可以向谢伟忠主张涂销错误的所有权登记等问题,由于善意取得的成立,该请求权事实上也无法行使),该后果主要内容是债法效果,只能对谢伟忠主张,不能因此赋予臧树林任何可以对抗连成贤的债权。对于连成贤而言,臧树林也没有任何可以对其主张的占有该房屋的债权,无从相应地主张其为有权占有人。因此,法院认为臧树林占有房屋"至今具有合法根据",也就是认为其是有权占有人,于事实无据。

第六节　作为物权的客体的物

一、物的含义

《民法典》第115条规定,物包括不动产和动产。但该条并没有对物的内涵进行明确说明。就物的定义,学说上认为,"物者存于吾人身体之外部,能满足吾人社会生活之需要,且有支配之可能者也"。[1] 基于这一定义,可以看出物有如下特征。

(一)物必须存在于人的身体之外

人的身体不能作为物权的客体。身体权不是物权。人身不能被支配。至于人的身体一部分与人体脱离,如头发、指甲,则不再是人的身体组成部分,自然是可以成为物。如果人体组织与人体脱离之后,仍然为人的身体机能发挥作用,则同样不是物。人体细胞、人体组织、人体器官、遗体的捐献,均非交易,不是对其进行物权上的支配,不得进行买卖(第1006、1007条)。个人如果将部分人体组织与自己相脱离,而后为自己所用,此时这些脱离的部分与人身依然紧密关联,仍然属于身体权或者健康权的标的。侵害该组织,侵害的不是物权,而是身体权。比如,病人手术后将失去生殖能力,故手术前,由医院冷冻保管了自己的精子,以便将来可以进行人工生殖。倘若医院保管失败,那么医院侵害的是病人的健康权,而非对精子的所有权。

---

[1] 李宜琛:《民法总则》,中国方正出版社2004年版,第127页。

又如,年轻夫妻在医院进行试管婴儿手术,完成了数个胚胎,但是在胚胎植入妻子子宫前,夫妻双方不幸因车祸死亡。该胚胎依然是妻子的身体权的一部分,不是物权,不属于第1122条规定的可以继承的"个人合法财产",应该由医院根据约定或者根据合同解释,基于医学常规予以销毁。对此类案件,我国法院有判决认为,虽然合同对此没有约定(但合同漏洞本就可以通过合同解释予以填补——笔者注),但我国卫生部规定胚胎不能买卖、赠送且禁止实施代孕,但并未否定权利人对胚胎享有的相关权利(但这对年轻夫妻双方的父母并非合同当事人,除非可以继承,本就对胚胎没有任何权利可言——笔者注)。由于双方父母是胚胎之最近、最大和最密切倾向性利益的享有者,享有涉案胚胎的监管权和处置权于情于理是恰当的,所以判决认可双方对于胚胎的监管权和处置权。[1] 虽然该判决也提到,权利主体在行使监管权和处置权时,应当遵守法律且不得违背公序良俗和损害他人之利益,但是最终该判决所涉及的胚胎还是通过境外代孕的方式发育成人。[2] 生命神圣,伦理上我们没有任何理由对于该孩子的出生本身说三道四。但是该孩子如此的出生方式,是否就是符合伦理的,值得思考。比如孩子的出生,就真的符合不幸去世的夫妻的意愿吗?他们愿意自己的孩子从在他人子宫中孕育开始,就是无父无母吗?谁有权决定孩子的出生,是孩子的父母,还是孩子的父母的父母?[3]

---

〔1〕 参见沈新南、邵玉妹诉刘金法、胡杏仙监管、处置权纠纷二审案,江苏省无锡市中级人民法院(2014)锡民终字第01235号民事判决书。
〔2〕 参见《法制日报》此前报道的国内首例冷冻胚胎继承案 | 4老人寻代孕最终产子,载新浪网,http://news.sina.com.cn/o/2018-04-12/doc-ifyteqtq8661609.shtml,2020年9月14日访问。
〔3〕 "试管婴儿"手术做到一半丈夫去世,妻子想继续手术被医院拒绝,法院写下"最温暖的判决书",https://k.sina.com.cn/article_1686546714_6486a91a0200178r8.html?from=baby,2020年9月17日访问,该案伦理上可接受度较高。从医疗合同解释上,不能否认妻子此时有权要求进一步履行合同的权利;从法律解释上看,也不违反禁止单身妇女进行手术的规定,因为不是单身时完成的胚胎,禁止规定应该仅适用于单身时完成胚胎的情形。胚胎与妻子的身体权紧密联系。丈夫去世,妻子依据合同基于自己的身体权自然应该有权继续主张合同的履行,她有权决定孩子的出生。

(二)物能满足我们的社会生活需要

这是物的独立性的要求,作为物权的客体,物必须有支配的价值。一滴水可以有物理学的意义,但是没有物权法上的意义。对于一滴水通常没有物权可言,滴水之恩,当涌泉相报,那是文学上的夸张,滴水在社会生活中不能成为施恩(赠与)的标的。只有能够满足人们社会生活需要的物才是一个独立的物,才是能作为物权客体的物,才能为物权人所支配。

(三)物必须能够为人所支配

一方面,正如物权定义中所指出的,只有特定的物,才能为人所支配;另一方面,日月星辰,价值无比巨大,但是不能为人所支配,也就不能通过物权法调整。出售月球土地,[1]那是商业上的噱头,愿者上钩,但是法律上根本就不可能有物权的移转,卖方没有物权,买方也无法取得物权,对此双方通常都是心知肚明的。

二、物的分类

(一)不动产和动产

不动产和动产的区分影响着《民法典》物权编的结构。例如,物权的设立、变更、转让和消灭一章就对不动产和动产物权变动的不同公示方式作了相应规定,而用益物权均是针对不动产设置的。即使是担保物权可以在动产上设立,但是质权、留置权又均不能在不动产上成立。因此可以说,不动产和动产的区分是物权法上最重要的区分。两者的区分在其他法律上也有意义。比如诉讼的专属管辖(《民事诉讼法》第34条第1项),国际私法中的关于继承和物权的准据法(《涉外民事关系法律适用法》第31条、第36条),都与不动产所在地有关。

《民法典》并没有关于不动产和动产的定义,但是《担保法》(已废止)曾经规定不动产是指土地以及房屋、林木等地上定着物(《担保法》

---

[1] 参见《美国商人出售月球土地 已获利1100万美元》,载人民网,http://finance.people.com.cn/n/2014/0613/c66323-25145631.html,2020年9月14日访问。

第 92 条第 1 款),并规定动产是指不动产以外的物(《担保法》第 92 条第 2 款)。这一规定作为两者含义的法理性规定,依然具有意义。

关于地上定着物,是指固定附着于土地的物。固定是指非临时性附着于土地,临时固定于土地上的如熟食、餐点的销售岗亭,不是不动产;定着物必须是独立于土地的附着物,也即不能是土地的一部分(成分)。而比如假山、山石等,则一般被认为是土地的一部分,而不是独立于土地的附着物。

(二) 主物和从物

主物和从物是一个相对的概念,从物是指非主物的成分,从属于主物,有辅助主物之效用的而同属于一人的物。主物、从物必须同属于一人,不属于一人,就没有主从之分。比如租户在所租房屋安装的空调,就不属于房屋的从物。而关于租期届满后空调的处理,则是需要通过合同约定或者合同解释处理。从物不能是主物的成分。比如大多数房屋的装潢属于房屋的一部分,而不只是房屋的从物。

主物、从物关系确立的意义在于,主物的命运决定从物的命运。《民法典》第 320 条规定:"主物转让的,从物随主物转让,但是当事人另有约定的除外"。对主物进行其他处分时,比如抵押,从物也应该随之抵押。虽然《民法典》对此没有明文规定,但是可以类推《民法典》中的其他规定得出此一结论。

成语买椟还珠,一方面是说明购买者不识货;另一方面一个隐含的前提是,装珠的盒子是从物,而珠为主物,买了珠,盒子的所有权自然就发生移转(即使误认了盒子为主物,珠子作为从物,其所有权也同样发生移转)。这个成语也说明,我国早就认可了《民法典》的上述规则。

《民法典》上述规则是对当事人意思的解释,虽然是物权法的规定,依然属于任意法,法条明确规定当事人另有约定的除外。该条的另有约定应该包括当事人明确未就从物所有权移转达成合意的情形。比如,乙看到甲卖的猫价格虽然比市价贵很多,但是发现猫食盘子是个古董,于是出价购买该猫,同时要求甲将猫食盘子也一起交付给他。但是甲声称,猫食盘子不能给,他靠这个盘子才卖出了好几只高价猫。乙主张适用《民法典》第320条,但是,甲显然没有出卖猫食盘子的意思,甲乙之间没有达成关于猫食盘子所有权转移的合意。因此,猫食盘子的所有权不发生移转。至于买卖合同本身是否会因为法律行为效力的规则而受影响,则是另一个问题。

《民法典》还就涉及主从物买卖合同的解除进行了规定:"因标的物的主物不符合约定而解除合同的,解除合同的效力及于从物。因标的物的从物不符合约定被解除的,解除的效力不及于主物。"(第631条)该规定虽然没有明确规定当事人可以另有约定,但是该条作为合同法规则,应属于任意法,当事人自可以另行约定。

(三)原物和孳息

孳息是从物中产生的收益,原物就是产生孳息的物。孳息又分为天然孳息和法定孳息。天然孳息,是对物的自然利用中产生的孳息,比如羊毛、牛奶。法定孳息是基于法律关系产生的孳息,比如基于租赁合同产生房屋租金。

《民法典》第321条规定:"天然孳息,由所有权人取得;既有所有权人又有用益物权人的,由用益物权人取得。当事人另有约定的,按照其约定(第1款)。法定孳息,当事人有约定的,按照约定取得;没有约定或者约定不明确的,按照交易习惯取得。"(第2款)

天然孳息为用益物权人优先取得的例子如,土地的承包经营权人取得土地的产出。其所谓的当事人另有约定,应该涉及的是取得天然孳息的约定,并且这意味着就原物本身涉及非所有人的使用,否则不存在孳息取得上需要约定的可能。比如,甲将羊借给乙,约定所生的小羊归乙所有。

法定孳息的归属自然是基于法律关系,比如租赁合同约定的孳息收取权。而关于法定孳息取得的交易习惯,似乎很少见,合适的例子可能是经许可的转租,承租人有权取得次承租人给付的租金。

《民法典》第630条规定:"标的物在交付之前产生的孳息,归出卖人所有;交付之后产生的孳息,归买受人所有。但是,当事人另有约定的除外。"该条在所有权保留的情形,也应该有同样的适用。比如,交付前生的小牛归出卖人,交付后生的小牛归买受人,即使出卖人约定所有权保留,通常也只对原物发生效力。不过,更为合适的解释可能是参照关于抵押权人孳息收取权的第412条处理。也就是说,抵押权人只有扣押抵押财产后才能收取孳息,所有权保留时,一方面,买受人必须对物进行利用,包括赋予其收取孳息的权利;另一方面,出卖人保留的所有权,是为了担保其价款债权的实现,性质上属于不占有担保财产的担保物权,自然有类推第412条抵押权规则处理孳息的收取权问题的余地,从而在出卖人依据第642条取回标的物时,才有收取孳息的权利。收取的孳息本身的所有权依然属于买受人,但是出卖人可以就其价值主张优先受偿。

《民法典》上述规定表明孳息与物相关,又因为与所有权相关,其他依据有关法律关系产生的收益,比如许可费、加盟费等,也有类似于孳息的性质。

第二章　物权变动

第一节　概　述

一、物权变动的含义

物权变动就物权本身而言,是指物权的产生、变更和消灭的过程。从物权的主体来看,就是物权的取得、丧失和变更(也有简称为得丧变更)。物权编第二章的标题是物权的设立、变更、转让和消灭,是从物权本身的变动角度来讲的,但是设立一词不如产生一词广泛,比如第231条将合法建造后所有权的取得称为物权基于事实行为设立,似乎也不符合汉语习惯,反而物权的产生的描述更符合汉语习惯些。

二、物权变动的形态

(一)物权的取得

物权的取得也称为物权的发生,包括《民法典》中所谓物权的"设立"。物权的取得,是指物权与特定的主体相结合。就此,《民法典》中物权的转让也属于物权的取得。物权的取得又有两种方式:原始取得和继受取得。

1. 物权的原始取得

物权的原始取得,也称为物权的固有取得或者物权的绝对发生,是指不依赖他人既有的物权而取得物权,如基于先占取得无主物。

2. 物权的继受取得

物权的继受取得,也称为物权的传来取得或者物权的相对发生,是指基于他人既存的权利而取得物权。基于法律行为取得物权,通常都是继受取得。

继受取得又分为创设的继受取得和转移的继受取得。创设的继受取得,是指在他人的权利之上为取得人设定新的物权,比如所有人为物权取得人设定抵押权、债权人为取得人设定债权质权。转移的继受得,就是依据物权的原始状态而取得该物权,比如买卖合同中买卖标的物的所有权转移。

继受取得还可以分为概括的继受取得和特定的继受取得。概括的继受取得是因为概括承受他人的权利义务,从而同时也取得物权,比如公司合并、财产的继承。此时基于概括继受取得的性质,与物有关的义务取得人也一概承受。特定的继受取得,是指特定标的物的物权的取得,就与物有关的债务,债的负担取得人不会因为物权的继受取得而需要承担,比如房屋的买方对于房屋有关的物业费、电费并不负有缴纳的义务,尽管为了避免麻烦,当事人可能会特别约定取得人也负担此笔债务(通常是并存的债务承担/债务加入,第552条),在价款中进行相应的扣除。但基于物权的对世效力,取得人仍需要承担物上已有的负担。《民法典》规定抵押财产的转让就是特定的继受取得,抵押权的物上负担并不消灭(第406条第1款)。

(二)物权的变更

物权的变更,有广义狭义之分。广义的变更包括主体的变更、客体的变更和内容的变更。狭义的变更,则仅指客体和内容的变更。主体的变更则涉及物权的取得和消灭,《民法典》将物权的变更和物权的转让并列,后者无疑涉及主体的变更,前者只能是指狭义的物权变更。也就是说,《民法典》中所谓的物权变更是指物权的客体和内容的变更。

(三) 物权的消灭

物权的消灭,是指物权与主体相脱离。物权的消灭又分为物权的绝对消灭和物权的相对消灭。两者的区别在于物权与原权利人相脱离后是否和其他的主体相结合。未结合的,是绝对的消灭,比如物权因物主的抛弃而消灭;与别的主体相结合的,为相对的消灭。这种情形通常也属于物权的继受取得。物权的消灭通常是指物权的绝对消灭,《民法典》物权的消灭与设立、变更、转让相并列,也是指物权的绝对消灭。

三、物权变动的原因

(一) 私法上的原因

物权的变动最主要的原因是私法上的原因,而私法上的原因又可以分为,基于法律行为的物权变动以及基于法律行为以外的事实行为或者其他私法上的原因发生的物权变动。前者如基于买卖合同、担保合同引起的物权变动,后者如合法建造、拆除房屋(第231条)或者其他毁损标的物客体的行为引起的物权变动。在继承的场合,如果存在遗嘱,则物权的变动则属于法律行为的物权变动。如果是无遗嘱的法定继承,则是基于继承的法律规定产生的物权变动。不过,由于继承的特殊性,被继承人死亡后已经失去了权利能力,从其死亡时起,财产就已经确定地依据遗嘱或者继承法的规定,为他人取得(第230条)。

(二) 公法上的原因

就此可以是基于行政合同,比如国有土地使用权出让合同发生的物权变动,也可以是基于公权力机关单方的行为发生的物权变动,比如行政机关作出的征收决定、司法机关作出的没收财产的裁判。至于就私法上的争议,比如买卖合同争议,法院作出的关于物权变动的裁判本身,物权变动的根源还是私法上的原因,而非公法上的原因。

第二节　物权变动的公示和公信原则

一、物权变动的公示原则

(一)公示原则的含义

《民法典》将公示原则描述为物权变动的公示原则,未涉及物权存在的公示。第208条规定:"不动产物权的设立、变更、转让和消灭,应当依照法律规定登记。动产物权的设立和转让,应当依照法律规定交付。"

公示原则是物权法的基本原则之一,公示原则不仅适用于物权的变动,也适用于物权存在本身。事实上,正是因为物权的存在需要公示,物权的变动即物权的存在的变动才需要公示。物权的存在之所以需要公示是由物权的对世效力决定的。物权既然可以对抗一切世人,那就需要他人能够认知其存在,有认知其存在的途径,这就要求物权的存在需要以一定的方式表现于外,能够为人所知,这就是所谓的公示。

就不动产来说,物权存在的公示手段是登记;就动产来说,物权存在的公示手段是占有。就不动产的物权变动来说,能够为他人察知的公示手段是登记的变动,公示手段还是登记本身;就动产物权的变动来说,是占有的变动,也就是交付。

(二)不动产登记

1. 不动产登记的含义

登记是指不动产登记机构根据当事人的申请,依法将不动产权利归属和其他法定事项记载于登记簿的行为[2019年修正的《不动产登记暂行条例》(以下简称《登记条例》)第2条第1款]。人民法院、人民检察院等有权机关要求对不动产登记办理查封登记的,不存在当事人申请的问题,但是有关机关应该提交包括协助执行通知书以及有关查封的裁定或者决定在内的其他必要材料[2019年修正的《不动产登记暂行条例实施细则》(以下简称《登记细则》)第90、93条]。

2. 登记簿与权属证书

不动产登记簿是物权归属和内容的根据(第216条第1款)。起到公示作用的是登记簿的记载,不是权利人持有的权属证书。不动产权属证书只是权利人享有该不动产物权的证明。不动产权属证书记载的事项,应当与不动产登记簿一致;记载不一致的,除有证据证明不动产登记簿确有错误外,以不动产登记簿为准(第217条)。而物权变动的时间也是以登记簿登入的时间为准。《民法典》第214条规定:"不动产物权的设立、变更、转让和消灭,依照法律规定应当登记的,自记载于不动产登记簿时发生效力。"

3. 登记的种类

《登记条例》第3条规定有首次登记、变更登记、转移登记、注销登记、更正登记、异议登记、预告登记、查封登记。就与物权变动有关的登记而言:

首次登记是指不动产权利第一次登记,其特殊性在于权属来源,也就是如何确定不动产的权利人。自然资源首次登记的程序包括"通告、调查、审核、公告、登簿"五个过程[《自然资源统一确权登记办法(试行)》第13条第1款]。

变更登记适用情形包括:(1)权利人的姓名、名称、身份证明类型或者身份证明号码发生变更的;(2)不动产的坐落、界址、用途、面积等状况变更的;(3)不动产权利期限、来源等状况发生变化的;(4)同一权利人分割或者合并不动产的;(5)抵押担保的范围、主债权数额、债务履行期限、抵押权顺位发生变化的;(6)最高额抵押担保的债权范围、最高债权额、债权确定期间等发生变化的;(7)地役权的利用目的、方法等发生变化的;(8)共有性质发生变更的;(9)法律、行政法规规定的其他不涉及不动产权利转移的变更情形(《登记细则》第26条)。其共同的特点是,权利主体本身没有发生变化。

转移登记适用于不动产权利转移的情形:(1)买卖、互换、赠与不动产的;(2)以不动产作价出资(入股)的;(3)法人或者其他组织因合并、分立等原因致使不动产权利发生转移的;(4)不动产分割、合并导致权利发生转移的;(5)继承、受遗赠导致权利发生转移的;(6)共有人增加或者减少以及共有不动产份额变化的;(7)因人民法院、仲裁委员会的生效法律文书导致不动产权利发生转移的;(8)因主债权转移引起不动产抵押权转移的;(9)因需役地不动产权利转移引起地役权转移的;(10)法律、行政法规规定的其他不动产权利转移情形(《登记细则》第27条)。除了在共有人共有份额发生变化的情形中,主体可能没有变动外,其他情形不动产权利主体均发生了变动。

注销登记适用的情形包括:(1)不动产灭失的;(2)权利人放弃不动产权利的;(3)不动产被依法没收、征收或者收回的;(4)人民法院、仲裁委员会的生效法律文书导致不动产权利消灭的;(5)法律、行政法规规定的其他情形(《登记细则》第28条第1款)。

4. 更正登记

(1)更正登记的程序。

权利人、利害关系人认为不动产登记簿记载的事项错误的,可以申请更正登记。不动产登记簿记载的权利人书面同意更正或者有证据证明登记确有错误的,登记机构应当予以更正(第220条第1款)。

《登记细则》第81条规定,不动产登记机构发现不动产登记簿记载的事项错误,应当通知当事人在30个工作日内办理更正登记。当事人逾期不办理的,不动产登记机构应当在公告15个工作日后,依法予以更正。该规定将登记机构依职权进行的更正登记与依当事人申请进行的更正登记相衔接,其理由是与《民法典》第220条第1款规定对应的《物权法》第19条第1款未规定登记机构依职权进行的更正登记,[1]但是该款第2句"有证据证明登记确有错误的,登记机构应当予以更正",包含登记机构自行发现有证据证明登记有错误

---

[1] 参见国土资源部不动产登记中心编:《不动产登记暂行条例实施细则释义》,北京大学出版社2016年版,第228页。

的情形。[1] 这一衔接程序从《民法典》关于更正登记的规定上看是没有必要的。

更正登记必须本身可行,方可实施。错误登记之后已经办理了涉及不动产权利处分的登记、预告登记和查封登记的,不得进行更正登记(《登记细则》第80条第1款、第81条第2句)。此时信赖错误登记的第三人依法可能受到保护,因此不能简单进行更正登记,就有关争议,非登记机构可以处理,申请人应该通过确认之诉来解决(实践中当事人经常提起行政诉讼,[2]但是事实上登记机构就是直接按照法律规定拒绝启动更正登记,并无行政违法的问题,而要处理的是民事上这些人的信赖是否受到保护,从而善意取得有关权利,因此按照民事诉讼程序中的确认之诉处理也许是更为合适的选择,虽然此时也无法避免需要对登记本身是否确有错误进行审查,也涉及登记机构的行政行为的合法性审查)。不过如果是更正登记程序启动后,登记机构不应该任意进行该类登记,也就是必须是更正登记申请前"已经"办理了有关登记。为避免不当进行有关登记,登记机构应当就更正登记的启动本身在登记簿中予以加注。就此而言,更正登记的启动本身,应该有类似于下文异议登记的效力。

（2）更正登记的条件。

《民法典》规定了可以进行更正登记的两种情形,一是登记簿记载的权利人书面同意,即意味着登记簿记载的权利人书面认可登记记载事项存在错误。不过,无须登记即可发生变动的地役权(第374、384、385条),其登记之前就已经发生的物权变动本身不构成登记程序上的登记错误。地役权设立和消灭时,如果进行登记的,仍然需要按照首次登记、注销登记程序办理登记(《登记细则》第60、63条);二是有证据证明登记确

---

[1] 黄薇主编:《中华人民共和国民法典释义》,法律出版社2020年版,第426页也明确指出:"更正登记有两种方式,一种是经权利人(包括登记上的权利人和事实上的权利人)以及利害关系人申请的登记;另一种是登记机关自己发现错误后作出的更正登记。"
[2] 《最高人民法院关于审理房屋登记案件若干问题的规定》(法释〔2010〕15号)第1条:公民、法人或者其他组织对房屋登记机构的房屋登记行为以及与查询、复制登记资料等事项相关的行政行为或者相应的不作为不服,提起行政诉讼的,人民法院应当依法受理。

有错误的。该证据可以是申请人提交的,也可以是登记机构自行发现的。有关错误可以是登记事项的记载错误,也可以是登记的权利人的记载错误。更正登记涉及证据效力的确认,有时登记机构并无作出判断的能力,此时认定登记"确有错误"应该慎重。尤其是权属登记的错误,在登记簿记载的权利人未认可的情形下,可以直接拒绝更正登记。

对于更正登记本身不认可的登记簿记载的权利人,自然可以以行政机关本身作为被告提起行政诉讼,如果涉及更正权利人的登记,除了可以提起行政诉讼外,对被确认为新的权利人的第三人,登记簿原记载的权利人也可以同时提起确认之诉的民事诉讼。

(3)更正登记与时效。

《德国民法典》第898条规定,更正请求权不受诉讼时效的限制。由于我国司法实践中将更正登记的争议与登记机构的行政行为挂钩,从而与行政诉讼关联,而《行政诉讼法》规定:"因不动产提起诉讼的案件自行政行为作出之日起超过二十年……提起诉讼的,人民法院不予受理。"(第46条第2款)此时更正登记本身变相受到行政诉讼法上的诉讼时效的限制。

5. 异议登记

不动产登记簿记载的权利人不同意更正的,利害关系人可以申请异议登记。登记机构予以异议登记,申请人自异议登记之日起15日内不提起诉讼的,异议登记失效。异议登记不当,造成权利人损害的,权利人可以向申请人请求损害赔偿(第220条第2款)。

(1)异议登记的申请人及异议登记的理由。

从《民法典》规定本身可以看出,与更正登记不同——申请人仅限于不是不动产登记簿的记载的权利人,规定中涉及的作为申请人的利害关系人应该仅限于声称自己才是真正的权利人的人,也就是异议登记的理由,不是一般的记载事项的错误,而是登记记载的权利人错误。

(2)异议登记的程序。

从《民法典》规定的程序来看,异议登记是与更正登记相衔接的登记程序,也就是当不动产登记簿记载的权利人不同意更正时,利害关系人才可以申请异议登记。异议登记的程序性规定也根据《物权法》对应规定的要求,认为权利人不同意更正的,利害关系人可以申请异议登记(《登记细则》第 82 条第 1 款)。但是,异议登记本身,在利害关系人是真正的权利人时,可以防止第三人善意取得,异议登记越早成立,真正的权利人就可以越早受到保护。当事人申请更正登记的同时,申请异议登记应该也予以允许,尤其是更正登记程序启动本身的登记簿记载要求并不明确时,尤其有此必要。

(3)异议登记的条件。

《民法典》虽然要求在异议登记后的 15 日内,申请人需提起诉讼,否则异议登记将失去效力。但是对于异议登记本身并未规定任何条件,也就是只要有异议登记的意愿,登记机构就必须进行异议登记。即使法律规定了权利人可以就不当的异议登记要求申请人赔偿,但是规定本身仍然可能会给权利人造成无法弥补的损害。

[**例 2-1**]甲拟将自己的房屋出售给乙,丙为了破坏甲乙之间的磋商,直接申请更正登记,甲断然拒绝,丙于是申请了异议登记,乙在登记查询中发现了异议登记的存在,终止了甲乙之间的磋商。虽然后来丙并未起诉,异议登记失效,由于甲失去了以合适的时机出售房屋的机会,再次和他人达成交易时,获得的价款比当初和乙磋商时的市价少了 50 万元,而丙并无任何财力赔偿甲的损失。

异议登记的程序规定则要求:利害关系人申请异议登记的,应当提交下列材料:①证实对登记的不动产权利有利害关系;②证实不动产登记簿记载的事项错误;③其他必要材料(《登记细则》第 82 条第 2 款)。同时还规定,因为未及时起诉,[1]异议登记失效后,申请人就同一事

---

〔1〕《不动产登记暂行条例实施细则》第 83 条第 2 款规定:"异议登记申请人应当在异议登记之日起 15 日内,提交人民法院受理通知书、仲裁委员会受理通知书等提起诉讼、申请仲裁的材料;逾期不提交的,异议登记失效。"也即申请仲裁也可以维持异议登记的效力,不过仲裁必须出于双方当事人的自愿,当事人之间必须有约定仲裁的仲裁协议(《仲裁法》第 4 条),异议登记场景之下这种协议存在的可能性不大,仲裁程序的启动的机会也就较少。

项以同一理由再次申请异议登记的,不动产登记机构不予受理(《登记细则》第83条第3款)。虽然登记机构就有关争议材料的内容本身只能进行形式上的审查,禁止异议登记失效后再次异议登记申请本身,还是一定程度上缓解了不当的异议登记给权利人造成妨碍的风险。

(4)异议登记的效力。

异议登记不会导致登记簿的冻结。异议登记期间,不动产登记簿上记载的权利人以及第三人因处分权利申请登记的,不动产登记机构应当书面告知申请人该权利已经存在异议登记的有关事项。申请人申请继续办理的,应当予以办理,但申请人应当提供知悉异议登记存在并自担风险的书面承诺(《登记细则》第84条)。

异议登记的存在,给作为申请人的第三人带来的风险是,如果异议登记成立,登记簿记载的权利人的处分就是无权处分,而异议登记的存在将阻却申请人的善意成立。2020年《最高人民法院关于适用〈中华人民共和国民法典〉物权编的解释(一)》(以下简称《物权编解释一》)第15条第1款第1项指出,登记簿上存在有效的异议登记,应当认定不动产受让人知道转让人无处分权,而第14条第1款指出,受让人受让不动产或者动产时,不知道转让人无处分权,且无重大过失的,应当认定受让人为善意。据此,《民法典》第311条第1款第1项规定的是无权处分时善意取得的要件。即受让人受让该不动产或者动产时是善意的要件不具备,即使完成了处分所涉及的登记,由于不能善意取得,登记还是无效的,异议登记申请人将可以通过更正登记,使第三人的登记失去效力。

(5)异议登记与确认之诉。

对于登记簿的记载有异议,异议登记后必须及时提起诉讼,15日内未起诉的,异议登记失效(第220条第2款)。

诉讼通常是确认之诉,这是公民的当然的诉权,《民法典》第234条是该诉权的实体法依据。《物权编解释一》也指出:当事人有证据证明不动产登记簿的记载与真实权利状态不符、其为该不动产物权的真实权利人,请求确认其享有物权的,应予支持(第 2 条)。该诉讼也是民事诉讼,《物权编解释一》指出:因不动产物权的归属,以及作为不动产物权登记基础的买卖、赠与、抵押等产生争议,当事人提起民事诉讼的,应当依法受理。当事人已经在行政诉讼中申请一并解决上述民事争议,且人民法院一并审理的除外(第 1 条)。以确认之诉提起的诉讼,是实体民事权利的查明,而非仅仅是登记这一行政行为的纠正,后者只是民事权利作不同于登记簿记载的确认当然后果。是故,没有必要作为行政诉讼处理。这也可以回避前述行政诉讼时效的问题。当然,确认之诉本身《民法典》也没有排除诉讼时效适用。

未及时起诉,只是异议登记本身失效。异议登记因《民法典》第 220 条第 2 款规定的事由失效后,当事人提起民事诉讼,请求确认物权归属的,人民法院应当依法受理。异议登记失效不影响人民法院对案件的实体审理(《物权编解释一》第 3 条)。

6. 预告登记

当事人签订买卖房屋的协议或者签订其他不动产物权的协议,为保障将来实现物权,按照约定可以向登记机构申请预告登记。预告登记后,未经预告登记的权利人同意,处分该不动产的,不发生物权效力(第 221 条第 1 款)。

(1)含义。

基于上述规定,《民法典》规定的预告登记是当事人签订买卖房屋的协议或者签订其他不动产物权的协议,为保障将来实现物权,按照约定向登记机构申请的预告登记。

预告登记所登记的内容,是依据买卖合同或者其他不动产物权的协议约定的取得物权的债权。

(2)预告登记的条件。

《民法典》预告登记的前提是当事人之间的约定,也就是只要就物权变动达成协议的债务人和债权人对预告登记有约定,就可以申请登记。

(3)预告登记的效力。

预告登记可以担保债权人债权的实现,预告登记本身也是一种担保形式。《民法典》第 221 条第 1 款中所谓"保障将来实现物权",更为准确的说法应该是保障预告登记过的债权人实现"债权","取得"物权。

预告登记的功能一般是防止一房二卖给买受人带来债权不能实现的风险。

[**例 2-2**]甲将房屋出售给乙,并交付给乙,由于乙尚未付清全部房款,甲并没有将房屋过户给乙。而后,甲又将该房屋高价卖给付清了全款的丙,并且办理了不动产转移登记,将房屋产权过户给丙。丙依据《民法典》第 235 条有权要求乙将房屋返还给他。乙无法取得房屋的所有权。

乙为避免该风险,确保能够取得所有权,可与甲之间达成预告登记的协议。完成预告登记后,依据第 221 条第 1 款第 2 句"预告登记后,未经预告登记的权利人同意,处分该不动产的,不发生物权效力",不发生物权效力,是指无法发生物权变动。从而变相冻结了登记簿,丙无法办理过户登记。预告登记生效期间,未经预告登记的权利人书面同意,处分该不动产权利申请登记的,不动产登记机构应当不予办理(《登记细则》第 85 条第 2 款)。从而也就不存在丙可以取得所有权,并基于所有权的返还原物请求权,要求乙返还房屋的可能。达到了预告登记确保登记的债权人的债权实现,也就是担保其取得物权的目的。

《德国民法典》第 883 条第 2 款第 1 句规定:"在预告登记后就土地或者权利标的实施的处分,在阻碍或者侵害请求权的范围内无效。"也就是说,预告登记并不冻结登记簿,处分行为依然可以发生效力。德国法下,甲依然可以将房屋过户给丙,且不需要乙同意,不过当阻碍或者侵害预告登记过的请求权,也就是当乙付清全款并向甲主张债权时,此时房屋虽然登记在丙的名下,但是这个处分行为本身对于乙无效。对于乙而言,甲依然是房屋的所有权人,乙依然可以从甲处取得所有权,从而丙的所有权也就被注销。

在我国预告登记后登记簿虽然变相冻结,但如果得到预告登记权利人的书面同意而处分不动产的,登记机构还是可以给予办理不动产登记。但是,若例 2-2 中乙同意甲丙之间的处分,允许的是他们之间的不动产登记(事实上这个许可一定程度上没有必要),而非放弃自己预告登记。参照德国法的上述逻辑,此时甲丙之间的处分对于未放弃预告登记本身的乙依然无效。乙付清房款后,依然可以通过转移登记,从甲处取得房屋所有权,丙的所有权登记需要予以注销。

除适用于房屋买卖合同外,依据第 221 条第 1 款,预告登记也可以用于确保其他不动产物权协议的履行。实务中主要是用来确保抵押权设定协议的履行。

[例 2-3] 甲乙协议将甲价值 200 万元的房屋抵押给乙,乙借款 150 万元给甲,乙的资金有一个调拨过程,此时甲乙可以先就乙取得抵押权的债权办理预告登记,在乙资金到位时,再转成抵押权登记。

不过此时意义不是很大,因为即使不办理预告登记,乙也无须担心协议的履行,因为其完全可以在资金到位后,再直接办理有关的抵押登记。如果甲已经将房屋出售给他人,则可类推适用同时履行抗辩的规定(第 525、526 条),乙可以拒绝履行自己的借款义务,从而确保自己的资金安全。

《德国民法典》此类的预告登记主要是为了保留甲的抵押权顺位。举例来说,例 2-3 中甲还打算向丙借款 100 万元,丙的资金可以立即到位,丙虽然要求甲也办理抵押登记,但是愿意让乙的顺位在前,但是由于乙的债权成立在后,实际登记的抵押权的时间可能在后,此时甲乙可以根据约定,先就乙将来可以取得抵押权进行预告登记。乙将来取得抵押权时,其预告登记的顺位,决定了其抵押权本身的顺位(《德国民法典》第 883 条第 3 款)。也就是说,可以通过预告登记保留抵押权人乙的第一顺位。

在我国,如果先预告登记的乙依据第 221 条第 1 款同意丙进行抵押登记的,解释上应该和德国法上述分析相同。当然如果乙不同意丙进行登记,丙无法取得抵押权,自然也就没有关于顺位保留的问题。

《担保制度解释》第 52 条指出:当事人办理抵押预告登记后,预告登记权利人请求就抵押财产优先受偿,经审查存在尚未办理建筑物所有权首次登记、预告登记的财产与办理建筑物所有权首次登记时的财产不一致、抵押预告登记已经失效等情形,导致不具备办理抵押登记条件的,人民法院不予支持;经审查已经办理建筑物所有权首次登记,且不存在预告登记失效等情形的,人民法院应予支持,并应当认定抵押权自预告登记之日起设立(第 1 款)。当事人办理了抵押预告登记,抵押人破产,经审查抵押财产属于破产财产,预告登记权利人主张就抵押财产优先受偿的,人民法院应当在受理破产申请时抵押财产的价值范围内予以支持,但是在人民法院受理破产申请前一年内,债务人对没有财产担保的债务设立抵押预告登记的除外(第 2 款)。

该解释第 1 款的核心意思是,在抵押权的预告登记转为本登记时,其顺位以预告登记的时间为准,即所谓的"抵押权自预告登记之日起设立",从而达成顺位保留的效果。当然,如前所述,如果要产生顺位保留的效果,自然应该是在后设定的抵押权有进行登记的可能,也就是此时在后设定的抵押权的登记,依据第 221 条第 1 款取得了预告登记的权利人的同意。[1] 第 2 款的意旨是,预告登记后,在破产程序中同样具有优先受偿的效力,实际上是承认了预告登记了的取得抵押权的

---

[1] 《民法典》第 406 条第 1 款明确抵押财产的转让原则上不需要取得抵押权人同意,同时第 414 条抵押权顺序的规定也以抵押人可以再次设定抵押权为前提,也就是已经取得担保权利的抵押权人,都不可以阻止进一步转让或者进行再次抵押,并进行相应的登记,预告登记的可以取得抵押权的债权人却可以依据第 221 条第 1 款阻止转让或者再次抵押的登记,构成评价矛盾。为避免这一矛盾,解释上有承认此时抵押财产的转让或者再次抵押的登记无须取得预告登记的权利人同意的余地,预告登记的权利人实现抵押权的权利,可以通过《担保制度解释》第 52 条明确的预告登记带来的顺位保留的效力得到确保,第 221 条第 1 款第 1 句"保障将来实现物权"的预告登记的立法目的也得以实现。

债权,具有和抵押权一样的物权地位,是债权物权化的体现。

(4)预告登记的失效。

《民法典》第221条第2款规定:"预告登记后,债权消灭或者自能够进行不动产登记之日起九十日内未申请登记的,预告登记失效。"与《物权法》第20条第2款规定完全相同,只是将后者的3个月改成了90天。《物权编解释一》第5条又进一步指出:"预告登记的买卖不动产物权的协议被认定无效、被撤销,或者预告登记的权利人放弃债权的,应当认定为民法典第二百二十一条第二款所称的'债权消灭'。"

预告登记的对象是债权,债权消灭了,预告登记也就没有必要存在了。比如在例2-2中,乙无法筹措到资金按期支付房款,经催告后在合理期限内仍然无法支付,此时甲可以乙根本违约为由,解除甲乙之间的合同(第563条第1款第3项)。由于甲不再负有转移房屋所有权的义务(第566条第1款第1分句),乙取得房屋的债权也就随之消灭,乙的债权的预告登记自然应该予以注销。

预告登记是债权人债权的担保,也就是通过登记取得物权的债权担保,能够登记,也就是能够行使该担保,但仅仅因为超过90日没有行使,担保就必须归于消灭,这在立法论上是有疑问的。有人认为,之所以提出这种期限的限制,主要是考虑到预告登记限制了不动产的处分,使不动产失去了流通性。如果允许此种限制一直持续,则该不动产难以流通,不利于维护登记权利人的合法权益。[1] 这是不知所云的理由。比如就买卖来说,买方已经支付全部价款,可以要求卖方办理移转登记,预告登记转为移转登记,买方取得所有权,本来就没有理由再去考虑如何维护卖方继续让房屋流通的利益。事实上即使预告登记失效,让卖方流通,卖方也不一定愿意,因为买方的债权没有消灭,一房二卖,意味着他要违反在先的买卖合同,必定要承担违约责任。因为此时债权人能够进行登记,意味着债务人必须履行债务,90日后也不可能

---

[1] 参见国土资源部不动产登记中心编:《不动产登记暂行条例实施细则释义》,北京大学出版社2016年版,第247页。

就不需要履行了。

　　事实上这一规定的可操作性也不强,因为登记机构没有条件去核实债权人是不是确实可以行使债权,以及何时可以行使债权。由于登记机构不可能根据债务人单方的主张就作出判断,从而也就无从确定登记机构何时必须根据债务人的要求,办理注销登记。

　　在登记实务中,债权未消灭且自能够进行相应的不动产登记之日起3个月内,当事人申请不动产登记的,不动产登记机构应当按照预告登记事项办理相应的登记(《登记细则》第85条第3款)。该条规定的积极意义在于,没有像《民法典》那样规定超过90日注销预告登记。不足之处在于,相应的登记对于此处的物权变动而言,是让登记的债权人取得相应的物权的登记,从字面上理解即3个月之后,就不一定给办理登记了,而如前所述,债权人的债权此时依然存在,从而有变相剥夺债权人实现债权的可能,《民法典》不可能赋予登记机构这种权利。另外,同样是可操作性不强,超过3个月不易判断,是否在3个月内自然同样不易认定。这里的当事人如果是指登记的债权人,债权人单方提供的其权利可以行使的证据,登记机构也无从判断其真实性,该条规定不具有可操作性。如果是双方当事人,本来就不管是3个月之内还是3个月之外,双方申请登记时,登记机构都不能拒绝,《登记细则》该条规定也是不知所谓的规定。

　　综上,自能够进行不动产登记之日起90日内未申请登记的,预告登记失效,《民法典》的这一规定不具有可操作性,而且也不能依据该条认为,90日之后的双方申请登记的,登记机构不予受理。《民法典》这一规定价值无非在于通过预告登记的注销,剥夺预告登记权利人优先取得物权或者优先实现债权的权利,实体法上的这一地位,在如此之短的时间内丧失,其正当性可议。

　　预告登记的权利人放弃预告登记的,预告登记也消灭(《登记细则》第89条第1项)。操作上,登记机构必须有预告登记的权利人,也就是债权人放弃预告登记的书面声明,才能注销预告登记。

(5)商品房预售的预告登记。

商品房等不动产预售的,当事人可以按照约定申请不动产预告登记(《登记细则》第85条第1项)。此类预告登记与《民法典》规定的普通预告登记的不同之处在于,由于是商品房预售,商品房的不动产登记簿并未形成,也就无从在不动产登记簿上进行预告登记。而预告登记显然只能在预设的不动产登记簿上予以完成。

实践中,对于预售备案的效力并无法律规定,但备案机构不能接受重复备案,一定程度上可以避免一房多次出售。已经办理预售备案的商品房,开发商如果申请在建建筑物的抵押登记,登记机构也不予登记(《登记细则》第75条第2款)。备案登记也是预售的预告登记的前提,申请预告登记时必须提交已备案的商品房预售合同(《登记细则》第86条第1款第1项)。

(6)预购商品房设定抵押权的预告登记。

预售房购买者如果想要将购买的预售房抵押,实质上是在自己取得房屋所有权的债权之上设定权利质权,当该债权实现时,则权利质权转化为对于房屋本身的抵押权。但是,对该权利质权《民法典》并无规定,实务中以预购商品房设定抵押权的预告登记来完成(《登记细则》第85条第1款第3项)。该预告登记自然也必须在预设的不动产登记簿上予以登记,当房屋的所有权进行了首次登记,不动产登记簿得以正式设立。在购买者取得所有权的同时,设定抵押权的预告登记也就转为商品房抵押权登记。

《民法典》规定可以以正在建造的建筑物设定抵押权(第395条第1款第5项)。从该规定本身来看,抵押权的客体就是正在建造的建筑物,申请抵押登记的是该建筑物的开发商。此时登记与预售商品房设定抵押权无关,不属于前述预告登记。登记程序要求,以建设用地使用权以及全部或者部分在建建筑物设定抵押的,应当一并申请建设用地使用权以及在建建筑物抵押权的首次登记(《登记细则》第75条第1款)。在建建筑物竣工,办理建筑物所有权首次登记时,当事人应当申请将在建建筑物抵押权登记转为建筑物抵押权登记(《登记细则》第77条第2款)。这种情况下的登记和预售商品房设定抵押权的预告登记尚有类似之处：一是该抵押权为债权人所设，比如由提供资金的银行所设；二是抵押登记只能在预设的不动产登记簿上予以登记。而如果此时设定了抵押权的在建商品房继续进行预售的，再进行在建商品房预售的预告登记，在先成立的抵押权，会影响购买者的权利。登记实务中要求，申请预告登记的商品房已经办理在建建筑物抵押权首次登记的，当事人应当一并申请在建建筑物抵押权注销登记，并提交不动产权属转移材料、不动产登记证明。不动产登记机构应当先办理在建建筑物抵押权注销登记，再办理预告登记(《登记细则》第86条第4款)。

7. 查封登记

《登记条例》对实务中形成的查封登记给予了确认。以下举例说明查封登记的价值。

[例2-4]法院生效裁判要求甲须在判决生效之日起15日内归还所欠乙货款150万元，甲未按裁判履行，乙申请法院强制执行。法院查封了甲价值200万元的空关房屋，贴上封条，禁止进出。甲撕掉封条，很快将房屋以市价出售给对房屋查封一无所知的丙，并在不动产登记机构申请办理转移登记。由于并无查封登记，登记机构同样对房屋查封事实一无所知，丙顺利取得了房屋的所有权。[1]

就此而言，如果有查封登记，即使丙在签订买卖合同时对房屋被查封的事实一无所知，在移转登记时，也会发现查封的事实，从而可以及时采取措施维护自己的权益，而有关的转移登记也无法继续，法院查封的效力也就能够得到实现。

实践中，可能多家法院就同一财产进行查封，《民事诉讼法》第103条第2款禁止重复查封，此时对在后的查封，登记机构办理轮候查封。

---

[1] 《物权编解释一》第15条第1款第3项指出：登记簿上已经记载司法机关或者行政机关依法裁定、决定查封或者以其他形式限制不动产权利的有关事项，应当认定不动产受让人知道转让人无处分权，也就是认定受让人不是善意，如果根本就没有查封登记，依据该解释，就不能认为受让人不是善意，依据《民法典》第311条，受让人可以善意取得所有权。

第二章　物权变动　57

其逻辑是,在先的查封本身注销后,在后的轮候查封登记就可以转为查封登记。轮候查封登记的顺序按照协助执行通知书送达不动产登记机构的时间先后进行排列(《登记细则》第91条第2款)。

(三)交付

1. 交付的含义

交付是指占有的移转。

2. 现实交付

现实交付是直接占有的移转。《民法典》第224条规定:"动产物权的设立和转让,自交付时发生效力,但是法律另有规定的除外。"该规定与第226—228条规定的观念交付并列,仅指现实交付,也就是物的直接占有的变动。这种变动将导致让与人完全失去直接占有,而受让人取得直接占有。

3. 观念交付

观念交付,是指直接占有没有变化,只是观念上间接占有发生变动。观念交付包括三种形态。

(1)简易交付(brevi manu traditio)。

动产物权设立和转让前,权利人已经占有该动产的,物权自民事法律行为生效时发生效力(第226条)。由于受让人已经取得了动产的直接占有,此时已经没有必要先返还给让与人,而后再让与人现实交付给受让人,只要法律行为生效,物权就发生变动,此种交付被称为简易交付。这里的法律行为,指的是使物权发生变动的法律行为,即物权行为。

[例2-5]甲将自行车借给乙,乙骑了之后很喜欢,向甲求购该车。9月1日甲乙就该车的买卖达成协议,约定3天后付款后自行车就是乙的。甲乙之间的买卖合同自9月1日就发生效力(第502条),但是此时只是债权行为发生效力,任何人均不得撕毁合同,比如乙如果又不想要了,则构成违约。买卖合同中付款后所有权移转的约定,是附生效条件的物权行为,9月4日,乙付款条件成就,物权发生变动(第158条第

2句)。

需要说明的是,简易交付只是不涉及直接占有的移转,但并不代表没有占有的变动。事实上,让与人在物权变动前,虽然不是直接占有人,但还是间接占有人,指示交付后,间接占有也丧失了。

(2)指示交付(cessio vidicationis, longa manu traditio)。

动产物权设立和转让前,第三人占有该动产的,负有交付义务的人可以通过转让请求第三人返还原物的权利代替交付(第227条)。让与人通过指示直接占有物的第三人将物交付给受让人,所以称为指示交付。由于指示交付是通过返还原物请求权的让与完成交付,德国民法又将其称为返还请求权让与(Abtretung des Herausgabeanspruchs)。

相比于《物权法》要求的合法占有,《民法典》只要求第三人拥有占有即可。但是,不能认为依据《民法典》,在第三人占有的任何情形都可以适用指示交付。指示交付是通过间接占有的转让实现的。[1] 也就是说,这里请求第三人返还原物的权利,必须基于占有媒介关系的发生。间接占有转让后,让与人丧失间接占有,受让人取得间接占有。

如果让与人根本就没有间接占有,则不能适用该条移转所有权。比如,甲的自行车被乙偷走,甲乙之间没有占有媒介关系,甲已经失去了对于自行车的占有,没有间接占有,也就不可能通过指示交付完成交付。当然动产被盗,所有人还是可以进行所有权移转,但不是通过指示交付完成的,也不是通过转让《民法典》第235条基于所有权的返还请求权完成的交付。因为不是物权请求权转让后物权发生变动,而是转让所有权后,物权请求权也随之发生移转。此时的物权变动方式属于法律未规定的情形,从不剥夺盗赃所有权人转移所有权自由的角度出发,同时又考虑到无直接占有或者间接占有可以转移,应该认为,只要当事人之间达成转移所有权的合意,即可转移所有权。

(3)占有改定(constitutum possessorium)。

动产物权转让时,当事人又约定由出让人继续占有该动产的,物权自

---

[1] Wellenhofer, Marina, Sachenrecht, 34. Aufl. München, 2019, S. 96.

该约定生效时发生效力(第 228 条)。此时实际上是通过转让人和受让人之间的占有媒介关系,比如让与人继续借用、租用,或者为受让人代位保管等,为受让人设定间接占有,所以称为占有改定(Besitzkonstitut,德文原意就是占有的设定,其实和"改"没有什么关系,让与人还是直接占有人没有改,占有改定是约定俗成的说法而已)。

[例 2-6]甲将一幅字画卖给乙,并与乙约定借给甲欣赏一周,此时就是占有改定,乙通过甲乙之间有效成立的借用合同取得对于字画的间接占有,从而完成了交付,因此取得所有权。

(四)公示对于物权变动的影响

1. 公示生效要件

公示是物权变动的生效要件,第 209 条第 1 款、第 224 条规定,就不动产而言,登记是物权变动的生效要件;就动产而言,交付是物权变动的生效要件。

2. 公示对抗要件

登记和交付是生效要件,但是第 209 条第 1 款、第 224 条同时也明确法律另有规定的除外。这些除外规定则是将登记或者交付作为物权变动的对抗要件。

(1)土地承包经营权的变动。

土地承包经营权互换、转让的,当事人可以向登记机构申请登记;未经登记,不得对抗善意第三人(第 335 条)。

(2)地役权的设定。

地役权自地役权合同生效时设立。当事人要求登记的,可以向登记机构申请地役权登记;未经登记,不得对抗善意第三人(第 374 条)。

(3)动产抵押权的设定。

以动产抵押的,抵押权自抵押合同生效时设立;未经登记,不得对抗善意第三人(第 403 条)。动产抵押虽然是动产物权,但是其设定本身无须交付,抵押合同生效后即成立,但登记之后才有对抗善意第三人的效力。

3. 交付生效,登记对抗

船舶、航空器和机动车等的物权的设立、变更、转让和消灭,未经登记,不得对抗善意第三人(第225条)。也就是说,对于这些特殊动产适用交付生效,登记对抗的规则。

(1)一物二卖时的对抗问题。

登记对抗是在交付导致物权变动的基础上发生的,如果没有交付,单纯的登记不导致物权的变动。

对于该规则的适用,2020年修正的《最高人民法院关于审理买卖合同纠纷案件适用法律问题的解释》第7条指出:出卖人就同一船舶、航空器、机动车等特殊动产订立多重买卖合同,在买卖合同均有效的情况下,买受人均要求实际履行合同的,应当按照以下情形分别处理:①先行受领交付的买受人请求出卖人履行办理所有权转移登记手续等合同义务的,人民法院应予支持;②均未受领交付,先行办理所有权转移登记手续的买受人请求出卖人履行交付标的物等合同义务的,人民法院应予支持;③均未受领交付,也未办理所有权转移登记手续,依法成立在先合同的买受人请求出卖人履行交付标的物和办理所有权转移登记手续等合同义务的,人民法院应予支持;④出卖人将标的物交付给买受人之一,又为其他买受人办理所有权转移登记,已受领交付的买受人请求将标的物所有权登记在自己名下的,人民法院应予支持。

该条第1项的规定,是指双方都没有登记,但是一方已经接受交付的情形。此时,他方无从再取得所有权,接受交付的一方无条件地受到保护,包括要求出卖人配合办理转移登记。

该条第2项的规定,是指双方都没有接受交付的情形。此时,没有发生物权变动,但由于其中一方办理了登记,应当优先保护。故应允许其优先通过交付取得所有权。

该条第3项的规定,是指双方都没有接受交付,都没有进行登记的情形。此时,合同先成立的一方通过接受交付取得所有权。

该条第4项规定,是指一方接受了交付,另一方进行了登记的情形。依据《民法典》第 225 条,只有接受交付的一方取得了所有权。因此,此时只能是优先保护接受交付的一方,其可以要求进行更正登记。

该条第 2、3 项的规定与物权变动无关,而是涉及转移所有权义务的履行问题。解释确定了先登记的或者先签订的合同的买受人作为义务的履行对象。但是适用时应先征求义务人意见,让其有选择对自己最有利的履行对象,比如选择违约责任最重的一方作为履行对象,从而让其有机会避免自己承担更重的违约责任。

该解释所涉及的交付应该都是现实交付,所以有"受领"给付之说。事实上有可能双方都完成了交付,比如甲将车出售给乙,甲继续借用该车 1 个月,以占有改定的方式完成了交付,借用期间,甲又将该汽车卖给丙,并现实交付给了丙,应该适用该解释第 1 项规定保护丙。如果丙属于恶意第三人,知道甲乙之间转让的存在,即使未登记,甲乙之间的所有权变动,依然可以对抗丙,接受了现实交付的丙无从取得所有权。而如果乙进行了登记,此时还是应该适用第 225 条,丙无从取得所有权。两种情形下,乙均有权基于第 235 条,要求丙返还汽车。

(2) 物权变动对抗转让人的债权人的问题。

《物权编解释一》第 6 条指出:"转让人转让船舶、航空器和机动车等所有权,受让人已经支付合理价款并取得占有,虽未经登记,但转让人的债权人主张其为民法典第二百二十五条所称的'善意第三人'的,不予支持,法律另有规定的除外。"该条司法解释意义将对于善意的债权人的对抗效力,系于受让人已经支付合理价款并取得占有,两个条件缺一不可。这实质上限制了通过取得占有完成交付,从而取得物权的买受人的所有权对抗转让人的债权人的效力,这也是基于第 225 条的存在本身作出的解释。

二、物权变动的公信原则

(一) 含义

公信原则,是指物权公示的权利状况与实际的权利状况不一致的,信赖该权利状况而发生物权变动时,信赖受到保护的制度。公示的公信力并不会使对于物权状况的错误公示变成正确的公示,而是如果基于对错误的信赖而进行物权变动时,有关的信赖予以保护。因此《民法典》第 216 条第 1 款关于"不动产登记簿是物权归属和内容的根据"的规定,不能理解为登记绝对正确,只是推定其正确而已。否则,就不会有关于更正登记的规定了。

(二)公信原则与善意取得

公信原则理由在于,公示出来的物权的权利状况推定其正确,比如推定登记的权利人,动产的占有人为权利人,即所谓公示的公信力。但是,公信力保护不是绝对的,公信力的范围取决于善意取得制度(第 311 条以下)的适用范围。公信原则和善意取得制度是一个硬币的正反两面。因此,其详细内容当让位于善意取得制度的分析,在此不赘。

第三节 基于法律行为的物权变动

一、基于法律行为的物权变动的立法模式

比较法上,就基于法律行为的物权变动,大致有意思主义和形式主义两种模式,而形式主义又分为债权形式主义和物权形式主义两种模式。

(一)意思主义

所谓意思主义,是指基于法律行为(合同)本身即发生物权变动,登记或者交付等形式不是物权变动的要件。

采意思主义立法例最典型的国家是法国。依据《法国民法典》[1]第 711 条规定,所有权因债的效力而变动;第 1196 条规定,以转让所有权或者其他权利为标的的合同,转让在合同订立之时发生。只要当事人订立合同,物权就发生变动,因此被称为意思主义。不过,尽管交付或者登记不是物权发生变动的要件,但依然是物权变动得以对抗第

---

[1]《法国民法典》的条文编号及内容均以 2016 年法国债法改革后的条文为准。——笔者注

三人的要件。同一个物发生两次物权变动时,《法国民法典》第1198条规定,取得动产占有者,优先取得权利,即使其取得时间在后,善意时亦然;就不动产而言,在先将其以公证书形式做成取得名义公告与不动产登记簿者,优先取得该权利,即使其取得时间在后,善意时亦然。

采取意思主义立法模式的国家还有意大利、葡萄牙、英国、日本等。[1]《日本民法典》第176条规定,物权的设定即移转,仅因当事人的意思表示,生其效力;第177、178条规定,不动产未经登记,动产未经交付不得对抗第三人。

意思主义的构造:

  合同→引起债权债务产生=债权行为→引起物权变动

  交付/登记→对抗善意第三人

不过,既然合同就能引起物权变动,正如《法国民法典》第1196—1198条一节的标题所概括的,那么合同本身有移转物权的效力(Effet translatif)。法国学说认为,合同能够拟制交易所对应的物权(变动)的合意。[2] 日本著名学者我妻荣教授也认为,《日本民法典》之下,"产生物权变动的意思表示与引起债权发生的意思表示完全是同一形式,外形上无法区别……"[3]铃木禄弥教授对我妻荣教授的观点进行评价时,指出"我妻教授曾经作过这样的解释:一个意思表示在很多的场合都是在以发生债权关系为目的的同时,还具有物权行为的意义"。[4]

(二)债权形式主义

所谓债权形式主义,是指当事人之间的法律行为产生债权债务关系,但是物权变动需要登记或者交付后才发生。也就是说,债权行为加

---

[1] 参见欧洲民法典研究组、欧盟现行私法研究组编著:《欧洲私法的原则、定义与示范规则:欧洲示范民法典草案·第八卷·物的所有权的取得与丧失》,朱文龙、姜海峰、张珵译,法律出版社2014年版,第185—189页。

[2] 参见秦立威等译:《〈法国民法典:合同法、债法总则和债之证据〉法律条文及评注》,载《北航法律评论》2016年第00期,第211、212页。

[3] 我妻榮著、有泉亨補訂:《物權法》岩波書店,1983,57頁。

[4] [日]铃木禄弥:《物权的变动与对抗》,渠涛译,社会科学文献出版社1999年版,第167页。

上登记或者交付的形式导致物权变动,所以被称为债权形式主义。

欧洲大陆各国民法法典化前,继受罗马法形成的普通法认为物权变动须采取名义(titulus,也可以翻译为原因)和形式(modus)两个要件,前者是一个有效的债权合同,后者则是交付这一形式。采取这一做法的有西班牙、荷兰等国。[1]

债权形式主义的法律构造:

合同→引起债权债务产生＝债权行为

债权行为＋交付/登记→引起物权变动

采债权形式主义的国家,就债权行为之外,是否还需要物权行为的问题,荷兰法意见不一,奥地利法则认为需要物权行为,但是物权行为的存在,传统的观点认为现实交付时成立,但最新的观点认为基础性合同和物权协议同时成立,反对者则认为物还没有特定之前,讨论物权变动的合意的做法太过拟制。[2] 就需要物权行为的立法或者学说而言,自然就不是纯粹的债权形式主义了。需要指出的是,以上各国的做法与物权形式主义也不相同,其属于有因主义,也就是如果债权行为无效,物权就不发生变动,即物权行为也无效。换言之,即使有物权行为,有效的债权行为依然是物权变动发生的要件,就动产而言,比较法和债权形式主义的做法一起被称为有因的交付主义。[3]

(三)物权形式主义

物权形式主义,是指债权行为只引起债权债务的产生,物权变动需要独立于债权行为之外的以物权变动的意思表示为内容的物权行为(所谓的物权行为的独立性)。物权变动本身根据物权行为和登记、交付发生效力,不需要以有效的债权行为作为原因,也就是物权行为具有无因性。采取这个做法有德国、希腊和爱沙尼亚。[4]

---

[1] 参见欧洲民法典研究组、欧盟现行私法研究组编著:《欧洲私法的原则、定义与示范规则:欧洲示范民法典草案·第八卷·物的所有权的取得与丧失》,朱文龙、姜海峰、张珵译,法律出版社2014年版,第180—183页。

[2] 同上注。

[3] 同上书,第180页。

[4] 同上书,第183—185页。

物权形式主义源于德国学者萨维尼。萨维尼在研究罗马法上的交付(traditio)时,受到法国人文主义法学派多诺的启发,认为交付本身就是一个法律行为。罗马法上买卖合同不涉及所有权的移转,所有权移转必须另以特定方式进行,交付就是其中一种。优士丁尼《法学阶梯》(Ⅰ2.1.40)指出,根据自然法,通过交付可以取得物的所有权,"因为没有什么像承认所有人想将其物转让给他人的意愿那样符合自然衡平"。萨维尼认为,将债务关系作为所有权移转的合法原因是一种误解,"每一个交付就其性质来说是一个真正的合同,而合法原因就是表现为这一合同。但是,这不需要是债法上的合同(否则,我们会再次陷入已经批评过的错误),而是一项真正的物权合同,一项物权法上的合同"[1]。"交付是一项真正的合同:因为其包含了双方当事人以占有和所有权实际转让为内容的意思表示,而且其使行为人的法律关系得以重新确定;这种意思表示本身不仅仅满足于完全意义上的交付(Tradition,也就是罗马法意义上使得所有权移转的交付——笔者注),而且要加上占有的实际取得作为外部行为"[2]。

《德国民法典》也确认了该制度,对于动产来说,根据第929条,动产所有权的转让只需要交付加上所有人和取得人之间就物权转让达成的合意。对土地而言,根据第873条,土地所有权的转让只需要登记加上让与人和取得人关于就不动产移转的合意。均不要求以有效的债权合同为条件,以这种对于合法原因的要求保持沉默的方式确立了物权行为无因性理论。[3]

物权形式主义的法律构造:

  合同(比如买卖)→引起债权债务的产生的意思表示=债权行为
  物权行为→引起物权变动的意思表示

---

[1] Felgentraeger, Friedrich Carl v. Savignys Einfluß auf die Übereignungslehre, Leipzig 1927, S. 33f.

[2] Savigny, System des heutigen römischen Rechts, Band III, 1840, S. 312.

[3] Laborenz, Martin. Solutio als causa: die Frage des Abstraktionsprinzips im römischen Recht. Böhlau, 2014, S.89.

物权行为+登记/交付→物权变动

需要说明的是,即使认为物权行为独立于债权行为,不为买卖等合同所包含,但是不代表其当然具有无因性。梅迪库斯教授指出:"负担行为和处分行为在观念上的分离,改变不了法律现实中处分行为通常被用来履行负担行为的事实。因此,人们自然会认为,此时处分行为的效力系于其履行的负担行为效力"。[1] 换言之,正如梅迪库斯教授所观察到的,物权行为的独立性并不必然导出物权行为的无因性,反而是物权行为有因性才符合人们的一般认识。至于《德国民法典》关于物权变动的前述规定明确采纳了无因性理论,则又是另一回事。

二、基于法律行为的物权变动的中国模式

(一)通说:债权形式主义

就基于法律行为的物权变动的基本规定而言,《物权法》的基本规定第9、15、23条为《民法典》第209、215、224条所采纳。我国学说通说认为,我国立法采取的是债权形式主义。[2]

(二)通说的实质

我国通说之所以被认为是债权形式主义,最主要的原因是认为不能采取物权行为理论。但是实质上是承认物权行为而不自知。之所以认为不能采取物权行为理论,主要是因为受到王泽鉴教授对拉伦茨教授的理论不精确转介的影响。

1. 实质上承认物权行为

债权形式主义首倡者梁慧星教授认为:"动产或不动产的买卖,虽属于债权行为,但债权的行使或债务的履行后果,将导致物权的移转变更,因此既包含负担行为也包含处分行为。"处分行为是物权行为的上位概念,此种观点自然是承认了物权行为的存在。不过梁慧星教授还

---

[1] Medicus-Peterson, Allgemeiner Teil des BGB, 11. Aufl., C.F.Müller, 2016, S. 105f.
[2] 参见王利明:《物权法研究》(上卷),中国人民大学出版社2013年版,第268、269页;梁慧星、陈华彬:《物权法》,法律出版社2010年版,第83、84页;崔建远:《物权法》,中国人民大学出版社2017年版,第46页。

是认为,我国《合同法》第 130 条(现《民法典》第 595 条)买卖合同的定义,"对负担行为与处分行为一体把握,将处分行为纳入债权行为之中,视标的物的所有权变动为买卖合同直接发生的效力"。[1]

王利明教授就《物权法》第 15 条(现《民法典》第 225 条)指出:该条"所说的合同就是指发生债权债务关系的合同,也是设立、变更、转让和消灭不动产物权的合同……我国《物权法》在同一合同中,当事人同时表达了发生合同债权以及变动物权的意思表示"[2]。物权变动的意思表示就是物权行为,但是王利明教授还是认为:"我国并未承认物权行为的存在,现行立法对交付、登记等物权变动要件的规定,主要是出于公示的要求,不能将其作为物权行为存在的依据……[我国]模式要求物权之变动,除债权意思表示外,还须以登记或交付为要件。"[3]

崔建远教授认为:"买卖合同中的意思表示……不仅含有发生债权、债务的效果意思,同时包含物权变动的效果意思"[4],但是,他又认为,"如果物权行为只是物权合意,不包括动产交付或不动产登记,当我们把买卖等合同中的意思表示解释为含有物权变动的效果意思时,物权行为便被买卖等合同吞并了,失去了独立性,引发物权变动的确实不是物权行为,而是买卖等合同及其履行;如果物权行为包括物权合意与动产交付或不动产登记,那么,当我们把买卖等合同中的意思表示解释为含有物权变动的效果意思,将动产的交付或不动产的登记看作买卖等合同履行的组成部分时,发生物权变动的同样不是物权行为,而是买卖等合同及其履行"[5]。

从三位教授的观点可以看出,他们均是承认合同中作为物权变动的意思表示物权行为存在的,只是又认为其被纳入债权行为或者被债权行为吸收了,或者干脆不知道为什么就不见了。

---

[1] 梁慧星:《民法总论》,法律出版社 2017 年第 5 版,第 218 页。
[2] 王利明:《物权法研究》(上卷),中国人民大学出版社 2013 年版,第 266 页。
[3] 同上书,第 268 页。
[4] 崔建远:《合同法总论》(上卷)(第 2 版),中国人民大学出版社 2011 年版,第 381 页。
[5] 同上书,第 382 页。

2. 公开否定物权行为的原因

上文所引的债权形式主义学说的主要代表人物的表述中有个共同的特点,即承认物权变动的意思表示的存在,同时又否定物权行为。为什么会如此呢?这与我国对物权行为研究的历史以及受王泽鉴教授的影响有关。

对于物权行为首先做出系统研究的是梁慧星教授,其在关于物权行为的论文中指出:"王泽鉴先生则主张改采意思主义与交付原则之混合制度,彻底抛弃物权行为概念及其无因性理论,而将发生物权变动的意思表示,纳入债权行为之中,与成立债权关系之意思一并表示之,不必加以独立化自成一个法律行为",并认为,"我国现行法不承认有物权行为,以物权变动为债权行为之当然结果,并以交付或登记为生效要件,在立法主义上系采意思主义与交付主义之结合,与现代民法、判例和学说之最新发展趋势正相吻合"。[1]

王泽鉴教授在其《物权行为无因性理论之检讨》一文中将拉伦茨教授的观点概括为三点:"①即基于买卖、互易、赠与、设定担保约定等债权行为而生之物权变动,无需另有一个独立之物权行为。②物权发生变动之意思表示,在观念上虽有独立存在之价值,但可纳入债权行为之中,与成立债之意思一并表示之,不必加以独立化,自成一个法律行为。③为使物权变动具有外部之表征,以达公示之原则,现行民法规定交付为动产物权变动之要件,及登记为不动产物权变动之要件,此项原则应予维持。"[2]

这里让人有疑问的是,债权行为是引起债权债务产生的意思表示,如果将引起物权变动的意思表示纳入了债权行为,这个债权行为又是个什么行为,还是债权行为吗?债权行为的概念要修改吗?拉伦茨教授会怎么描述债权行为?我们需要看看拉伦茨究竟说了什么。

---

[1] 梁慧星:《我国民法是否承认物权行为》,载《法学研究》1989年第6期,第61页。
[2] 王泽鉴:《民法学说与判例研究》(第1册),北京大学出版社2009年版,第126页,脚注注明是引用的拉伦茨教授的《债法》(第2册)第20页的观点。

拉伦茨教授在批评德国物权行为理论时指出,从立法论上应该认为:"将来在法律政策上就此最有可能优先采取这样的方案,该方案虽然坚持实际的履行行为(交付或者登记)这一要求,但是不坚持法律行为分裂为一个债务合同和一项特别的物权合同。因此,在这样的方案下,就买卖而言,只需要一个单一的合同——买卖合同,此时这一买卖合同,考虑到其既有债务上又有物权上的法律后果,与现今不同,同时是负担和处分行为(Verpflichtungs-und Verfügungsgeschäft),两个要素(此时思维上也还是要区分的)统一在这个合同之中。按其意义,卖方的表示应该如此理解:我承担让你取得所有权的义务(负担因素),并据此我将所有权转让给你(处分因素)——以交付(或者登记)为条件。所有权基于这样理解的买卖合同而移转,但是通常直到另外有实际履行行为才发生。此时不需要新的合意,直到交付才声明的所有权保留无效。没有有效的合同,尽管已经交付或登记,所有权也不移转;不过,第三取得人善意时受到保护。"[1]

拉伦茨教授的原文与王泽鉴教授文章区别最大之处在于,王泽鉴教授认为一个观念上虽有独立存在之价值的物权行为,但是被纳入债权行为之中,这种表述容易让人误会为物权行为被债权行为吸收了,不需要物权行为了,即使其有观念上独立存在的价值,也是如此。事实上,拉伦茨的观点显然不是这个意思,如原文所示,在拉伦茨看来,包括物权行为在内的处分行为和作为负担行为的债权行为同为一个统一的

---

[1] Larenz, Lehrbuch des Schuldrechts Band II /1, C. H. Beck' sche Verlagsbuchhand-lung, München,13 Auflage, 1986, S. 15. 王泽鉴教授的论文集是1975年出版的,其写作年份必然早于1975年,所参考的拉伦茨的著作也就要早于笔者引用的拉伦茨著作的出版时间1986年。但是,笔者查阅了1965年版本的拉伦茨的著作,其表述和此处引用的1986年版本只是在下面这句中——"此时这一买卖合同,考虑到其既有债务上,又有物权上的法律后果,与现今不同,同时是负担和处分行为,两个要素(他们在思维上也还是要区分的)统一在这个合同之中"——少了"考虑到其既有债务上,又有物权上的后果,与现今不同(mit Rücksicht auf seine sowohl obligatorische wie dinglichen Rechtsfolgen, anders als heute)"这部分内容,但是这部分新加的内容只是垫句,说明后半句的根据而已,整句的主体意思没有变化。另外,其实整段行文一开头就强调了是政策上考量,此处增加的"与现今不同",只是使其只是立法论而非德国现行法的解释论的性质更为清晰而已,Larenz, Lehrbuch des Schuldrechts Band II, C. H. Beck' sche Verlagsbuchhandlung, München,7 Auflage, 1965, S. 20.

合同组成部分,是两个并列的要素,根本不存在债权行为吸收物权行为的问题,或者物权行为纳入债权行为的问题,物权行为当然是独立存在的。

从现有通说形成过程来看,我国的债权形式主义的通说来源于拉伦茨的立法论。与拉伦茨的观点一样,通说承认同一合同中同时有引起债权债务的意思表示,又有对于物权变动的意思表示的看法,也就不奇怪了。因为这实际上不自觉地还原了拉伦茨教授的原始观点,实质上是承认合同中存在物权行为。通说同时以物权行为被纳入债权行为或者被债权行为吸收为由,否定物权行为的看法,是由于王泽鉴教授不精确的译介误导所致。

3. 否定物权行为的其他理由

否定物权行为的看法还有两个重要理由:一是物权行为过于抽象,脱离生活;二是物权行为无因性理论对出卖人不利。[1]但笔者认为,这两个理由均无从成立。

(1) 关于物权行为过于抽象、脱离生活。

就此一般都会引用基尔克教授的观点作为论据。德国柏林大学法学教授基尔克在19世纪有段国内学界耳熟能详的分析,其分析的背景是德国民法典草案规定动产和不动产"基于法律行为的转让(Übertragung durch Rechtsgeschäft)"均需要一个无因的物权合同(einen abstrakten dinglichen Vertrag),基尔克对此评价道[2]:

---

[1] 参见王利明:《物权法研究》(上卷),中国人民大学出版社2013年版,第260、262、263页。

[2] Gierke, Der Entwurf eines bürgerlichen Gesetzbuches und das deutsche Recht, 1889, Leipzig, Verlag von Duncker & Humblot, S. 366;译文参考刘得宽:《民法诸问题与新展望》,1980年台湾自版(再版),第468页,最后两句"这难道不纯粹是虚构吗?事实上只是对一个统一的法律行为的两个相区别的思维形式,现在却被臆造成两个彼此独立的合同,不仅颠倒了实际过程,而且实在法也因为过度的形式思维受到损害",刘得宽教授的译文是"这完全是拟制的,实际上此不过为对于单一的法律行为有二个相异的观察方式而已。今以捏造二种互为独立之契约,不仅会混乱现实的法律过程,实定法亦会因极端之思维形式思考而受到妨害",与我的译文区别在于,刘得宽教授的译文将原文最后一句之中的"事实上只是对一个统一的法律行为的两个相区别的思维形式"与"现在却被臆造成两个彼此独立的合同",以句号断开,分解到两个独立句子之中,弱化了两句话之间的对照关系。

"草案通过教科书般的句式,强迫我们将再简单不过的动产转让分解为至少三个彼此法律上完全独立的法律进程时,草案在内容上也确实是学说对生活的凌辱。某人去商店买一副手套,其当场付款并取走了手套,今后其必须始终意识到,发生了三种不同的事情:①订立了一个债权合同,而依据该合同成立的债务关系通过履行消灭;②订立了一个与这一法律基础完全分离的、以所有权移转为内容的物权合同;③在这两个行为之外实施了一项交付,该交付是'法律上的行为,而不是法律行为'。这难道不纯粹是虚构吗?事实上只是对一个统一的法律行为的两个相区别的思维形式,现在却被臆造成两个彼此独立的合同,不仅颠倒了实际过程,而且实在法也因为过度的形式思维受到损害。"

基尔克只是认为草案"将再简单不过的动产转让分解为至少三个彼此法律上完全独立的法律进程",是学说对于生活的凌辱,脱离生活,并没有认为物权行为这个与债权行为相区别的思维形式是对生活的凌辱。众所周知,德国人善于抽象思维,物权行为和债权行为的概念是基于抽象思维提出的思维形式,如果作为德国人的基尔克会认为这是对生活的凌辱,那他是要反对德国人惯常的思考问题的方式了?完全不可能!综合分析上述基尔克的原话,其对买卖的理解可以概括为:买卖合同是一个统一的合同,可以从不同思考角度将其理解为债权行为和物权行为,其中债权行为产生了需要通过清偿消灭的债务,物权行为以所有权转移为内容,债权行为是物权行为的法律基础,物权行为并非无因的。这个观点和前引拉伦茨的观点极为类似。该观点绝对没有以物权行为过于抽象、脱离生活为由,否定其存在。

事实上我国债权形式主义前述的倡导者都认为,买卖同时产生了债权债务的效果和物权变动的效果,这些分析难道就不抽象了?法律是对生活的描述,法言法语、专业人士、专业思维,是极为正常的现象,没有任何理由认为,物权行为带来了专业思维,就应该否定其存在的必要。如果概念抽象就没有必要存在的这个逻辑成立的话,民法应该没有多少概念可以存在了,包括作为债权形式主义者观点基础的债权行为的概念也没有必要存在。那债权形式主义就也不应该存在吗?

(2)关于物权行为无因性理论对出卖人不利。

物权行为无因性之下,买卖合同无效时,物权行为效力不受影响,买受人依然取得所有权,买受人破产时,出卖人也就无从主张取回权(参见《企业破产法》第38条)以获得全部清偿,而只能基于不当得利的债权获得部分受偿。而在物权行为有因时,买卖合同无效,物权行为也无效,出卖人因此依然拥有对于买卖标的的所有权,买受人破产时,可以主张取回权,获得全部受偿。可见,物权行为无因性对于出卖人是显然不利的。

就此批评而言,首先,这一针对物权行为无因性的批评本身并不能否认物权行为存在的必要,如果认为物权行为无因性不公平,完全可以采用有因的物权行为理论。其次,如果从不公平角度来看,物权行为无因性导致破产时对于出卖人的不利,对于买受人是一直存在的。因为不管有因无因,合同无效时,买受人要求返还价款的权利,永远是普通的债权,从来都是只能获得部分清偿。换言之,物权行为无因性给出卖人的不利恰恰造成了,不管是出卖人还是买受人,在债务人破产时,均只能获得部分清偿,不存在厚此薄彼的问题,反而是一种公平的结果。[1] 亦即,这种批评是物权行为无因性理论的妥当性的证据,而不是反对该理论的证据。

不过,作为债权行为履行的手段,物权行为不受债权行为无效影响的物权行为无因性,与通常的认识不同。因此,必须以法律的明文规定为前提。与德国法不同,我国并无关于物权行为无因性的明确规定,解释上不应该认为我国立法也采纳了物权行为无因性。

(三)合同二元结构论

我国基于法律行为的物权变动规定采取的是合同二元结构的立法

---

[1] 参见〔德〕迪特尔·梅迪库斯:《德国民法总论》,邵建东译,法律出版社2000年版,第179、180页;刘家安,《物权法论》,中国政法大学出版社2015年版,第82页;朱庆育:《民法总论》,北京大学出版社2016年版,第185、186页。

模式,具体分析如下。

1. 法律构造

所谓合同二元结构的立法模式,是指同一合同既包括引起债权债务产生的债权行为,又包括引起物权变动的物权行为,前者合同成立时即生效,后者需要登记或者交付后生效。

合同二元结构的法律构造:

　　合同=债权行为+物权行为
　　债权行为=引起债权债务产生的意思表示
　　物权行为=引起物权变动的意思表示
　　物权行为+登记/交付→引起物权变动

虽然合同中的物权行为加上登记或者交付的形式就能引起物权变动,但是如果债权行为无效或者被撤销时,物权行为效力也同样无效,物权变动依然不能发生。亦即,就物权变动本身来说,完整的构造表述是:

　　有效的债权行为+物权行为+登记/交付→引起物权变动

我国的这一变动模式不同于前述比较法上常见的三种形式中的任何一种,但类似于立法模式中债权形式主义部分提及的《奥地利民法》最近的解释论。

2. 二元结构的根据

(1)二元结构的法律依据。

就引起物权变动的典型法律行为买卖合同而言,《民法典》第595条规定:"买卖合同是出卖人转移标的物的所有权于买受人,买受人支付价款的合同。"虽然买卖合同一章主要规定的是买卖双方的债权债务,但是该条关于买卖合同的定义,并没有从买卖合同双方的债权债务角度对买卖进行界定,而是从买卖引起的物权变动的效果角度进行界定。这与只承认买卖是债权合同,从买卖双方的义务角度对买卖进行界定的《德国民法典》第433条规定完全不同。买卖合同的定义本身表明,我国立法者不认为买卖只是一个引起债权债务产生的债权行为,同时也是引起物权变动的意思表示。同一个合同中既包含物权行为,又包含债权行为。也就是说,二元结构法律构造中"合同=债权行为+物权行为"的判断,是法律所明确规定的。

《民法典》第502条第1款规定:"依法成立的合同,自成立时生效,但是法律另有规定或者当事人另有约定的除外。"这表明通常情况下,债权行为引起债权债务的产生,不需要任何形式,合同成立时即生效。《民法典》第215条规定:"当事人之间订立有关设立、变更、转让和消灭不动产物权的合同,除法律另有规定或者当事人另有约定外,自合同成立时生效;未办理物权登记的,不影响合同效力。"此处同样表明物权变动是否公示,均不影响债权债务的产生,比如房屋买卖合同,未办理转移登记前,卖方通过登记转移所有权的义务就已经产生。以上规定构成了二元结构法律构造中合同中的债权行为引起债权债务产生的判断法律依据。

合同中虽然已经包含了物权变动的意思表示,也就是物权行为,但是该法律行为不是合同一成立即生效。《民法典》第209条第1款规定:"不动产物权的设立、变更、转让和消灭,经依法登记,发生效力;未经登记,不发生效力,但是法律另有规定的除外。"第224条规定:"动产物权的设立和转让,自交付时发生效力,但是法律另有规定的除外。"这些规定均表明通常情况下,物权变动需要登记或者交付后才发生效力,此规定构成了二元结构法律构造中"物权行为+登记/交付→物权变动"的判断法律依据。

(2)二元结构的生活根据。

以上规定表明,合同的二元结构源于法律规定本身,但法律为什么会规定同一合同之中有两个不同的法律行为,这恰恰是源于我们的生活。

什么是法律行为?对此有各种定义,拉伦茨教授指出,至少在弗卢梅(Flume)教授《法律行为论》发表以后,私法上应该采取一种功能指向的法律行为的定义,也就是法律行为应被理解为实现私法自治的工具。[1] 在德国民法典第一次草案立法理由书里面就已经指出:"本草案意义上的法律行为,是旨在产生某种法律后果的私人意思表示,该效果之所以依法发生,是因为这正是其想要的"[2]。弗卢梅教授由此指出:"法律行为的概念,是对在法律秩序中形成的所有行为类型的一种抽象,就其内容来说,就像对此法律已经规定了的一样,以个人自决,也就是通过私法自治原则的实现,旨在通过规则的确立以设立、变更或者消灭法律关系。"[3] 简单来说,法律行为就是达成当事人意图的一个工具。可以说,为了落实私法自治,有什么样的意图,就有什么样的法律行为。

在一个买卖之中,当事人意图是什么?根据法律行为功能性指向的定义,我们可以通过对这个答案本身的剖析,来明晰买卖的法律结构,也就是其中有什么法律行为。一项买卖,尤其是即时清结的买卖,我们首先能察觉的当事人意图就是:卖方交货,买方给钱。从法律行为的角度来说,这就是使物权发生变动的意思表示,也就是物权行为。我们甚至忘了此时当事人还有为彼此设立义务的意思表示,也就是还有债权行为的内容。只有即时完成的义务实际上无法完成时,比如对方由于是无权处分遗失物,失主依法要回了该遗失物;又如,交付买方的苹果,买方咬了一口,发现苹果里面还有半条虫子,只有这个时候买方大概才会想起,对方是否应该依据合同之中的某项义务,对自己承担责任。此时,才会想到了合同中的负担行为(债权行为)的存在。也就是拉伦茨教授所谓"即时清结的买卖合同中,物权行为过于凸显,以至于另一个负担行为仿佛被遮蔽了一样"。[4] 换句话说,就这种最为常见的即时清结的买卖而言,我们甚至因为没有察觉债权行为,而

---

[1] Larenz, Methodenlehre der Rechtswissenschaft, Springer-Verlag Berlin Heidelberg GmbH, 6. Auflage, S. 482.

[2] Mot. I, 126 (MUGDAN I, 421).

[3] Flume, Allgemeiner Teil des Bürgerlichen Rechts, Zweiter Band: Das Rechtsgeschäft, Springer-Verlag Berlin Heidelberg GmbH, Vierte, unveränderte Auflage, S. 23.

[4] Larenz, Lehrbuch des Schuldrechts Band II /1, C. H. Beck'sche Verlagsbuchhand-lung, München,13 Auflage, 1986, S. 18.

有可能会否认债权行为的客观存在。但是,只要是承认生活常识的人,一定不会否认此时物权行为的存在。另外,虽然从察觉时间顺序上,可能物权行为在先,债权行为在后,但是逻辑顺序上,还是产生移转所有权义务的意思先于移转所有权的意思而存在,即债权行为从逻辑顺序上是物权行为发生的原因。而不管顺序先后,其均是一个统一的买卖合同的组成部分,这也是事实。概言之,通过对这种生活中最为常见的买卖行为的分析,从法律行为功能指向的定义角度来看,我们的结论是买卖合同是一个包含债权行为和物权行为在内的统一的合同,是一个具有二元结构的合同。拉伦茨教授在修订自己教科书的这一句话之时,即"买卖合同,考虑到其既有债务上,又有物权上的法律后果,与现今不同,同时是负担和处分行为",在其中加入"考虑到其既有债务上,又有物权上的法律后果"一语,用以论证买卖合同何以具有二元结构,亦即,可以兼有负担行为和处分行为。结合以上分析,我们明显可以看出他修订时受到功能指向性的法律行为定义影响的思维过程。

  需要说明的是,即使不是即时清结的买卖,比如房屋买卖合同,也是在买卖合同签订时就存在的,而无须从买卖之外去寻找,这是物权行为,而依据该买卖合同,卖方有义务交付房屋并移转房屋所有权,买方有义务支付价款,自然是债权行为。概言之,此种情形下,由于买卖双方物权变动的意图和使债权债务产生的意图同时存在,从而使物权行为和债权行为、处分行为和负担行为并存于一个买卖合同之中。

（3）二元结构的学说根据。

  二元结构并非奇谈怪论,前文所提及的我妻荣教授所谓"产生物权变动的意思表示与引起债权发生的意思表示完全是同一形式,外形上无法区别"日本民法的解释论;拉伦茨所谓"买卖合同,考虑到其既有债务上,又有物权上的法律后果,与现今不同,同时是负担和处分行为（Verpflichtungs-und Verfügungsgeschäft）"的立法论;我国债权形式主义的通说提倡者,梁慧星教授"动产或不动产的买卖,虽属于债权行为,但债权的行使或债务的履行后果,将导致物权的移转变更,因此既包含负担行为也包含处分行为",王利明教授所谓"合同就是指发生债权债务关系的合同,也是设立、变更、转让和消灭不动产物权的合同"对《物权法》第 15 条(现《民法典》第 225 条)的解释论;崔建远教授"买卖合同中的意思表示……不仅含有发生债权、债务的效果意思,同时包含物权变动的效果意思"的解释论,都是合同二元结构论的学说。

由于王泽鉴教授对于德国学说的不准确的译介,我们的通说债权形式主义被带偏了,物权行为被提倡这一学说的这些教授有意无意搞没了。但是,学说上我们不能一方面认为合同同时包含债权行为和物权行为,另一方面又认为物权行为又被债权行为吸收了。两个性质完全不同的法律行为,且生效时间通常也不同,不可能一个行为吸收另一个行为,导致另一个行为的消灭。我国的债权形式主义从来都不是比较法上真正的债权形式主义,前文说明的拉伦茨立法论的理论渊源决定了债权形式主义就是二元结构论。亦即,可以认为正确理解的非真正意义上债权形式主义的通说,恰恰就是二元结构的学说根据。

3. 我国物权行为的存在方式

《民法典》通过后,陈永强教授发文认为:"现行民法对处分行为并无特定的形式要求,不动产所有权移转之合意存在于登记申请中,动产所有权移转之合意在交付行为中被推定,除非存在相反的意思表示,如所有权保留。"[1]陈永强教授承认包含物权行为在内的处分行为客观存在,但是应该在交付或者登记中寻找或推定该行为。笔者不能赞同此种看法。承认物权行为是一方面,另一方面,在何处寻找物权行为也很重要,甚至可以说更重要,因为只有这样才能对质疑物权行为存在的观点做出正面的回应。前文已经从《民法典》买卖合同的定义和生活经验中,证明了买卖合同中包含了物权变动的意思表示。这意味着包括物权行为在内的处分行为就已经包含在合同中,在合同之外再去找处分行为,一是有凭空虚构这种意思表示之嫌,二是也没有必要。因为在合同中已经有了。买卖合同中包含包括物权行为在内的处分行为,其

---

[1] 陈永强:《中国民法处分行为之多元模式》,载《法治研究》2020 年第 4 期,第 16 页。

实是以法律术语,或者用基尔克教授的说法,是用物权行为或者处分行为这个"思维形式",来表达我国现实生活中当事人真正的想法。物权行为不是虚构的,也不需要虚构,因为其在现实生活中现实存在。而我国的立法者肯定买卖合同涉及物权变动的意思表示的立场在《民法典》第595条关于买卖合同上述法律定义中已经显露无遗。[1] 物权行为的实质是物权变动的合意,物权行为本身《民法典》是没有形式要求的,登记和交付的形式只是物权行为的生效要件。有了物权变动的意思表示,就有物权行为,除了从上文关于法律行为的功能主义的定义可以确认这一点外,也可以从物权行为的"发现"的历史过程中看出来,从多诺到萨维尼,他们正是从罗马万民法上交付这种移转的所有权的方式中"发现"了双方物权变动的合意,从而最终也就"发现"了物权合同。[2] 当然,我们的交付只是事实行为,物权变动的意思表示是对生活经验的法律表述,是买卖合同定义中确定的存在于买卖合同之中的内容,不可能也不需要从交付中发现物权变动的意思表示。

4. 二元结构的例外:放弃(抛弃)物权

传统上称为抛弃物权,《民法典》使用的是"放弃"一词(第393条第3项,"放弃担保物权")。基于法律行为的物权变动,必然涉及物权变动的意思表示,物权行为总是不可或缺的,但是有时并不存在债权行为,比如甲放弃自己的所有权,其所有权通过放弃所有权的意思表示而消灭。此时没有合同,同时也只有物权行为,而无债权行为。放弃的意思表示是放弃人单方的、无相对人的意思表示,但是习惯上需要结合占有的放弃(动产所有权的抛弃)或者依法需要注销登记后(第209条第1款)才发生效力。

就将来之物、不特定物,比如有待生产的产品、有待建成的房屋、价

---

[1] 中国人思维中认为买卖合同涉及物权行为,还可以从1929制定的《中华民国民法》对买卖的定义看出来,其第345条规定:"称买卖者,谓当事人约定一方移转财产权于他方,他方支付价金之契约",与《民法典》第595条从处分行为角度对买卖进行定义的做法完全相同。

[2] 参见柯伟才:《物权合同的发现:从尤里安到萨维尼》,载《比较法研究》2016年第6期,第71—77页。

款等,此时仍然可以认为买卖合同签订之时就此类物已经有物权变动的意思表示,只是其要发生效力还有待物的特定化而已。虽然相比于特定物的物权变动,这种对于物权行为的理解较为抽象,甚至有些拟制,但是观念上认可此时存在物权行为并不存在障碍,不构成二元结构的例外。

（四）意思主义之下修正的合同的二元结构

《民法典》第209条第1款、第224条虽然规定登记或者交付发生物权变动,但同时也明确法律另有规定的除外。这些例外规定则是将登记或者交付作为物权变动的对抗要件,而物权变动本身通常仅凭当事人之间的合同即可发生效力。具体来说,地役权自地役权合同生效时设立(第374条),以动产抵押的,抵押权自抵押合同生效时设立;未经登记,不得对抗善意第三人(第403条)。亦即,就基于法律行为的物权变动,我国也采纳了意思主义的立法模式。

此时一个合同同时导致债权债务的产生和物权变动,但是不能因此认为只有物权行为,而无债权行为,因为有可能存在债务不能履行的问题。比如在他人的动产上设定抵押,抵押人无法取得所有权时,抵押人因为违反了依据抵押合同产生的为抵押权人设定抵押权的义务,需要承担违约责任,这是合同中债权行为效力的体现。也就是在意思主义之下,合同依然具有二元结构,只是法律构造需要修正。

修正的合同二元结构的法律构造：

  合同=债权行为+物权行为

  债权行为→引起债权债务产生

  物权行为→引起物权变动

  物权行为+登记→物权变动可以对抗善意第三人

（五）无权处分与合同的二元结构

1.《民法典》关于无权处分的规定

《民法典》规定:因出卖人未取得处分权致使标的物所有权不能转移的,买受人可以解除合同并请求出卖人承担违约责任(第597条第1

款),该规定源自2012年《最高人民法院关于审理买卖合同纠纷案件适用法律问题的解释》(由于2020年该解释根据《民法典》进行了修订,以下简称《旧买卖合同解释》)第3条第2款,该款规定:"出卖人因未取得所有权或者处分权致使标的物所有权不能转移,买受人要求出卖人承担违约责任或者要求解除合同并主张损害赔偿的,人民法院应予支持。"对比后可以发现,《民法典》的规定相对《旧买卖合同解释》的解释有三点变化:一是将解释"未取得所有权或者处分权"概括为"未取得处分权";二是将买受人"要求……的,人民法院予以支持"这些司法解释所特有的表述方式,改成买受人"可以……"的描述法律后果的方式,从而更符合立法行文本身特点;三是将"承担违约责任或者要求解除合同并主张损害赔偿",简化表述为"解除合同并请求出卖人承担违约责任"。因为解释中的主张损害赔偿本身就是违约责任,同时由于所有权无法转移,立法者认为此时买受人主张解除合同应该是要求赔偿时必然同时要求的,因此不再承认不要求解除合同而是单纯要求出卖人承担包括赔偿损失在内的违约责任的可能。从变化本身来看,法律后果变化还是比较明显的。当然虽然有这些变化,《民法典》的规定和《旧买卖合同解释》第3条第2款之间的沿革关系依然清晰,事实上正是这种沿革关系才使司法解释变得重复,在解释的2020年版中才被删除。

2.《合同法》第51条与《旧买卖合同解释》第3条第2款的关系

《合同法》第51条没有被《民法典》纳入,但是其与实质上被纳入的上述《旧买卖合同解释》第3条第2款有着密切关联。

未被《民法典》纳入的《合同法》第51条规定:"无处分权的人处分他人财产,经权利人追认或者无处分权的人订立合同后取得处分权的,该合同有效。"既然买卖合同具有二元结构,同时是物权行为和债权行为,或者说同时是处分行为和负担行为,那《合同法》第51条规定的"该合同有效"中的合同何指就可以有不同的解释。《旧买卖合同解释》第3条对此处的合同做了限制解释,认为限于该合同中的处分行为,而与处分行为同处于一个合同之中的负担行为,不受《合同法》中第

51条的影响,不会仅因为权利人没有追认或者事后没有取得处分权而无效。基于这一理解,才会有涉及有效合同的违约责任的《旧买卖合同解释》第3条。亦即,就买卖合同来说,买卖合同中负担行为依据《旧买卖合同解释》第3条有效,而买卖合同中的处分行为依据《合同法》第51条效力待定。《旧买卖合同解释》第3条没有废止或修改《合同法》第51条,而是与《合同法》第51条相互衔接、相互配合,一个解决合同中负担行为的效力,另一个解决合同中处分行为的效力;一个适用于未取得处分权场合,另一个直接适用于取得处分权的场合。

这一理解也体现在最高人民法院的裁判之中,最高人民法院在杨涛、惠凤艳等案外人执行异议之诉、买卖合同纠纷民事裁定书〔(2015)民申字第1885号〕的裁判理由部分指出:"惠凤艳和杨涛签订的转让案涉房屋所有权的合同构成无权处分,依照《中华人民共和国合同法》第51条:'无处分权的人处分他人财产,经权利人追认或者无处分权的人订立合同后取得处分权的,该合同有效。'虽然,2012年7月1日生效的《最高人民法院关于审理买卖合同纠纷案件适用法律的解释》第3条,将出卖人无权处分他人财产的行为区分为债权行为和物权行为,案涉房屋买卖合同难谓无效,但是由于惠凤艳无权处分案涉房屋,在未取得城乡建设公司追认的情况下,杨涛依法只能向惠凤艳行使违约赔偿或者损害赔偿的债权请求权,其在案涉房屋之上不能成立物权期待权,更不可能取得所有权。"〔1〕

3.《合同法》第51条的规定的意旨仍可通过《民法典》第597条第1款的解释达成

《民法典》下合同具有二元结构,无权处分时,合同的债权行为依据第597条第1款有效,但是作为处分行为效力待定的依据《合同法》第51条未被纳入,这在形式上出现了无法可依的问题。

比如,甲将乙的图书赠给丙,乙称"送就送了吧",此时属于该条规定的权利人乙追认甲的处分行为,丙依据《合同法》第51条就取得了乙的图书所

---

〔1〕 最高人民法院(2015)民申字第1885号民事裁定书。

有权。而在《民法典》之下,丙是否可以取得图书所有权,则存在疑问。

《民法典》第 597 条第 1 款规定的适用前提是:"出卖人未取得处分权致使标的物所有权不能转移",只有具备了该前提,买受人才能依据该条"解除合同并请求出卖人承担违约责任"。"出卖人未取得处分权致使标的物所有权不能转移"的规定,反对解释该规定,意味着出卖人取得处分权,包括出卖人取得了标的物的所有权或者经过权利人追认,就不会发生该条中的标的物所有权不能转移的问题。或者说,标的物所有权就能够转移,第 598 条规定的出卖人转移所有权的义务得到了履行,也就没有适用该条的必要,而这也正是《合同法》第 51 条规定的意思。由于第 597 条第 1 款前身《旧买卖合同解释》第 3 条第 2 款,本就是与得到适当解释的《合同法》第 51 条相关联的规定,从其中解读出第 51 条的内容,也是很正常的。

反对解释第 597 条第 1 款的适用前提,前述丙可以因为甲追认乙的处分,出卖人因而取得了处分权,合同中处分行为也就发生效力,从而丙也就取得了所有权。当然这种通过反对解释进行的案例分析,清晰程度显然与有明确规定时的案例分析无法相比。《合同法》第 51 条未被《民法典》明确采纳,令人遗憾。

第四节　物权变动的其他原因

除法律行为外,物权变动还有其他原因,比如先占、添附、混同等私法上的原因,公法上原因有基于生效的法律文书以及基于行政征收决定等原因。

一、私法上其他原因

(一)先占

1. 含义

先占是指以所有的意思占有无主动产,从而取得所有权。我国《民法典》没有对先占加以规定,但是习惯法承认可以通过先占取得所有权,比如狩猎、捕鱼、捡拾被抛弃的可回收的废品,均可以取得有关动产的所有权。

2. 要件

(1)客体必须是无主的动产。就不动产而言,依据现有土地公有制度(《宪法》第10条第1款、第2款),土地不存在个人通过先占取得所有权的可能。无居民海岛也属于国家所有(第248条)。个人能够先占的可能是所有人放弃所有权的房屋,由于该放弃依据第209条必须登记后方才发生效力,因此实际发生的可能性并不大。即使实际发生,也有国家先占的余地和可能,毕竟国家的不动产登记机构是第一个知道放弃所有权的意思表示发生效力的机构。另外,包括动产在内的无人继承又无人受遗赠的遗产,归国家所有,用于公益事业;死者生前是集体所有制组织成员的,归所在集体所有制组织所有(第1160条),也不存在先占的余地。

(2)先占必须合法。比如禁渔、禁猎期期间,违法取得的渔获物、猎获物,法律均规定予以没收(《渔业法》第38条第1款、《野生动物保护法》第45条),也就是无法通过先占取得所有权。

(3)先占人必须取得占有,也就是实际控制无主物,如果只是发现无主物而未对物加以控制,则不成立先占。

(4)必须以所有的意思占有无主物,也就是以取得所有权的意思(占为己有)占有无主物,没有该意思,即使取得占有,也不构成先占。所有的意思不是意思表示,因此不需要先占人具有行为能力。

(二)混同

物权法上的混同,是指同一物的所有权和限制物权同归于一人,限制物权归于消灭的情形。《民法典》并未规定物权法上的混同。但是所有权人可以对物进行全面支配,其同时对物进行有限的支配也就没有必要,因此,混同可以消灭定限物权。以第一章例1-7所及的所有人抵押权为例,如果没有顺序在后的抵押权,取得房屋所有权的抵押权人,抵押权也就没有存在必要。

[例 2-7] 甲将价值 200 万元的房屋抵押给乙,担保乙债权 150 万元。后甲乙又达成协议,将抵押房屋出售给乙,并且根据约定,乙支付了全部的 200 万元的价款。此时即使为了乙的债权 150 万,乙行使抵押权也没有意义,因此乙对自己的房屋的抵押权自然也就因为混同而消灭。

(三)添附

《民法典》第 322 条规定:"因加工、附合、混合而产生的物的归属,有约定的,按照约定;没有约定或者约定不明确的,依照法律规定;法律没有规定的,按照充分发挥物的效用以及保护无过错当事人的原则确定。因一方当事人的过错或者确定物的归属造成另一方当事人损害的,应当给予赔偿或者补偿。"该条是对添附的规定,添附是加工、附合和混合的统称。

1. 加工

(1)含义。

加工是人力添附于物,是指将他人的物制作改造为新物的行为。

(2)加工物的归属。

就物的加工本身,如果当事人之间有合同的,比如有承揽合同,通常的约定,加工物自然是归定作人,即被加工物的所有人所有,其支付加工费用即可。

《民法典》并没有明确规定加工物归加工人还是被加工物的所有人所有。只是规定了充分发挥物的效用以及保护无过错当事人的原则作为判定原则。

从发挥物的效用来说,物的加工通常会较大幅度地提高物的效用,但是充分发挥物的效用本身的原则,并不足以确定新物本身应该归谁所有。不精确的理解似乎应该是,加工本身提高物的效用,属于广义的"充分发挥物的效用",因此应该归加工人所有。至于在加工本身并未显著提高物的效用的场合,则应该归被加工物的所有人所有。而所

第二章 物权变动

谓"保护无过错当事人"原则是同样地位的原则,就加工而言,两个原则有冲突时,后一原则应该视为前一原则的例外,优先适用。

[例 2-8] 甲将捡来的乙遗失的玉石,以市价 1 万元出售给不知情的丙,丙将玉石加工成玉器,市价 50 万元,丙虽然依据《民法典》第 312 条不能善意取得玉石的所有权,但加工发挥了玉石的效用,依据添附中的加工规则,加工人丙取得所有权。

[例 2-9] 甲将偷来的乙市价 1 万元的玉石,加工成玉器,市价 50 万元,虽然甲的行为发挥了物的效用,但是其不是无过错的当事人,玉器仍然应该归乙所有。[1]

(3)侵权责任和不当得利返还责任。

①侵权责任。

加工中如果非但没有提高物的效用,反而由于加工人的过错导致物的毁损,造成物的所有人的损失的,依据第 322 条的规定,加工人应该对原物的所有人承担侵权法上的赔偿责任。比如例 2-9 中的甲加工中出现这种情况的,应该承担侵权责任。不过应该注意,第 461 条规定的优先于侵权责任适用的问题,即使甲没有过错,其作为侵权人,自然也是恶意占有人,不管其有无过错,依据第 461 条的规定均需要赔偿,而例 2-8 中的丙作为善意占有人,反对解释适用第 461 条第 2 分句,即使其有过错也无须赔偿。

第 322 条第 2 句的规范对象,主要是恶意的他主占有人。比如,甲将捡来的乙的玉石交给丙加工,并告知了玉石捡来的事实,让他大胆加工,即使毁了也没事,丙因过错导致玉石损毁,丙应该依据第 322 条的规定对乙承担侵权法上的损害赔偿责任。

②不当得利返还责任。

由于被加工物不可能还原为未加工物,基于所有权归属确定性的考虑,法律上对于加工物的归属进行了相应规定,但是,这不代表取得所有权的人因此可以终局地取得其原本并不拥有的利益,其得利本身

---

[1] 参见黄薇主编:《中华人民共和国民法典释义》,法律出版社 2020 年版,第 618 页。

仍然属于没有法律根据的不当得利。而未得到所有权的被加工物的所有人或者加工人,因为加工物所有权取得人取得利益而遭受损失,故可依据第985条的规定,向取得所有权的一方请求返还得利。比如例2-8中丙应该返还甲相当于玉石市价1万元的不当得利,而例2-9中,假定类似情形玉石的加工费用在5万元的,乙应该返还甲相当于加工费5万元的不当得利。第322条第2句所谓的因确定物的归属造成另一方当事人损害的,应该给予补偿,就是对于该不当得利返还责任的规定,其价值在于肯定了此时不当得利成立的可能。

2. 附合

(1)含义。

附合是指一物附合于他物成为统一的物的一部分。

(2)物的归属。

①动产附合于不动产。

此时动产成为不动产的成分,只能归不动产所有人所有或者成为不动产用益物权的客体。即使不动产权利人有过错也只能如此。

[例2-10]甲将偷来的乙的化肥撒在自己承包的土地中,乙的所有权因为添附而丧失,甲所在的集体土地所有权客体包含了化肥这一成分。而甲的土地承包经营权的客体也包含了乙的化肥。即使甲并非无过错的当事人,但是土地的价值远高于化肥,此时根据发挥物的效用的物的归属判断标准,必须优先适用。

②动产附合于动产。

此时通过比较两个物的地位,谁的效用更大,或者说谁是物的主要成分来决定物的归属。比如甲将偷来的乙的油漆漆到自己的家具上,可以认为甲的家具是主要成分,油漆了的家具依然归甲所有。

而如果效用无法确定,则以共有的确定方式,可以更好地维护双方的利益。

[例2-11]甲以所有权保留的方式将汽车发动机出售给汽车生产商乙,乙破产,就已经安装到若干汽车中的发动机和汽车的其他组成部

分而言,一般不能认为发动机就是汽车的主要成分,因此甲乙就该汽车应该共有,甲作为共有人,破产时要求分割共有物的请求权,比如分配汽车变卖的价款,是其所有权行使的方式,应该适用取回权的规定(《企业破产法》第38条),确保甲的优先受偿。

(3)侵权责任和不当得利返还责任。

应该注意,不当得利返还的理由在于基于附合取得所有权的人得利没有法律根据,倘若得利具备根据则不构成不当得利。比如有关的添附后果是租赁合同的法律后果,就并非没有法律根据。2020年《最高人民法院关于审理城镇房屋租赁合同纠纷案件具体应用法律若干问题的解释》第10、11条指出:"承租人经出租人同意装饰装修,租赁期间届满时,承租人请求出租人补偿附合装饰装修费用的,不予支持。但当事人另有约定的除外""承租人未经出租人同意装饰装修或者扩建发生的费用,由承租人负担。出租人请求承租人恢复原状或者赔偿损失的,人民法院应予支持。"该条事实上是对于房屋租赁合同中承租人自行装修时装修费用承担的当事人合同意图的解释,有关装修费用,应该由承租人自行承担。即使出租人同意承租人装修,也不等于其就同意承担装修费用。例如,在装修商铺时,有关装修的费用不应该转嫁给房东承担,而是应该由商铺作为自己的经营成本自行负担。不过即使对个人居住房屋的承租人而言,以上解释也是一样适用,虽然适用的理由没有商业用房那么充分,但是通过装修改善了居住条件,如果房东需要承担装修费用,有强迫房东改善居住条件之嫌,同时又还是按照原居住条件支付租金,对于房东也不公平。

3. 混合

混合是液体和液体、液体和固体以及固体与固体的混合,而无法分离或者分离费用过巨的情形。此时,法律适用上与动产和动产的附合一致,也就是两者在统一的物中,有处于主要成分地位的,该物的所有人取得所有权,但同时需要将因为所有权的取得对应的利益作为不当得利返还给其他动产的原所有人,以补偿其损失。而如果双方在统一的物中无主要成分可言的,共有则是唯一的选择,就货币而言,尤其是没有主要成分之说。[1]

[例 2-12] 甲将捡来的乙的 100 元放到自己钱包里,加上自己钱包里面的 800 元,甲钱包里面一共有 900 元。基于混合的制度,甲乙应该就原来的 900 元共有,就其中 100 元,乙有权基于共有人的身份要求甲分割共有财产,从而取回自己的 100 元。

(四)继承

1. 基于继承取得物权无须公示

《民法典》第 230 条规定,因继承取得物权的,自继承开始时发生效力。由于人去世后即丧失民事权利能力,不能再拥有对于遗产的所有权,即使遗产未分割,继承人未取得遗产的占有或者作为遗产的不动产未进行转移登记,所有权均已属于继承人单独所有或者共有,因此有第 230 条的规定。

继承人取得遗产的原因可以是基于遗嘱,也可能是在无遗嘱或者遗嘱无效时,基于继承法的规定。也就是说,作为物权变动的原因可以是遗嘱这一单方法律行为加上被继承人死亡组成的事实构成,也可以就是法律规定加上被继承人死亡组成的与法律行为无关的事实构成。

就遗赠而言,《民法典》第 1124 条第 2 款规定:"受遗赠人应当在知道受遗赠后六十日内,作出接受或者放弃受遗赠的表示;到期没有表示的,视为放弃受遗赠。"应该认为遗赠在受遗赠人接受遗赠前不发生效力,因此没有第 230 条的适用。必须是受遗赠人接受遗赠时才取得物权。[2]问题在于,在此之前被继承人同样不能作为遗产的物权人,这段期间遗产归谁所有?若归其他继承人,明明是被继承人的遗赠,变成了从继承人处获得赠与,也许此时还是要适用第 230 条,认为遗赠同样是继承开始后,就发生物权变动,受遗赠人放弃受遗赠的,放弃的是对于

---

[1] 参见〔德〕鲍尔、施蒂尔纳:《德国物权法》下册,申卫星、王洪亮译,法律出版社 2006 年版,第 449 页。

[2] 参见黄薇主编:《中华人民共和国民法典释义》,法律出版社 2020 年版,第 440 页。

遗赠物的物权。因此,第 1124 条第 2 款的意义不在于遗赠生效的时间,而是在于对默示的放弃受遗赠的意思表示的成立方式的规定,即知道受遗赠后的 60 日内未作表示即视为放弃。

2. 遗产取得人继续处分遗产需要公示

遗产取得人继续处分所取得遗产的不动产物权,依照法律规定需要办理登记的,未经登记,不发生物权效力(第 232 条)。也就是说,处分不动产物权必须登记后才发生物权变动,此时显然遗产取得人也必须就物权取得本身办理转移登记。特殊动产物权变动的登记也存在同样的问题。作为遗产的动产,遗产取得人在未取得遗产占有前,可以将自己对于遗产管理人的分割遗产请求权,转让给受让人,依据指示交付的方式转移自己对遗产的所有权。

(五)事实行为

1. 物权变动无须公示

因合法建造、拆除房屋等事实行为设立或者消灭物权的,自事实行为成就时发生效力(第 231 条)。

2. 事实行为的范围

引起物权变动的事实行为自然不仅仅限于合法建造、拆除房屋这些行为,毁灭动产的实体从而使动产所有权消灭的行为,自然也是事实行为。

合法建造取得所有权,但未取得合法建造的手续,也能够取得不动产的所有权,只是一方面该不动产无法办理初始登记,且物权变动本身也不能通过登记予以公示,唯一的手段就是交付;另一方面该不动产随时可能因为违建而被依法拆除,从而基于公法上的原因丧失所有权。同时基于其无法固定附着于土地,故仍有否认其不动产地位的可能。

3. 继续处分不动产时登记后生效

处分依事实行为取得的不动产物权,依照法律规定需要办理登记的,未经登记,不发生物权效力(第 232 条)。

二、公法上的原因

(一)征收

1. 含义

征收(Eminent domain,compulsory purchase),即国家单方面决定征收私人的财产归国家所有。任何国家都可以基于主权者的身份,征收私人的财产。国家为了公共利益的需要,可以依照法律规定对土地实行征收或者征用并给予补偿(《宪法》第 10 条第 3 款)。《民法典》规定:为了公共利益的需要,依照法律规定的权限和程序征收、征用不动产或者动产的,应当给予公平、合理的补偿(第 117 条)。相比而言,《民法典》的规定比宪法的范围更为广泛,增加了动产作为征收对象。不过实践中对动产本身进行征收的可能性不大。

2. 征收的条件

(1)为了公共利益的需要。

何谓公共利益,《土地管理法》第 45 条规定:"为了公共利益的需要,有下列情形之一,确需征收农民集体所有的土地的,可以依法实施征收:(一)军事和外交需要用地的;(二)由政府组织实施的能源、交通、水利、通信、邮政等基础设施建设需要用地的;(三)由政府组织实施的科技、教育、文化、卫生、体育、生态环境和资源保护、防灾减灾、文物保护、社区综合服务、社会福利、市政公用、优抚安置、英烈保护等公共事业需要用地的;(四)由政府组织实施的扶贫搬迁、保障性安居工程建设需要用地的;(五)在土地利用总体规划确定的城镇建设用地范围内,经省级以上人民政府批准由县级以上地方人民政府组织实施的成片开发建设需要用地的;(六)法律规定为公共利益需要可以征收农民集体所有的土地的其他情形。前款规定的建设活动,应当符合国民经济和社会发展规划、土地利用总体规划、城乡规划和专项规划;第(四)项、第(五)项规定的建设活动,还应当纳入国民经济和社会发展年度计划;第(五)项规定的成片开发并应当符合国务院自然资源主管部门规定的标准。"

以上就公共利益的界定,自然也可以适用于城市的国有土地使用权及其地上定着物的征收。当然城市的国有土地使用权及其地上定着物基于公共利益被征收,还有其他一些特殊情形,比如城市棚户区改造本身也是为了公共利益,以征收作为基本程序。2014年《国务院办公厅关于进一步加强棚户区改造工作的通知》第3条第1款指出,棚户区改造实行实物安置和货币补偿相结合,由棚户区居民自愿选择。各地区要按照国家有关规定制定具体安置补偿办法,依法实施征收,维护群众合法权益。

(2)公平、合理补偿。

征收并非税收,因此依法必须给予公平、合理的补偿(合理的征收补偿款或者合理的实物补偿)。

就征收集体土地来说,《土地管理法》第48条规定:征收土地应当给予公平、合理的补偿,保障被征地农民原有生活水平不降低、长远生计有保障(第1款)。征收土地应当依法及时足额支付土地补偿费、安置补助费以及农村村民住宅、其他地上附着物和青苗等的补偿费用,并安排被征地农民的社会保障费用(第2款)。征收农用地的土地补偿费、安置补助费标准由省、自治区、直辖市通过制定公布区片综合地价确定。制定区片综合地价应当综合考虑土地原用途、土地资源条件、土地产值、土地区位、土地供求关系、人口以及经济社会发展水平等因素,并至少每三年调整或者重新公布一次(第3款)。征收农用地以外的其他土地、地上附着物和青苗等的补偿标准,由省、自治区、直辖市制定。对其中的农村村民住宅,应当按照先补偿后搬迁、居住条件有改善的原则,尊重农村村民意愿,采取重新安排宅基地建房、提供安置房或者货币补偿等方式给予公平、合理的补偿,并对因征收造成的搬迁、临时安置等费用予以补偿,保障农村村民居住的权利和合法的住房财产权益(第4款)。县级以上地方人民政府应当将被征地农民纳入相应的养老等社会保障体系。被征地农民的社会保障费用主要用于符合条件的被征地农民的养老保险等社会保险缴费补贴。被征地农民社会保障费用的筹集、管理和使用办法,由省、自治区、直辖市制定(第5款)。

《民法典》规定,征收组织、个人的房屋以及其他不动产,应当依法给予征收补偿,维护被征收人的合法权益;征收个人住宅的,还应当保障被征收人的居住条件(第243条第3款)。该款规定的意义在于其适用对象不限于集体的土地。

3. 程序

(1)征收的审批。

《土地管理法》第46条规定:征收下列土地的,由国务院批准:①永久基本农田;②永久基本农田以外的耕地超过三十五公顷的;③其他土地超过七十公顷的(第1款)。征收前款规定以外的土地的,由省、自治区、直辖市人民政府批准(第2款)。征收农用地的,应当依照本法第四十四条的规定先行办理农用地转用审批。其中,经国务院批准农用地转用的,同时办理征地审批手续,不再另行办理征地审批;经省、自治区、直辖市人民政府在征地批准权限内批准农用地转用的,同时办理征地审批手续,不再另行办理征地审批,超过征地批准权限的,应当依照本条第一款的规定另行办理征地审批(第3款)。

《土地管理法》第44条规定:建设占用土地,涉及农用地转为建设用地的,应当办理农用地转用审批手续(第1款)。永久基本农田转为建设用地的,由国务院批准(第2款)。在土地利用总体规划确定的城市和村庄、集镇建设用地规模范围内,为实施该规划而将永久基本农田以外的农用地转为建设用地的,按土地利用年度计划分批次按照国务院规定由原批准土地利用总体规划的机关或者其授权的机关批准。在已批准的农用地转用范围内,具体建设项目用地可以由市、县人民政府批准(第3款)。在土地利用总体规划确定的城市和村庄、集镇建设用地规模范围外,将永久基本农田以外的农用地转为建设用地的,由国务院或者国务院授权的省、自治区、直辖市人民政府批准(第4款)。

(2)征收前期。

《土地管理法》第47条规定:工作国家征收土地的,依照法定程序批准后,由县级以上地方人民政府予以公告并组织实施(第1款)。县级以上地方人民政府拟申请征收土地的,应当开展拟征收土地现状调查和社会稳定风险评估,并将征收范围、土地现状、征收目的、补偿标准、安置方式和社会保障等在拟征收土地所在的乡(镇)和村、村民小组范围内公告至少三十日,听取被征地的农村集体经济组织及其成员、村民委员会和其他利害关系人的意见(第2款)。多数被征地的农村集体经济组织成员认为征地补偿安置方案不符合法律、法规规定的,县级以上地方人民政府应当组织召开听证会,并根据法律、法规的规定和听证会情况修改方案(第3款)。拟征收土地的所有权人、使用权人应当在公告规定期限内,持不动产权属证明材料办理补偿登记。县级以上地方人民政府应当组织有关部门测算并落实有关费用,保证足额到位,与拟征收土地的所有权人、使用权人就补偿、安置等签订协议;个别确实难以达成协议的,应当在申请征收土地时如实说明(第3款)。相关前期工作完成后,县级以上地方人民政府方可申请征收土地(第4款)。

(3)征收决定与物权变动时间。

因人民政府的征收决定,导致物权设立、变更、转让或者消灭的,自征收决定等生效时发生效力(第229条)。基于以上程序性规定,有关的征收决定通常是在征收补偿、安置协议达成之后作出的,个别未达成协议的也不影响征收决定的作出。

征收补偿协议本身也是征收决定的组成部分,这部分被征收对象通常不存在对征收决定不服的问题。未达成协议的,对于征收决定不服的,可以申请行政复议以及提起行政诉讼。但是行政复议和行政诉讼通常不影响征收决定本身的执行(《行政复议法》第21条、《行政诉讼法》第56条)。

(二)法律文书

1. 引起物权变动的法律文书

引起物权变动的法律文书包括人民法院、仲裁机构的法律文书(《民法典》第229条),没收、收缴等行政机关的行政处罚决定。

2. 物权变动时间

与征收决定相同,物权变动时间同样在法律文书生效时发生效力(第229条),比如法院裁判买卖合同争议中卖方须立即履行将房屋所有权转移给买方的义务,或者调解书确认离婚夫妻一方名下的房屋归一方所有,从裁判生效之日起,房屋所有权就是买方或者离异夫妻一方的,即使尚未登记,也是如此。

3. 物权的进一步处分以及善意取得

(1)进一步处分。

依据法律文书取得不动产物权的人,进一步处分不动产的,依照法律规定需要办理登记的,未经登记,不发生物权效力(第232条)。这意味着,继续处分前仍然需要就法律文书确定的物权变动本身进行登记。

(2)善意取得问题。

就不动产而言,虽然物权因法律文书的生效而发生物权变动,但是登记的名义人继续处分不动产的,善意第三人符合善意取得的要件,依然可以善意取得。《物权编解释一》第15条第1款第5项指出:"受让人知道他人已经依法享有不动产物权",应当认定不动产受让人知道转让人无处分权。也就是非善意,从而无从善意取得,换个角度,如果不知道,则依然构成善意,符合《民法典》第311条规定的善意取得其他条件的,可以善意取得。

就动产而言,未交付的动产,非动产的权利人继续处分动产,构成无权处分,符合第311条规定的善意取得要件的,受让人同样可以善意取得。

第三章 所有权

第一节 概 述

一、所有权与所有制

(一) 区别

所有制是一个国家的经济制度,涵盖面广,是政治概念,所有权是关于动产和不动产的权利,是私法上的概念。

对于不同所有制形态,我国奉行不同的政策。我国经济基础是社会主义公有制,即全民所有制和劳动群众集体所有制。国家在社会主义初级阶段,坚持公有制为主体,多种所有制经济共同发展的基本经济制度。国有经济,即社会主义全面所有制经济,是国民经济中的主导力量。国家保障国有经济的巩固和发展。农村中的生产、供销、信用、消费等各种形式的合作经济,是社会主义劳动群众集体所有制经济,城镇中的手工业、工业、建筑业、运输业、商业、服务业等行业的各种形式的合作经济,都是社会主义劳动群众集体所有制经济。国家保护城乡集体经济组织的合法的权利和利益,鼓励、指导和帮助集体经济的发展。在法律规定范围内的个体经济、私营经济等非公有制经济,是社会主义市场经济的重要组成部分。国家保护个体经济、私营经济等非公有制经济的合法的权利和利益。国家鼓励、支持和引导非公有制经济的发展,并对非公有制经济依法实行监督和管理(《宪法》第6、7、8、11条)。

党的十九大报告指出:"必须坚持和完善我国社会主义基本经济制度和分配制度,毫不动摇巩固和发展公有制经济,毫不动摇鼓励、支持、引导非公有制经济发展,使市场在资源配置中起决定性作用",并提出:"深化国有企业改革,发展混合所有制经济,培育具有全球竞争力的世界一流企业"。党的十九大报告没有单独列举集体经济,而是将其和国有经济统称为公有制经济。事实上,农村集体经济由于土地承包制的推行,农民"两上缴(村提留、乡统筹)"、农业税的取消,整体上而言,以农业耕作为内容的集体经济是虚置的。而就城镇集体所有制经济,比如在江苏,各类集体企业基于"抓大放小"的改制原则均已经改制成私营企业,整体而言,集体经济在国民经济构成中地位不再凸显。因此,不专门提及集体经济也符合我国经济的现状。

就体现各种所有制的形态的各类企业而言,对于投资者的保护,并非物权法的责任,而是公司法、证券法等法律的职能。《民法典》第268条规定:"国家、集体和私人依法可以出资设立有限责任公司、股份有限公司或者其他企业。国家、集体和私人所有的不动产或者动产投到企业的,由出资人按照约定或者出资比例享有资产收益、重大决策以及选择经营管理者等权利并履行义务",但是这种所有人权益的具体行使必须依据公司法的规定进行。

对于所有权而言,《民法典》则奉行平等保护原则,民事主体的财产权利受法律平等保护(第113条),国家、集体、私人的物权和其他权利人的物权受法律平等保护,任何组织或者个人不得侵犯(第207条)。并未区分不同的所有权规定不同的保护制度。这也体现了私法上不同主体的地位上平等(第2、4条)。《民法典》第269条规定,"营利法人对其不动产和动产依照法律、行政法规以及章程享有占有、使用、收益和处分的权利;营利法人以外的法人,对其不动产和动产的权利,适用有关法律、行政法规以及章程的规定"。从规定的权利内容本身来看,该条是对包括各类企业法人在内的营利法人的对于不动产和动产的所有权,以及其他法人对于其不动产和动产所有权的规定,并没有区分不同所有制企业确立不同的规则。

《民法典》第258条规定,"国家所有的财产受法律保护,禁止任何组织或者个人侵占、哄抢、私分、截留、破坏"。第265条第1款规定,"集体所有的财产受法律保护,禁止任何组织或者个人侵占、哄抢、私分、破坏"。同时第267条规定:"私人的合法财产受法律保护,禁止任何组织或者个人侵占、哄抢、破坏。"相比于私人财产,《民法典》对于国有财产有禁止私分、截留,对于集体财产有禁止私分的规定,这是因为私分、截留是这些财产的特有的侵害形式,而对于私人财产没有这种侵害形式。因此《民法典》对不同的财产在保护程度上没有区别,不违背平等保护的原则。

(二)联系

所有制的形态影响所有权制度,乃至整个物权制度。基于我国公有制的经济基础,我国《宪法》规定:"矿藏、水流、森林、山岭、草原、荒地、滩涂等自然资源,都属于国家所有,即全民所有;由法律规定属于集体所有的森林和山岭、草原、荒地、滩涂除外。"(第9条第1款)"城市的土地属于国家所有。"(第10条第1款)"农村和城市郊区的土地,除由法律规定属于国家所有的以外,属于集体所有;宅基地和自留地、自留山,也属于集体所有。"(第10条第2款)

就土地这一最重要的不动产而言,一方面,《宪法》确认了归国家和集体所有,明确了所有权的归属;另一方面,任何私人包括法人均无从取得土地所有权,从而也导致了土地承包经营权、建设用地使用权、宅基地使用权的用益物权制度的必然存在。而矿藏、水流(水资源)等自然资源的国家所有,也导致了特别法上的探矿权、采矿权、取水权这些特别物权的存在。

二、所有权的含义

(一)所有权的定义

所有权有两种定义方式,一种是具体列举式,另一种是抽象概括式。前者通过列举所有权的权能,从而确定所有权的含义,比如《法国民法典》第 544 条规定,所有权是以最绝对的方式对物进行收益以及处分(jouir et disposer)权利,只要不以法律、法规所禁止的方式予以使用(usage)即可。该规定涉及了所有权的使用、收益和处分的权能。后者如《德国民法典》第 903 条规定,只要不与法律或者第三人的权利相冲突,物的所有人可以任意处置物并排除他人干涉。该规定并未规定具体的所有权的权能,只是概括地指出所有人可以不受限制地支配物。

我国《民法典》第 240 条规定:"所有权人对自己的不动产或者动产,依法享有占有、使用、收益和处分的权利。"我国是从所有权的权能角度对所有权进行的定义,采取了具体列举式的规定方式。

(二)所有权的权能

1. 占有权能

占有是指所有人对于物的事实上的管领和控制,通常也是其他权能行使的前提。因此,作为首要的权能进行了规定。在我国土地公有制的背景下,为了便于土地的利用,所有权被观念化了,除了为了免除农民负担,国家将集体土地所有权虚置外,国有土地也是由其他主体进行使用,国家往往并不占有土地,但是国家基于土地所有者的身份,依然可以就土地取得收益,比如收取土地使用权出让金。

2. 使用权能

作为一项独立的权能,使用是指不改变物的形态对物进行利用的权能,比如居住房屋、开车、看书等对物的利用方式。

3. 收益权能

收益是指收取物的孳息的权利,所有人通常既可以收取天然孳息,也可以收取法定孳息。但是如前所述,《民法典》规定,用益物权人优先于所有人收取孳息(第 321 条第 1 款第 1 句第 2 分句)。比如,房屋所有人将自己的房屋出租,房屋占据的土地使用权必然也随之出租,承租人当然也利用了国家拥有所有权的土地,但是有权收取租金这一法定孳息的只能是拥有土地使用权的用益物权人,而不是作为土地所有人的国家。

4. 处分权能

处分既包括对物的事实上的处分,也包括对物的法律上的处分。事实上的处分,是指变更或者毁损物,改变物的物理形态或者用途。法律上的处分,是指转让物、在物之上设定物权或者放弃物,也就是进行引起物权变动的法律行为。所有权人有权在自己的不动产或者动产上设立用益物权和担保物权(第241条第1句),这是所有权人对物的法律上处分权能的行使。

以上四项法律规定的权能均为所有权的积极权能,而物权请求权一般也被视为包括所有权在内物权的消极权能,从而起到排除他人干涉的效果。在第一章分析物权请求权时,我们也指出,物权请求权也是物权的效力,是物权的一部分。

三、所有权的特征

(一) 全面性

与限制物权不同,所有权是对于物最全面的支配,是所谓的完全物权。

(二) 单一性

所有权虽然包含前述四项权能,但是所有权不是这四项权能的简单的叠加,而是一个统一的、单一的、浑成一体(浑一的)物权。即使所有权的权能与所有人相分离,比如国有土地上设定国有土地使用权,国家对于土地的所有权依然继续存在。若是认为只是权能的简单相加,就会认为此时国家不再拥有土地所有权。

(三) 弹力性

因为定限物权的设定,所有权权能可能暂时与所有人相分离,从而使所有权受到限制,但是一旦这些定限物权消灭了,所有权又能回归到圆满的状态,这就是所谓的所有权的弹力性。比如,土地承包经营权的存在,使集体土地所有权完全被虚置,但是,一旦土地承包经营权消灭,集体土地所有权又会完整复归。

(四)永恒性

所谓永恒性,是指所有权没有预定的存续期限,只要所有物存在,所有权就存在。所有权本身也不存在适用诉讼时效的问题。

第二节　所有权的种类

一、国家所有权

(一)主体

国家所有,也是全民所有。不过,全民本身在物权主体上并无意义,因此国家所有权的主体具有唯一性,国家才是唯一的所有权主体。国有财产由国务院代表国家行使所有权,法律另有规定的,依照其规定(《民法典》第246条第2款)。比如,国有土地的所有权主体是国家,逻辑上看土地使用权出让金应该同样归代表国家行使所有权的国务院所有,但实践中,土地使用权出让金本身依然是由负责出让土地的地方政府支配。《城市房地产管理法》只是规定:"土地使用权出让金应当全部上缴财政,列入预算,用于城市基础设施建设和土地开发。土地使用权出让金上缴和使用的具体办法由国务院规定。"(第19条)1989年《国务院关于加强国有土地使用权有偿出让收入管理的通知》指出:"土地使用权有偿出让收入,40%上交中央财政,60%归地方财政。"中央和地方预算执行情况报告显示,土地使用权出让的收入均归入地方政府性基金。而《土地管理法》1998年修正后,第55条第2款规定,"新增建设用地的土地有偿使用费,百分之三十上缴中央财政,百分之七十留给有关地方人民政府"。具体使用管理办法由国务院财政部门会同有关部门制定,并报国务院批准。依据《土地管理法实施条例》第30条、《土地管理法》第55条规定的新增建设用地的土地有偿使用费,是指国家在新增建设用地中应取得的平均土地纯收益,也就是要扣除征收成本后的收益。

（二）客体

《民法典》规定的国家所有权的客体包括：

(1)矿藏、水流、海域(第247条)。

(2)无居民海岛(第248条)。

(3)城市的土地(第249条第1句)。

(4)法律规定属于国家所有的农村和城市郊区的土地(第249条第2句)。

(5)森林、山岭、草原、荒地、滩涂等自然资源,法律规定属于集体所有的除外(第250条)。

(6)法律规定属于国家所有的野生动植物资源(第251条)。

《野生动物保护法》第3条第1款规定："野生动物资源属于国家所有"。没有法律规定野生植物资源归国家所有。

(7)无线电频谱资源(第252条)。

(8)法律规定属于国家所有的文物(第253条)。《文物保护法》第5条规定："中华人民共和国境内地下、内水和领海中遗存的一切文物,属于国家所有。古文化遗址、古墓葬、石窟寺属于国家所有。国家指定保护的纪念建筑物、古建筑、石刻、壁画、近代现代代表性建筑等不可移动文物,除国家另有规定的以外,属于国家所有。国有不可移动文物的所有权不因其所依附的土地所有权或者使用权的改变而改变。下列可移动文物,属于国家所有：(一)中国境内出土的文物,国家另有规定的除外;(二)国有文物收藏单位以及其他国家机关、部队和国有企业、事业组织等收藏、保管的文物;(三)国家征集、购买的文物;(四)公民、法人和其他组织捐赠给国家的文物;(五)法律规定属于国家所有的其他文物。"

(9)国防资产(第254条第1款)。

(10)铁路、公路、电力设施、电信设施和油气管道等基础设施,依照法律规定为国家所有的(第254条第2款)。

《铁路法》《公路法》《电力法》等均无关于有关基础设施归国家所

有的规定。这些资产不少是经营性资产,而且是负债经营,企业化运作,归国家所有,政企不分,会导致国家的直接的无限责任,而非承担作为法人出资人的有限责任。

二、集体所有权

(一) 主体

1. 农民集体

农民集体所有的不动产和动产,属于本集体成员集体所有(第261条第1款)。《民法典》第262条规定:"对于集体所有的土地和森林、山岭、草原、荒地、滩涂等,依照下列规定行使所有权:(一)属于村农民集体所有的,由村集体经济组织或者村民委员会依法代表集体行使所有权;(二)分别属于村内两个以上农民集体所有的,由村内各该集体经济组织或者村民小组依法代表集体行使所有权;(三)属于乡镇农民集体所有的,由乡镇集体经济组织代表集体行使所有权。"

2. 城镇集体

城镇集体所有的不动产和动产,依照法律、行政法规的规定由本集体享有占有、使用、收益和处分的权利(第263条)。不过,与农村集体所有不同,城镇集体企业作为市场主体,其不动产和动产,企业自身可以依法处分。

就具有城镇集体所有制企业性质的企业而言,《城镇集体所有制企业条例》第4条规定:"城镇集体所有制企业(以下简称集体企业)是财产属于劳动群众集体所有、实行共同劳动、在分配方式上以按劳分配为主体的社会主义经济组织。前款所称劳动群众集体所有,应当符合下列中任一项的规定:(一)本集体企业的劳动群众集体所有;(二)集体企业的联合经济组织范围内的劳动群众集体所有;(三)投资主体为两个或者两个以上的集体企业,其中前(一)、(二)项劳动群众集体所有的财产应当占主导地位。本项所称主导地位,是指劳动群众集体所有的财产占企业全部财产的比例,一般情况下应不低于51%,特殊情况经过原审批部门批准,可以适当降低。"

《城镇集体所有制企业条例》第 19 条规定:"集体企业财产清算后的剩余财产,按照下列办法处理:(一)有国家、本企业外的单位和个人以及本企业职工个人投资入股的,应当依照其投资入股金额占企业总资产的比例,从企业剩余财产中按相同的比例偿还;(二)其余财产,由企业上级管理机构作为该企业职工待业和养老救济、就业安置和职业培训等费用,专款专用,不得挪作他用。"不过,职工养老保险原本应该由企业、职工共同缴纳,社保部门统一发放,该条由企业上级管理机构将剩余财产作为养老救济等费用处理含义不明。

(二)客体

集体所有的不动产和动产包括:(1)法律规定属于集体所有的土地和森林、山岭、草原、荒地、滩涂;(2)集体所有的建筑物、生产设施、农田水利设施;(3)集体所有的教育、科学、文化、卫生、体育等设施;(4)集体所有的其他不动产和动产(第 260 条)。

三、私人所有权

《民法典》第 266 条规定:"私人对其合法的收入、房屋、生活用品、生产工具、原材料等不动产和动产享有所有权。"就私人财产范围未加限制,体现了市场经济的要求。但是,基于社会主义公有制,私人不可能取得作为不动产的土地所有权。

四、法人所有权

法人作为民事主体,有权利能力,可以拥有包括所有权在内的民事权利。尤其应该注意企业法人和出资人人格上的区别,两者属于不同的主体,就法人财产拥有所有权的只能是法人自己,而企业本身归出资人"所有"。企业所有者的身份并不是体现为所有权,而是体现为出资人权益(第 268 条),属于股权,受公司法、证券法规则的调整(见本章第一节"所有权与所有制"部分)。

(一)国家机关、国有事业单位的所有权

国家机关对其直接支配的不动产和动产,享有占有、使用以及依照法律和国务院的有关规定处分的权利(第255条)。国家举办的事业单位对其直接支配的不动产和动产,享有占有、使用以及依照法律和国务院的有关规定收益、处分的权利(第256条)。以上两条规定,在国家机关、国有事业单位属于法人时,这个规定与法人所有权的规定重复。事实上,依据《民法典》第88、97条,国家事业单位,国家机关自成立之日起就分别具有非营利法人和特别法人资格。

(二)法人所有权

《民法典》第269条规定:"营利法人对其不动产和动产依照法律、行政法规以及章程享有占有、使用、收益和处分的权利。营利法人以外的法人,对其不动产和动产的权利,适用有关法律、行政法规以及章程的规定。"该条规定,就营利法人、非营利法人都是对"其"不动产和动产享有权利,这表明法人能够享有所有权,社团章程等只不过是对其权利行使方式的约束,不会仅仅因为超越章程(ultra vires)就影响有关处分行为的效力。

社会团体法人、捐助法人依法所有的不动产和动产,受法律保护(第270条)。明确规定了这些法人拥有其不动产和动产的所有权。

第三节　建筑物区分所有权

一、建筑物区分所有权的含义

建筑物区分所有权,是指业主对建筑物内的住宅、经营性用房等专有部分享有所有权,对专有部分以外的共有部分享有共有和共同管理的权利(第271条)。业主就是房屋的所有权人。建筑物区分所有权由三部分组成,对专有部分的所有权、共有部分的共有权和成员权。

实践中,仅就专有部分的所有权进行登记,物权变动形式上也仅以专有部分的专有权的处分出现,但是毫无疑问这三部分权利是一个整体,专有部分的所有权的转让自然引起其余两个部分的权利的转让(第273条第2款)。

共有部分的权利也包含了义务,比如共有部分管理涉及的物业管理费的支付义务,也就是业主对建筑物专有部分以外的共有部分,享有权利,承担义务;不得以放弃权利为由不履行义务(第273条第1款)。事实上共有也是建筑物区分所有必然带来的效果,只要是建筑物区分所有人,共有往往是无法放弃的。

二、专有部分的所有权

(一)性质

业主对其建筑物专有部分享有占有、使用、收益和处分的权利(第272条)。专有部分所有权属于不动产所有权,和普通的不动产所有权没有不同,同样适用不动产物权的各项规定,如有关不动产物权变动的有关规则。

(二)专有部分的客体

2020年《最高人民法院关于审理建筑物区分所有权纠纷案件适用法律若干问题的解释》(以下简称《建筑物区分所有权解释》)第2条规定:建筑区划内符合下列条件的房屋,以及车位、摊位等特定空间,应当认定为《民法典》第二编第六章所称的专有部分:①具有构造上的独立性,能够明确区分;②具有利用上的独立性,可以排他使用;③能够登记成为特定业主所有权的客体(第1款)。规划上专属于特定房屋,且建设单位销售时已经根据规划列入该特定房屋买卖合同中的露台等,应当认定为物权法第六章所称专有部分的组成部分(第2款)。本条第1款所称房屋,包括整栋建筑物(第3款)。

本条第1款实质意义在于将专有与有关客体的独立性和独占可能相联系。不过独占即排他使用的可能本身是一种社会意义上的认可,也就是一种社会观念,没有确定标准,如已经划线出售的小区车位,虽然任何人都可以停进去,但社会观念上认为可以排他使用。第2款明确,在存在相关法律规定的场合,非封闭空间也可能成为专有部分的客体。第 3 款的意义在于小区内独栋别墅也适用建筑物区分所有权规则,也有共有部分共有权(比如共有车位)和成员权。

不过上述解释并没有在不动产登记实务中得到完全采纳,《登记条例》第 8 条第 1 款规定:"不动产以不动产单元为基本单位进行登记。不动产单元具有唯一编码。"而《登记细则》第 5 条则规定:"《条例》第八条规定的不动产单元,是指权属界线封闭且具有独立使用价值的空间。没有房屋等建筑物、构筑物以及森林、林木定着物的,以土地、海域权属界线封闭的空间为不动产单元。有房屋等建筑物、构筑物以及森林、林木定着物的,以该房屋等建筑物、构筑物以及森林、林木定着物与土地、海域权属界线封闭的空间为不动产单元。前款所称房屋,包括独立成幢、权属界线封闭的空间,以及区分套、层、间等可以独立使用、权属界线封闭的空间。"

《登记细则》第 5 条的特点在于,除了可以独立使用的要求外,是否属于独立单元的最重要的标准是权属界线封闭。界线的封闭主要目的是确保作为所有权客体的特定性,如果界线不封闭,不闭合,则即使登记也不能定分止争。[1] 另外,标准还强调不动产单元空间性,当然空间既可以是三维的,也可以是二维的,宅基地使用权就是以二维空间来界定。[2]

(三)权利行使的限制

1. 基于区分所有特性产生的义务

由于区分所有的业主彼此的所有权是整个建筑框架的一部分,专有权的行使本身也可能会影响到整个建筑物的安全,以及其他业主的合法权益(比如装修渗水到楼下)。所以,业主行使权利不得危及建筑物的安全,不得损害其他业主的合法权益(第 272 条)。

---

[1] 参见国土资源部不动产登记中心编:《不动产登记暂行条例实施细则释义》,北京大学出版社 2016 年版,第 12 页。

[2] 参见国土资源部不动产登记中心编:《不动产登记暂行条例实施细则释义》,北京大学出版社 2016 年版,第 12 页。

2. 改变用途的限制

业主不得违反法律、法规以及管理规约,将住宅改变为经营性用房。业主将住宅改变为经营性用房的,除遵守法律、法规以及管理规约外,应当经有利害关系的业主一致同意(第279条)。《建筑物区分所有权解释》第11条规定:"业主将住宅改变为经营性用房,本栋建筑物内的其他业主,应当认定为民法典第二百七十九所称'有利害关系的业主'。建筑区划内,本栋建筑物之外的业主,主张与自己有利害关系的,应证明其房屋价值、生活质量受到或者可能受到不利影响。"换言之,之所以要求其他业主同意,是因为生活住宅改变成商业用房本身,会使他人生活受到未曾预期的影响。

三、共有部分的共有权

(一)性质

共有部分的共有权可以是所有权的共有,也可以是共有非所有权的其他物权,如国有土地使用权。但是,由于其作为建筑物区分所有的一部分,与关于共有的专门规定联系并不大,更多的是受区分所有权规则本身的规制。

(二)标的

小区和建筑物为业主所有,反推则可知,专有部分以外的建筑规划区的不动产自然应该就是各业主共有。从逻辑上来说,非此即彼乃是理所当然。《民法典》第273条第1款第1分句也规定:业主对"建筑物专有部分以外"的共有部分,享有权利,承担义务。

1. 道路和绿地

建筑区划内的道路,属于业主共有,但是属于城镇公共道路的除外。建筑区划内的绿地,属于业主共有,但是属于城镇公共绿地或者明示属于个人的除外(第274条第1、2句)。所谓明示属于个人的,是指界线封闭,个人独占的绿地。而建筑区划内的道路如果属于城镇公共道路,则不应该由小区建设,而是政府建设,故也不存在所占用部分构成开发商受让的国有土地使用权组成部分的问题,城镇公共绿地亦是如此。否则,就会构成对小区业主的物权的政府征收。

2. 公共场所、公用设施和物业服务用房

除道路、绿地之外的建筑区划内的其他公共场所、公用设施和物业服务用房,属于业主共有(第274条第3句)。

3. 车位车库

(1)车位、车库属于开发商专有。

正是因为车位、车库归开发商所有,所以第275条第1款才能规定:"建筑区划内,规划用于停放汽车的车位、车库的归属,由当事人通过出售、附赠或者出租等方式约定。"也就是说,业主可以通过向开发商购买或者受赠取得车位、车库的所有权,或者通过承租的方式取得车库的使用权。因此,车位、车库通常不会成为共有部分。

(2)业主共有的车位。

占用业主共有的道路或者其他场地(比如改造部分绿地)用于停放汽车的车位,属于业主共有(第275条第2款)。实践中,业主共有的车位往往还是由小区的物业统一安排出租。其租金收入,在扣除合理成本之后,应该属于业主共有(第282条)。

2021年修订的《江苏物业管理条例》[1]就此规定如下:

第65条:在物业管理区域内公共、共用车库、道路、场地停放汽车的,应当根据业主大会或者业主大会授权的业主委员会决定交纳汽车停放费。(第1款)物业服务企业可以根据物业服务合同收取汽车停放费。汽车停放费的具体标准,由价格行政主管部门会同物业管理行政主管部门制定并公布。(第2款)物业服务企业应当将汽车停放费单独列账,独立核算。业主委员会应当对汽车停放费的收支情况进行监督,并向业主大会报告。(第3款)业主对汽车停放有保管要求的,应当与物业服务企业另行签订保管服务合同。(第4款)

---

[1] http://www.jsrd.gov.cn/zyfb/sjfg/201804/t20180425_495069.shtml,2020年10月9日访问。

第66条:业主大会成立前,需要占用业主共有的道路或者其他场地停放汽车的,应当在前期物业服务合同中约定。物业服务企业应当将汽车停放费单独列账,所得收益的百分之七十纳入住宅专项维修资金,其余部分可以用于补贴物业服务费。(第1款)业主大会成立后,需要占用业主共有的道路或者其他场地用于停放汽车,以及利用业主共有部分从事广告等经营性活动的,物业服务企业应当提请业主大会或者业主大会授权的业主委员会决定后,依法办理有关手续并公示。利用业主共有部分从事广告等经营性活动的,还应当经有利害关系的业主同意。利用业主的共有部分产生的收入,在扣除合理成本之后,所得收益属于业主共有,应当单独列账。收益按照业主大会或者业主大会授权的业主委员会决定、物业服务合同约定使用。(第2款)

《建筑物区分所有权解释》第6条规定:建筑区划内在规划用于停放汽车的车位之外,占用业主共有道路或者其他场地增设的车位,应当认定为《民法典》第275条第2款所称的车位。该条似乎意味着,如果规划本身已经在业主共有的道路或者其他场地上设置了车位,而不是规划外增设的车位,则不属于《民法典》第275条第2款规定的业主共有的车位。但在业主共有道路或者其他场地上规划非业主共有的车位,其正当性是有疑问的。

(3)车位、车库首先满足业主的需要。

建筑区划内,规划用于停放汽车的车位、车库应当首先满足业主的需要。(第276条)

《建筑物区分所有权解释》第5条指出:建设单位按照配置比例将车位、车库,以出售、附赠或者出租等方式处分给业主的,应当认定其行为符合《民法典》第276条有关"应当首先满足业主的需要"的规定(第1款)。前款所称配置比例是指规划确定的建筑区划内规划用于停放汽车的车位、车库与房屋套数的比例(第2款)。就比例而言,不够一套一个或两个等整数停车位的,按照整数先来后到地平均出售、赠与或者出租给每套的业主;正好是整数停车位,按照整数位出售、赠与或者出租。

从《民法典》条文本身来看,首先满足业主需要,意味着业主需要满足后,可以再出售、出租给业主以外的人。至于按比例确定的整数出售、赠与或者出租后有剩余的,比如1000套房屋,1100个车位,每户购买一个车位后,剩余100个车位是否仍然应当首先满足业主的需要?解释上采取肯定的结论为妥。只有确定无业主购买的车位、车库,建设单位才可以出售、出租给业主以外的人。只有全部业主均已经就购买或不购买车位作出决定后,并就剩余车位再次表明没有购买意愿后,才有将剩余的车位出售给业主以外的人的可能。

4. 电梯、屋顶、外墙、无障碍设施等共有部分

《民法典》第281条第1款第2句明确电梯、屋顶、外墙、无障碍设施属于共有部分。

《建筑物区分所有权解释》第3条规定:除法律、行政法规规定的共有部分外,建筑区划内的以下部分,也应当认定为民法典第二编第六章所称的共有部分:(1)建筑物的基础、承重结构、外墙、屋顶等基本结构部分,通道、楼梯、大堂等公共通行部分,消防、公共照明等附属设施、设备,避难层、设备层或者设备间等结构部分;(2)其他不属于业主专有部分,也不属于市政公用部分或者其他权利人所有的场所及设施等。建筑区划内的土地,依法由业主共同享有建设用地使用权,但属于业主专有的整栋建筑物的规划占地或者城镇公共道路、绿地占地除外。该解释第1款第1项较为详细地列举了共有部分的内容,对这些标的的共有也被称为天然共有。其中关于外墙、屋顶构成共有部分的解释也得到《民法典》第281条第1款第2句的认可;解释第1款第2项的意义在于确定了非专有即共有的基本原则。需要讨论的是专有部分的承重结构是否应该共有?如果共有,共有人又如何行使权利,解释上仍然应该理解为专有为妥。但是毫无疑问,此时专有权的行使本身自然包括不破坏承重结构,从而履行专有人依据第272条负有的不得危及建筑物的安全的义务。

5. 住房专项维修基金

住房专项维修基金是属全体业主共同所有的一项代管基金,专项用于物业保修期满后物业共用部位、共用设施设备的维修和更新、改造。第281条规定:"建筑物及其附属设施的维修资金,属于业主共有。经业主共同决定,可以用于电梯、屋顶、外墙、无障碍设施等共有部分的维修、更新和改造。建筑物及其附属设施的维修资金的筹集、使用情况应当定期公布。紧急情况下需要维修建筑物及其附属设施的,业主大会或者业主委员会可以依法申请使用建筑物及其附属设施的维修资金。"

(三)区分所有人对共有部分的权利义务

1. 权利

区分所有人对共有部分均有权予以利用,比如从共有道路通行、使用电梯等。建设单位、物业服务企业或者其他管理人等利用业主的共有部分产生的收入,在扣除合理成本之后,属于业主共有(第282条)。此时,支付了对价的共有人也可以利用,但是取得的是专用的权利,而不是基于区分所有人身份就共有部分行使的权利。

2. 义务

各区分所有人就共有部分均有维护的义务,如有关共有部分清扫义务、对于绿地的养护义务。也就是说,物业费的交纳,体现了区分所有人对于共有部分的义务。业主的义务由物业公司完成,业主自然就应该支付相应的物业费。物业服务人已经按照约定和有关规定提供服务的,业主不得以未接受或者无须接受相关物业服务为由拒绝支付物业费(第944条第1款)。

3. 关于物业管理

(1)管理者。

《民法典》第284条规定:业主可以自行管理建筑物及其附属设施,也可以委托物业服务企业或者其他管理人管理(第1款)。对建设单位聘请的物业服务企业或者其他管理人,业主有权依法更换(第2款)。

（2）物业管理的内涵。

广义的物业管理,是指对建筑物及其附属设施,对于区分所有而言,是对作为业主的区分所有人的共有部分进行管理,既包括物业公司的管理,也包括物业公司以外的其他管理人以及业主的物业管理。

狭义的物业管理,是指业主通过选聘物业服务企业,由业主和物业服务企业按照物业服务合同约定,对房屋及配套的设施设备和相关场地进行维修、养护、管理,维护物业管理区域内的环境卫生和相关秩序的活动(2018年修正的《物业管理条例》第2条)。

《民法典》合同编第二十四章对物业服务合同有专章规定,第937条规定:物业服务合同是物业服务人在物业服务区域内,为业主提供建筑物及其附属设施的维修养护、环境卫生和相关秩序的管理维护等物业服务,业主支付物业费的合同(第1款)。物业服务人包括物业服务企业和其他管理人(第2款)。虽然,《民法典》与《物业管理条例》的规定在表述上略有不同,但是没有实质区别。比如,小区绿地的养护被囊括在《物业管理条例》中的相关场地的养护之中,而在《民法典》里,则属于附属设施的养护。

《民法典》规定,物业服务人应当按照约定和物业的使用性质,妥善维修、养护、清洁、绿化和经营管理物业服务区域内的业主共有部分,维护物业服务区域内的基本秩序,采取合理措施保护业主的人身、财产安全(第942条第1款)。

四、成员权

(一)含义

成员权,是指业主通过业主大会、业主委员会,参与共同管理的权利。

业主可以设立业主大会,选举业主委员会。业主大会、业主委员会成立的具体条件和程序,依照法律、法规的规定(第277条第1款)。地方人民政府有关部门、居民委员会应当对设立业主大会和选举业主委员会给予指导和协助(第277条第2款)。

同一个物业管理区域内的业主,应当在物业所在地的区、县人民政府房地产行政主管部门或者街道办事处、乡镇人民政府的指导下成立业主大会,并选举产生业主委员会。但是,只有一个业主的,或者业主人数较少且经全体业主一致同意,决定不成立业主大会的,由业主共同履行业主大会、业主委员会职责(《物业管理条例》第10条)。该条规定不应该被解释为自发的业主大会及其选择的业主委员会不具有合法性。《民法典》的前述规定只是让有关部门尽到指导和协助的义务,而不是说没有其指导,有关业主大会就不能设立和业主委员会就不能选举。

(二)行使

《民法典》第278条规定,下列事项由业主共同决定:(1)制定和修改业主大会议事规则;(2)制定和修改管理规约;(3)选举业主委员会或者更换业主委员会成员;(4)选聘和解聘物业服务企业或者其他管理人;(5)使用建筑物及其附属设施的维修资金;(6)筹集建筑物及其附属设施的维修资金;(7)改建、重建建筑物及其附属设施;(8)改变共有部分的用途或者利用共有部分从事经营活动;(9)有关共有和共同管理权利的其他重大事项(第1款)。业主共同决定事项,应当由专有部分面积占比三分之二以上的业主且人数占比三分之二以上的业主参与表决。决定前款第六项至第八项规定的事项,应当经参与表决专有部分面积四分之三以上的业主且参与表决人数四分之三以上的业主同意。决定前款其他事项,应当经参与表决专有部分面积过半数的业主且参与表决人数过半数的业主同意(第2款)。

《建筑物区分所有权解释》第9条规定:"民法典第二编第二百七十八条第二款规定的业主人数可以按照专有部分的数量计算,一个专有部分按一人计算。但建设单位尚未出售和虽已出售但尚未交付的部分,以及同一买受人拥有一个以上专有部分的,按一人计算。"该解释的意义在于避免有可能发生的开发商一言堂的后果。

(三)作为共同行为的决定的效力

《民法典》第 280 条规定:业主大会或者业主委员会的决定,对业主具有法律约束力(第 1 款)。业主大会或者业主委员会作出的决定侵害业主合法权益的,受侵害的业主可以请求人民法院予以撤销(第 2 款)。

依据第 280 条第 1 款,即使对于决定有不同意见,有关决定对业主仍然具有法律约束力,这是决定共同行为的性质决定的。而第 2 款也表明不能以多数决定侵害业主的合法权益,受侵害的业主有起诉要求撤销的决定的权利。

《建筑物区分所有权解释》第 12 条规定:"业主以业主大会或者业主委员会作出的决定侵害其合法权益或者违反了法律规定的程序为由,依据民法典第二百八十条第二款的规定请求人民法院撤销该决定的,应当在知道或者应当知道业主大会或者业主委员会作出决定之日起一年内行使。"规定较短的诉讼时效意在避免决定长时间的不确定性,但是以司法解释来确定诉讼时效期间,其合法性可议。

(四)业主就物业管理的义务

业主是小区的管理者,同时也是被管理对象。第 286 条规定:"业主应当遵守法律、法规以及管理规约,相关行为应当符合节约资源、保护生态环境的要求。对于物业服务企业或者其他管理人执行政府依法实施的应急处置措施和其他管理措施,业主应当依法予以配合。"(第 1 款)

业主大会或者业主委员会,对任意弃置垃圾、排放污染物或者噪声、违反规定饲养动物、违章搭建、侵占通道、拒付物业费等损害他人合法权益的行为,有权依照法律、法规以及管理规约,请求行为人停止侵害、排除妨碍、消除危险、恢复原状、赔偿损失(第 286 条第 2 款)。请求权人是业主大会或者业主委员会,但是就物业费的逾期支付本身,物业服务人可以依据物业服务合同要求业主支付,并就此可以提起诉讼或者申请仲裁(第 944 条第 2 款)。应该注意,物业公司不是此处适格的起诉主体。由于业主大会或者业主委员会本身并非常设,赋予对物业进行管理的物业公司以起诉权,也是可行的做法。

《建筑物区分所有权解释》第 15 条规定:"业主或者其他行为人违反法律、法规、国家相关强制性标准、管理规约,或者违反业主大会、业主委员会依法作出的决定,实施下列行为的,可以认定为民法典第二百八十六条第二款所称的其他'损害他人合法权益的行为':(一)损害房屋承重结构,损害或者违章使用电力、燃气、消防设施,在建筑物内放置危险、放射性物品等危及建筑物安全或者妨碍建筑物正常使用;(二)违反规定破坏、改变建筑物外墙面的形状、颜色等损害建筑物外观;(三)违反规定进行房屋装饰装修;(四)违章加建、改建,侵占、挖掘公共通道、道路、场地或者其他共有部分。"

另外,业主或者其他行为人拒不履行相关义务的,有关当事人可以向有关行政主管部门报告或者投诉,有关行政主管部门应当依法处理(第 286 条第 3 款)。第 287 条规定,"业主对建设单位、物业服务企业或者其他管理人以及其他业主侵害自己合法权益的行为,有权请求其承担民事责任",该条规定属于宣示性规定,即使无此规定,业主也可以依据买卖合同、物业服务合同或者依据《民法典》第 1165 条第 1 款的规定,追究有关当事人的违约责任和侵权责任。

第四节 相邻关系

一、含义

相邻关系,是指相邻的不动产的物权人因为不动产的彼此相邻,而彼此负有依法接受最低程度的限制的义务。虽然相邻关系构成了对于相邻方物权的限制,但是我国《民法典》并没有将相邻关系作为针对相邻不动产的独立的物权处理,而是认为其构成物权人权利的延伸。因此,《民法典》将相邻关系规定在所有权分编之中。不过,在我国土地公有的背景下,相邻各方通常拥有的是用益物权,而非所有权。

二、相邻关系处理的基本原则

(一)原则的内容

不动产的相邻权利人应当按照有利生产、方便生活、团结互助、公平合理的原则,正确处理相邻关系(第288条)。

该原则有两个方面的内容:一方面从主张相邻关系带来权利延伸的一方来说,其主张应该以有利生产、方便生活为目的;另一方面从因为相邻关系主张受到限制的一方来说,相邻关系的成立,必须是相互的,体现团结互助的要求,而且也要公平合理,比如因为接受限制,必要时要给予其补偿。

(二)原则的意义

其一,指导相邻关系规则的具体适用,即对于相邻关系的具体规则的解释,不能与以上原则相冲突。

其二,补充相邻关系的规定的不足。法律、法规对处理相邻关系有规定的,依照其规定;法律、法规没有规定的,可以按照当地习惯(第289条)。但是即使有法律和习惯,个案下依然有可能需要发展新的相邻关系。此时,相邻关系的具体内容可以根据以上有利生产、方便生活、团结互助、公平合理的原则进行确定。

三、相邻关系的内容

(一)用水、排水相邻关系

不动产权利人应当为相邻权利人用水、排水提供必要的便利。对自然流水的利用,应当在不动产的相邻权利人之间合理分配。对自然流水的排放,应当尊重自然流向(第290条)。

(二)邻地通行权

不动产权利人对相邻权利人因通行等必须利用其土地的,应当提供必要的便利(第291条)。此处以通行必须利用他人土地为前提,是指不利用他人土地就无法通行。实践中,如二楼因为建有铁质外楼梯,一楼到二楼的楼梯完全归一楼所有的。由于外楼梯锈蚀无法使用,重建又被消防部门以阻挡消防通道为由不予批准,此时要使用二楼就不得不重新利用一楼到二楼的内楼梯,此时可以类推第291条此处的规则,并结合相邻关系的基本原则,赋予二楼的房屋所有人从一楼所有权人的内楼梯通过的权利,但是二楼的房屋所有人同样应该给予一楼的所有人以必要的补偿。

(三)邻地利用权

不动产权利人因建造、修缮建筑物以及铺设电线、电缆、水管、暖气和燃气管线等必须利用相邻土地、建筑物的,该土地、建筑物的权利人应当提供必要的便利(第292条)。此处如果给相邻一方造成损失的,比如建造建筑物造成相邻农地的青苗损失,自然应该给予相应的赔偿,以满足公平合理的相邻关系原则的要求。

(四)相邻通风、采光和日照

建造建筑物,不得违反国家有关工程建设标准,不得妨碍相邻建筑物的通风、采光和日照(第293条)。此处直接以有关的工程建设标准,比如楼间距的要求,来判断是否不当妨碍相邻建筑物的通风、采光和日照要求,条文形式上以对建造建筑物的限制出现,若商品房,自然就是对开发商的要求。有疑问的是,如果建造时未达到要求,受影响的房屋所有人是否存在拆屋还权的可能?解释上至少有这么做的余地,不过私法上采取这种救济的现实可能性不大。房屋的初始购买者或许只能以违约为由追究开发商的责任,但是这已经是和相邻关系无关的内容了。另外,建造后后续的不动产利用,包括房屋的装潢和改建等,自然也应该根据有利生产、方便生活的原则,不妨碍相邻建筑物的通风、采光和日照。

(五)避免过度环境污染和滋扰的义务

不动产权利人不得违反国家规定弃置固体废物,排放大气污染物、水污染物、土壤污染物、噪声、光辐射、电磁辐射等有害物质(第294条)。该条一方面包含了各个具体污染防治法律规定(固体废物污染环境防治法,大气污染、水污染、土壤污染、噪声污染、放射性污染防治法)的民法引入,以这些规定本身作为相邻关系中当事人之间法律关系的确定依据,另一方面也包含了光辐射、电磁辐射等有害物质排放的限制,国家并没有专门的污染防治法律,其中电磁辐射,GB9175-88规定了电磁环境控制限值,光辐射《环境保护法》第42条第1款有提及,但目前没有单行的法律规则。

民法上引入环保规范的意义在于,因环境污染行为遭受影响的民事主体可以基于广义的相邻关系(因为不动产未必地理上毗邻)主张排除妨碍请求权,以及要求侵权上的损害赔偿。《最高人民法院关于审理环境侵权责任纠纷案件适用法律若干问题的解释》第1条第2款明确指出:"污染者以排污符合国家或者地方污染物排放标准为由主张不承担责任的,人民法院不予支持。"该解释一方面就损害赔偿,表明了环境侵权的结果责任的性质,另一方面与《民法典》第294条区别在于,非超标排污行为本身,依据第294条,其他人不能制止,相邻关系中不动产权利人对于他人的污染行为有容忍义务。概言之,事后可以要求赔偿,事前不能制止。

相邻关系中的容忍义务,也是相邻关系的本质所在,因为相邻关系作为一方不动产权利的法定延伸,自然也就意味着他方权利的限制。但是延伸是最低程度的延伸,限制也是最低程度的限制,容忍义务是有限的容忍。就污染而言,有法定排放标准,容忍义务是对法定排放标准下的行为的容忍,无法定标准,则应以有关行为不显著地妨碍不动产权利行使为限。

另外,震动本身也是《环境保护法》第42条规定的对环境污染的行为,如果不涉及安全(涉及安全受《民法典》第295条调整),相邻方对有关行为的制止,民法上应该类推第294条处理。

(六)相邻防险关系

不动产权利人挖掘土地、建造建筑物、铺设管线以及安装设备等,不得危及相邻不动产的安全(第295条)。基于此一规定,安全受到影响和影响之虞的相邻不动产的权利人可以要求消除危险(包括要求停止不安全施工、恢复原状),赔偿实际造成的损失。

(七)避免造成损害的要求

不动产权利人因用水、排水、通行、铺设管线等利用相邻不动产的,应当尽量避免对相邻的不动产权利人造成损害(第296条),因为相邻关系上的限制必须是最低程度的限制。

第五节 共 有

一、共有的概念及分类

《民法典》第297条以下规定的共有就是共同所有,是指两个以上主体对不动产或者动产共同享有一个所有权。两个以上组织、个人共同享有用益物权、担保物权的,则参照适用共有的有关规定(第310条)。至于同一债权为数人享有的,则适用按份债权和连带债权的规则(第517条第1款第1分句、第518条第1款第1分句),共有的债权与《民法典》共有制度无关。

共有又分为按份共有和共同共有。按份共有人对共有的不动产或者动产按照其份额享有所有权(第298条)。共同共有人对共有的不动产或者动产共同享有所有权(第299条)。但两者区别并不在于有无份额,因为共同共有事实上也有份额,区别在于共同共有只有在共有人之间存在共同关系时才成立共同共有。所谓共同关系主要有婚姻关系、家庭关系、合伙关系以及共同继承遗产。基于共同关系成立的共有,在共同关系存在期间,通常也不存在分割共有财产的问题,份额也不外显,只有在共同关系终止时,也就是《民法典》所谓共有的基础丧失时,才有共有财产分割的问题(第303条;就合伙财产,见第969条第2款)。其内外关系也更多的是受共同关系的调整。

共有人对共有的不动产或者动产没有约定为按份共有或者共同共有,或者约定不明确的,除共有人具有家庭关系等外,视为按份共有(第

308条)。该规定中所谓的约定共同共有,解释上似乎不以共同关系的存在为前提,而无共同关系的共同共有的约定,意义无非在于可以不确定份额以及处分时的一致同意(第301条)的法律规定的适用。但是,一方面,按份共有也有不约定份额视为等额享有的按份共有(第309条);另一方面,即使是按份共有也可以约定共有物的处分本身不按照份额比例决定,而是可以另有约定(第301条但书)。这种约定自然以全体共有人的同意为条件。就此来说,约定的共同共有并无必要。而规定关于按份共有本身的推定,立法者认为这样可以据此确定共有人的份额,[1]其实更应该是没有家庭关系等共同关系存在时,不成立共同共有,共有默认就是按份共有。

二、共有份额

(一)共有份额的含义及性质

共有份额是按份共有时各共有人就共有的所有权所拥有的比例。共有份额决定了共有人的权利范围,但是该范围只是量上的范围,而非质的分割。也就是说,各共有人虽然按份共有,但是权利仍然及于共有物的全部,而非及于其一部分,只是其权利行使受其他共有人的份额的限制而已。比如,甲乙共有一辆出租车,约定白天由甲开行,晚上由乙开行。

(二)共有份额的处分及其他共有人的优先购买权

按份共有人可以转让其享有的共有的不动产或者动产份额。其他共有人在同等条件下享有优先购买的权利(第305条)。优先权行使的程序是,按份共有人转让其享有的共有的不动产或者动产份额的,应当将转让条件及时通知其他共有人。其他共有人应当在合理期限内行使优先购买权。两个以上其他共有人主张行使优先购买权的,协商确定各自的购买比例;协商不成的,按照转让时各自的共有份额比例行使优先购买权(第306条)。

---

[1] 参见黄薇主编:《中华人民共和国民法典释义》,法律出版社2020年版,第595页。

就共有人优先购买权行使期限,《物权编解释一》第 11 条规定:"优先购买权的行使期间,按份共有人之间有约定的,按照约定处理;没有约定或者约定不明的,按照下列情形确定:(一)转让人向其他按份共有人发出的包含同等条件内容的通知中载明行使期间的,以该期间为准;(二)通知中未载明行使期间,或者载明的期间短于通知送达之日起十五日的,为十五日;(三)转让人未通知的,为其他按份共有人知道或者应当知道最终确定的同等条件之日起十五日;(四)转让人未通知,且无法确定其他按份共有人知道或者应当知道最终确定的同等条件的,为共有份额权属转移之日起六个月。"

共有份额的处分不是共有财产本身的处分,因此,《民法典》第 726 条第 1 款第 2 分句规定,出租人出卖租赁房屋的,房屋按份共有人的优先购买权优先于房屋承租人的优先购买权的规定是没有意义的,因为此时根本就没有出售租赁房屋。当然如果该分句是指共有物分割时,作价归共有人一人所有,同时给予其他共有人补偿这种折价分割形式,一方面,法律此时也没有认为此时分割是共有份额的转让,更没有说这是其他共有人就该共有份额行使优先购买权的结果,虽然有类似于共有物份额转让的地方,但是本身法律上依然认为是共有物分割制度的内容(第 304 条第 1 款第 2 分句)。

优先购买权的行使意味着在主张优先购买权的共有人和出售共有份额的共有人之间,按照后者和其他人达成的买卖合同的同等条件成立买卖合同,如果前者以其优先购买权受到侵害为由,仅请求撤销共有份额转让合同或者认定该合同无效,则不属于优先购买权的行使(《物权编解释一》第 12 条第 2 项)。而解释所谓行使优先购买权同时主张撤销共有份额转让合同或者认定该合同无效,实际上是指主张已经完成的共有份额转让的物权行为不发生效力,也就是优先购买权不仅仅可以针对共有份额的出卖人,也可以对抗买受人,属于具有对世效力的物权性优先购买权。

(三)共有份额的确定

按份共有人对共有的不动产或者动产享有的份额,没有约定或者约定不明确的,按照出资额确定;不能确定出资额的,视为等额享有(第309条)。

就共有份额的确定方式而言,首先,共有份额不是取决于出资额,而是取决于共有人的约定。其次,共有人也可以不约定共有份额,不约定或约定不明时,依据《民法典》第309条按照出资额的比例确定,而出资额比例不能确定,也就是无法查明的,视为等额享有。

就共有份额的约定形式本身,法律不要求书面形式,口头约定也可,有关的利益享有的实际比例可以作为有关约定的确定依据。

三、共有人的内部关系

(一)共有人的权利

1. 共有人是所有权人

按份共有人按照共有份额行使所有权。共同共有按照共同关系行使所有权。共有人权利在权利量上受到其他共有人的共有份额或者共同关系的限制,但是质上就是所有权。

2. 共有物的管理

共有人按照约定管理共有的不动产或者动产;没有约定或者约定不明确的,各共有人都有管理的权利和义务(第300条)。

此处的管理,是指共有人对共有物的保存、使用和简易修缮。[1] 保存是指对共有物进行维护保养。管理也包括使用方法的商定,也就是共有人共有份额的行使方式。简易修缮实际上也是以物的保存为目的。

管理本身可以由当事人约定,没有约定,除了使用方法不可能单方面约定,保存和简易修缮均可以由共有人单方面决定,都有管理的权利,且同时也是共同人对于所有共有人的义务。

3. 共有物的处分、重大修缮和性质、用途变更

处分共有的不动产或者动产以及对共有的不动产或者动产作重大

---

[1] 参见黄薇主编:《中华人民共和国民法典释义》,法律出版社2020年版,第582页。

修缮、变更性质或者用途的,应当经占份额 2/3 以上的按份共有人或者全体共同共有人同意,但是共有人之间另有约定的除外(第 301 条)。

此处的处分与变更性质相并列,是指法律上的处分,即引起物权变动的法律行为,包括负担行为和处分行为。重大修缮不是指花费较高的修缮费用,而是指改良了标的物的修缮,比如共有旧房屋的重建。性质变更是事实上的处分。用途变更区别于作为共有物管理的使用方法商定,就按份共有而言,前者只要占份额 2/3 以上共有人同意,而后者作为共有份额的行使方式,需要一致同意。使用方法的商定实际上是确定共有份额的行使方式,事实上影响了共有份额的确定本身,自然需要依据第 300 条规定共有人一致同意。而用途则是共有人行使共有份额的具体手段,基本上也是商定过的,但是不改变份额,所以只需要 2/3以上的共有人同意。但是有时候两者无法精确区分,比如 3 人按份共有的房屋,共同居住,占 2/3 以上的人决定出租整个房屋,此时介于性质变更和用途变更之间,理解为用途的变更更合适些。

(二)共有人的义务

共有人对共有物的管理费用以及其他负担,有约定的,按照其约定;没有约定或者约定不明确的,按份共有人按照其份额负担,共同共有人共同负担(第 302 条)。这里的负担是指债的负担,同时也是对共有人内部关系的规定,与对外责任无关(第 307 条第 1 句第 2 分句)。

四、共有人的外部关系

(一)作为所有人的对外关系

共有人在行使其共有份额时,其地位与非共有的情形并无区别,具有对世性,可以排除包括其他共有人在内的一切世人的干涉。

(二)对外的债权债务

因共有的不动产或者动产产生的债权债务,在对外关系上,共有人享有连带债权、承担连带债务,但是法律另有规定或者第三人知道共有人不具有连带债权债务关系的除外;在共有人内部关系上,除共有人另有约定外,按份共有人按照份额享有债权、承担债务,共同共有人共同享有债权、承担债务。偿还债务超过自己应当承担份额的按份共有人,有权向其他共有人追偿(第307条)。

知道共有的存在本身不应该构成该条"第三人知道共有人不具有连带债权债务关系",因为对外关系上该条的法定情形就是"共有人享有连带债权、承担连带债务"。尽管在对内关系上,各共有人按份享有债权、按份承担债务,但这与共有人的对外关系无关。因为内部对外承担按份债务的约定,没有排除法定的连带债务的规定作用,不能因为共有人之间有约定,就对外发生对第三人不利的效力。法定的连带,可以确保债权人债权的实现不会因为部分共有人丧失偿债能力受到影响。如果约定按份,且通知第三人后为第三人所知,就对第三人发生效力,显然会影响债权人的利益。就此来说,上述规定应该仅适用于,共有人约定对外的债权按份行使,如共有房屋的租金债权的按份行使,且为第三人所知的情形。

此处的对外债务必须是因共有物产生的债务,比如共有物的修缮费用、汽车交强险的保险金缴纳义务。但因共有人驾驶机动车发生交通事故导致的侵权责任本身不属于共有物产生的义务,共有人的驾驶行为才是侵权之债发生的原因。其他共有人对于机动车的共有人身份并不是承担责任的依据,因为机动车所有人的身份本就不是承担交通事故责任的基础(第1209条:因租赁、借用等情形机动车所有人、管理人与使用人不是同一人时,发生交通事故造成损害,属于该机动车一方责任的,由机动车使用人承担赔偿责任;机动车所有人、管理人对损害的发生有过错的,承担相应的赔偿责任)。

五、共有物的分割

(一)共有物分割的理由

共有人约定不得分割共有的不动产或者动产,以维持共有关系的,应当按照约定,但是共有人有重大理由需要分割的,可以请求分割;

没有约定或者约定不明确的,按份共有人可以随时请求分割,共同共有人在共有的基础丧失或者有重大理由需要分割时可以请求分割。因分割造成其他共有人损害的,应当给予赔偿(第 303 条)。

根据以上规定,共有物分割的理由也是共有物分割的结果,即共有关系的终止。无特别约定的,按份共有的共有关系可以随时终止,因此按份共有人可以随时要求分割。而在共同共有的场合,只有在共同共有的基础丧失时,共有人才可以要求分割。

需要分割的重大理由,是指发生了共有人无法行使共有权的事实。比如甲乙按份共有一辆出租车,甲乙分别在白天和夜晚开行,而乙由于找到了合适的工作,无法行使其对于出租车的共有。

约定不得随意分割共有物,如果约定不存在因为违反公序良俗等原因而无效的情形的(比如共有的一头肉牛,共同共有人约定不可分割,老死再说,这种约定就可能因为不当限制了共有人的分割请求权而违背公序良俗),那么,合理的分割限制构成对于共有人的合同义务的约定。一方即使因为重大理由要求分割,本身依然构成对于共有合同的约定的违反,造成其他共有人损害的,应当因违约而承担赔偿责任。当然,此时可以有适用免责事由的余地,比如共有人去世时,其继承人要求分割,这属于不可抗力导致的分割,无须承担违约责任(第 590 条第 1 款)。

(二)共有物分割的方式

共有人可以协商确定分割方式。达不成协议,共有的不动产或者动产可以分割且不会因分割减损价值的,应当对实物予以分割;难以分割或者会因分割减损价值的,应当对折价或者拍卖、变卖取得的价款予以分割(第 304 条第 1 款)。该条规定分割方式以当事人约定为准,没有约定时法定的共有物分割方式包括以下三种形式。

1. 实物分割

实物分割以可以进行实物分割且分割不减损共有物的价值为条件。不具备这两个条件的,则只能采取其他两种分割形式。

2. 折价分割

折价分割是指共有物归共有人(通常是一个共有人)所有,由其补偿其他共有人,也就是一种作价补偿的分割形式。折价分割实质是共有人购买其他共有人的共有份额,从而消灭共有关系。此时和普通买卖是一致的,其他共有人应该就出售的共有份额承担瑕疵担保责任。也就是说,共有人分割所得的不动产或者动产有瑕疵的,其他共有人应当分担损失(第 304 条第 2 款)。比如,甲乙丙按份共有一头价值 3000 元的牛,共有份额相等。甲乙丙以折价分割的方式分割该牛,甲取得该牛,并补偿其他共有人各 1000 元。牛在分割时就生病了,甲取得牛后,花费了 600 元才治好,其他人应该按份各补偿甲 200 元;牛若因此病死亡,乙丙则应该将各自取得的 1000 元退还给甲。

3. 变价分割

是指通过拍卖、变卖共有物,分割取得价款的分割方式。

第六节 所有权取得的特别规定

《民法典》物权编所有权分编第九章是所有权取得的特别规定,其中关于主物从物关系、孳息的取得、添附物的归属,前面在物的分类以及物权变动的其他原因中已经进行了分析。本节所分析的是该节涉及的其他三个问题,善意取得、遗失物拾得以及拾得漂流物、发现埋藏物或者隐藏物的问题。由于拾得漂流物、发现埋藏物或者隐藏物依法准用(参照适用)遗失物拾得的规定(第 319 条),因此可以说本节主要是两个问题:善意取得和遗失物的拾得。

一、善意取得

(一)善意取得的含义

善意取得是指无权处分时,善意的相对人依然可以取得所有权或者其他物权的法律制度(第 311 条第 1 款、第 3 款)。其规定的意义在于保护受让人对于动产占有和不动产登记公示出来的权利状况的信赖,是物权公示的公信力的体现。

(二)善意取得适用对象

善意取得适用对象是无权处分行为,具体而言:

第一,适用于处分行为,由于只涉及物权的善意取得,所以也仅指处分行为也就是物权行为。善意取得仅涉及物权行为引起的效果,是无权处分时物权行为也有效的制度,不涉及债权行为的效力。不过,即使是有权处分,也必须在债权行为有效的前提下,物权才发生变动,因为我国并无承认物权行为无因性的法律规定。所以,在无权处分的场合,此时自然更没有理由认为债权行为无须有效,只有当债权行为有效时,才有考虑无权处分时受让人善意取得的余地。

《物权编解释一》第 20 条规定:"具有下列情形之一,受让人主张依据民法典第三百一十一条规定取得所有权的,不予支持:(一)转让合同被认定无效;(二)转让合同被撤销。"该条解释体现了善意取得时对于债权行为有效性的要求。

另外,无权处分本身并不导致债权行为无效。第 597 条第 1 款规定:"因出卖人未取得处分权致使标的物所有权不能转移的,买受人可以解除合同并请求出卖人承担违约责任。"此处的解除合同和违约责任均以买卖合同中债权行为有效为前提,无权处分时因为不能善意取得,导致所有权不能移转时,同样可以类推适用该款处理。

第二,处分行为必须以处分人自己的名义实施,如果以真正权利人名义实施,则属于无权代理真正权利人实施处分行为。此时,涉及的问题不是善意取得,而是表见代理(第 172 条)。

就冒名处分而言,也就是以真正权利人之名处分,此时则要看有关行为在相对人看来,是冒名人的自己行为,还是被冒名人的行为,也就是他人行为。如果是自己行为,则应该类推无权处分处理,有善意取得的余地,比如一手交钱一手交货的动产的冒名处分,行为人的身份对于相对人来说并不重要,不管冒名人以谁人之名行事,相对人均会将该行为理解为冒名人自己的行为,此时有关处分是无权处分,而非无权代理处分,有适用善意取得的余地。而如果是不动产的冒名处分,在相对人看来,有关行为自然是真正的登记权利人的行为,是他人行为,此时应该类推无权代理及表见代理规则处理,与善意取得制度无关。

2020年《最高人民法院关于适用〈中华人民共和国民法典〉婚姻家庭编的解释(一)》第28条第1款指出:"一方未经另一方同意出售夫妻共同共有的房屋,第三人善意购买、支付合理对价并办理产权登记手续,另一方主张追回该房屋的,人民法院不予支持。"显然,该解释遵循的是善意取得的逻辑,这在法律适用上可能并不正确。共有财产登记在双方名下时,一方依然可以完成处分,因此通常会有冒名行为的发生。该冒名行为应该视为被冒名人本人的行为,第三人是否能受到保护,取决于表见代理的要件是否具备。另外,该条规范只是解决了物权行为的效力问题,并不涉及债权行为的效力,第三人未完成登记,此时的配偶一方主导的冒名行为通常符合表见代理的要件,冒名行为对被冒名的一方发生效力,被冒名的一方和其配偶成为买卖合同当事人,夫妻双方应该履行该合同中的转移房屋所有权的义务(第598条),也就是进行房屋所有权转移登记的义务。

第三,无权处分是无处分权人将不动产或者动产转让给受让人。就无处分权的内涵来说,既有可能是指处分人不是所处分的动产或者不动产的所有权人,也有可能指处分权受到限制,比如不动产本身被查封。但是,约定的处分权限制本身不应该具有对世效力,因此,受让人不论善意与否,原则上均可以正常取得。

(三)善意取得要件之一——受让人善意

《民法典》第311条第1款第1项至第3项分别规定了善意取得的三项要件。其中第1项规定:受让人受让该不动产或者动产时是善意。该项规定了善意取得的第一个要件——受让人善意。如前所述,善意取得制度是物权公示的公信力的体现,是对登记或者占有公示出来的物权状况的信赖的保护,受让人如果是恶意的,不存在信赖,自然也就没有保护的必要。

1. 善意的含义

《物权编解释一》第 14 条第 1 款指出,"受让人受让不动产或者动产时,不知道转让人无处分权,且无重大过失的,应当认定受让人为善意"。

2. 善意的举证责任与善意要件的性质

《物权编解释一》第 14 条第 2 款指出,"真实权利人主张受让人不构成善意的,应当承担举证证明责任",即就受让人的非善意,真实权利人负有举证责任。

《最高人民法院关于适用〈中华人民共和国民事诉讼法〉的解释》(以下简称《民诉法解释》)第 91 条就举证责任采纳了法律要件分类说,指出:"人民法院应当依照下列原则确定举证证明责任的承担,但法律另有规定的除外:(一)主张法律关系存在的当事人,应当对产生该法律关系的基本事实承担举证证明责任;(二)主张法律关系变更、消灭或者权利受到妨害的当事人,应当对该法律关系变更、消灭或者权利受到妨害的基本事实承担举证证明责任。"

依据第 311 条第 1 款规定,善意是善意取得的要件之一,该要件属于法律关系存在的(权利取得)的要件,依据《民诉法解释》第 1 项,受让人应该就此负有举证责任。《物权编解释一》中上述解释显然没有将该要件解释为成立要件,而是将非善意作为妨碍善意取得成立的抗辩要件来理解。此时适用《民诉法解释》第 91 条第 2 项,则是由真实权利人负有举证责任。也就是说,《物权编解释一》将非善意的举证责任分配给权利人,实体法的解释就是,善意不是善意取得的成立要件,非善意是善意取得不成立的抗辩要件。这种解释当然是实质上修改了法律规定的解释。不过考虑到我国实体法规定在设计时,往往没有程序法上举证责任的分配,而为求举证责任分配的妥当性,司法解释通过举证责任分配,影响实体法规定有关要件的性质,也不是不可以接受的做法。

另外,这一解释本身,在实体法事实上也确定了一个规则,即公示的权利人应该推定为权利人。因此,真正权利人才有责任去证明这一推定不成立,从而影响善意取得的善意要件成立。

3. 不动产善意取得中受让人非善意的认定

《物权编解释一》第15条对不动产善意取得中受让人非善意的认定做了解释。

(1)不动产受让人知道转让人无处分权的认定(《物权编解释一》第15条第1款)。

①登记簿上存在有效的异议登记(《物权编解释一》第15条第1款第1项)。

不动产善意取得的典型情形,是登记簿记载有错误,登记的名义权利人和实际的权利人不一致。此时名义权利人通过变更登记将不动产登记簿上记载的权利转让给善意的受让人。也就是说,登记簿的错误记载可以成为受让人的善意根据。

《民法典》第220条第2款规定,真实权利人作为利害关系人可以申请异议登记,但是对于异议登记的效力本身并无明确说明。《物权编解释一》关于登记簿上存在有效的异议登记的,认为是不动产受让人知道转让人无处分权的解释,意味着不动产的受让人不具备善意取得所必需的善意的要件,从而也就无从善意取得。换言之,上述司法解释明确了异议登记有阻却善意取得的效果。

该解释中关于异议登记以"有效"一语加以限制,其实是没有必要的。善意取得以无权处分为前提,也就是在讨论善意取得时,异议登记的异议不言自明一定是成立的,如果异议登记根本就不成立,受让人本来就属于从有权利人处取得,根本就不需要考虑善意取得的问题。总之,异议登记成立与否无须另外特别说明。另外,加上"有效"一语,反而容易让人误会此处的"有效"是不是和异议登记程序规范与否有关。

②预告登记有效期内,未经预告登记的权利人同意(《物权编解释一》第15条第1款第2项)。

正如前文在关于预告登记效力的分析中指出的,根据我国现有的规定,预告登记有效期内,未经预告登记的权利人同意,根本就无法完成转移登记。既然登记都无从完成,物权行为也就没有生效的可能,此时自然也就无从适用善意取得的规定。

需要讨论的是,该条是否意味着,在预告登记的有效期内,倘若经预告登记的权利人同意,受让人就可以善意取得?第一条解释路径是,如果预告登记的权利人同意无权处分人和受让人之间的处分,意味着此时预告登记同时涂销。但在预告登记涂销的同时,无权处分人就已经是不受预告登记影响的有权处分人。而受让人从有权处分人取得不动产,原本就与不动产的善意取得无关。第二条解释路径采用了完全不同的出发点。从我国《民法典》关于"同意"的表述来看,同意只是意味着可以进行移转登记。相关条文并未明确表明预告登记的权利人的同意,等于同时涂销预告登记。也就是说,正如在进行转移登记之前,不动产登记簿上存在所有权人所有权登记和预告登记权利人的预告登记一样,在移转登记后,不动产登记簿上将继续存在受让人的所有权登记和预告登记权利人的预告登记。此时,预告登记的意义在于,预告登记的权利人在具备本登记的条件时,可以申请本登记。相对于预告登记的权利人的本登记,在先完成的转移登记则失去效力,但这一结论也与善意取得无关。以上两个方面说明,即便对该条款进行反对解释,也不会得出与善意取得有关的规则。

基于以上分析,本项司法解释所规范的情形与《民法典》中的善意取得并无关系。至于受让人知道预告登记的存在,但是通过不正当方式让登记机构非法注销预告登记,而后获得所有权转移登记,此时不是因为其知道有预告登记不构成善意,而是所取得的登记是非法取得的,依据第 221 条第 1 款第 2 句登记本身是无效的。由于是无效登记,依据第 209 条第 1 款,此时根本就不存在有效的物权变动,自然也就无所谓善意取得。当受让人再次转让时,转让的行为则属于普通的无权处分。倘若受让人为"善意",则不是因为不知道预告登记存在而构成善意,而是因为不知道转让人无所有权而成立善意。

③登记簿上已经记载司法机关或者行政机关依法裁定、决定查封或者以其他形式限制不动产权利的有关事项(《物权编解释一》第15条第1款第3项)。

我国查封登记的规定并未对查封登记对于善意受让人的效力作出说明。《物权编解释一》的这项解释有两个方面意义:一方面,从正面明确了登记簿上已经记载查封登记的,受让人为非善意,善意取得要件不具备,否定了受让人善意取得的可能;另一方面,反对解释本项司法解释,意味着即使不动产被查封,但是没有办理查封登记,从而登记簿上无查封记载,受让人无从得知的,则为善意,具备其他善意取得的要件时,受让人可以善意取得。

④受让人知道登记簿上记载的权利主体错误(《物权编解释一》第15条第1款第4项)。

以上第1项至第3项均以登记簿的客观记载作为判断受让人善意与否的考虑因素,而第4项关于"受让人知道登记簿上记载的权利主体错误"属于非善意的解释,则是纯粹以受让人的主观认识为准。依据该项解释,受让人知道即为非善意,就非善意的内容来说,则是指登记簿记载的权利主体错误。比如,借名登记的情形,登记的权利人只是名义权利人,而实际权利人另有他人。如果登记的权利人将不动产转让给受让人,受让人对借名登记的事实有所了解,则说明一方面登记簿记载的权利主体错误,另一方面受让人也知道登记簿上记载的权利主体错误。依据该司法解释,该受让人无从主张善意取得。

⑤受让人知道他人已经依法享有不动产物权(《物权编解释一》第15条第1款第5项)。

依据《民法典》第229条至第231条,自法律文书或者人民政府的征收决定生效时、自继承开始时、合法建造的事实行为完成时,均无须登记即可取得物权。也就是说,登记簿记载虽然没有变化,但他人已经依法享有不动产物权,此时可能发生登记簿记载不正确的情况。但如果受让人知道这种不正确的情况,自然也就不能基于其对登记簿记载的信赖,从而主张善意取得,这是该项解释的主要理由。

在起草该项司法解释的过程中,曾采取过以下的表述:"受让人知道他人已经根据《物权法》第28条至第30条(即《民法典》第229条至第231条)规定取得不动产物权。"但是,有人认为受让人无须登记就取得物权的情形不仅限于上述三个条文,上述表述不够周延,因此修改为现在的表述。[1]

从该项解释适用的可能性来看,《民法典》第230条规定的继承的情形,适用该项解释似乎并无可能,因为就第230条而言,名义的登记权利人已经去世,其不可能作为让与主体,从而引起需要适用善意取得的情形。而就《民法典》第231条而言,初始登记都不存在了,就不可能存在名义的登记权利人转让,也就是无所谓善意取得。而如果是事后借名初始登记,则登记不正确,第三人信赖登记簿记载,从名义的登记权利人处受让时,才有善意取得的可能,但是这是第4项的效果,而非该项的效果所致。概言之,该解释适用对象其实只有第229条所涉及的情形。

(2)受让人具有重大过失的认定(《物权编解释一》第15条第2款)。

《物权编解释一》第15条第2款指出:"真实权利人有证据证明不动产受让人应当知道转让人无处分权的,应当认定受让人具有重大过失。"此条规定首先重申了由真实权利人承担受让人具有重大过失的举证责任,主张善意取得的不动产受让人无须证明自己不存在过失。其次,就重大过失的含义,该条认为当受让人应当知道转让人无处分权时,即具有重大过失。不过,理论上看,所谓重大过失,是指稍加注意就可以知道而不知道。所谓的"应当知道而不知道"只是普通的过失,司法解释将这种普通过失认定为重大过失的做法让人费解。对重大过失的合理的解释似乎应该是,根据真实权利人提供的证据,以及得到法院

---

[1] 参见最高人民法院民事审判第一庭编著:《最高人民法院物权法司法解释(一)理解与适用》,人民法院出版社2016年版,第379页。

确认的所有为受让人知道的案件事实,不动产受让人不可能不知道转让人无处分权。也就是说,受让人根本就无须进行任何调查,基于现有的事实就可以得出转让人无处分权的结论,因此其不可能不知道转让人无处分权。即使此时受让人仍然不知道,则一是其应当知道;二是其不知道即为重大过失。

4. 动产善意取得中受让人的重大过失的认定

《物权编解释一》第16条指出,"受让人受让动产时,交易的对象、场所或者时机等不符合交易习惯的,应当认定受让人具有重大过失。"该解释指出了在判断受让人是否存在重大过失时,应当考虑交易的对象、交易场所和交易的时机是否符合交易习惯。与司法解释关于不动产善意取得中的重大过失认定不同,此处没有明确说明是就什么有重大过失,但是结合解释第15条关于明知的内容,重大过失自然也同样是指因重大过失不知道转让人没有处分权。因此,司法解释的意思就是在交易的对象、场所或者时机等不符合交易习惯的场合,如果受让人仍然不知道转让人没有处分权,就是具有重大过失。

从概念上来说,重大过失是指就不知道本身有过失。但是,这种过失本身的判断,是以司法解释设定的条件下,一般人稍加注意就会知道转让人没有处分权为前提。该条司法解释应该理解为,当交易的对象、场所或者时机不符合交易习惯的,此时一般人稍加注意就会知道转让人没有处分权,受让人不知道转让人没有处分权即为有重大过失而不知。

需要注意的是,如果本来就不存在这种交易习惯,则可以参照该解释,根据交易的对象、场所或者时机等具体情形,确定此时取得人就处分人是否是所有人有无查明义务。如果有查明义务,取得人明显未尽到相应的查明义务的,也应构成重大过失。

5. 善意的判断时间点

实践中,由于取得人得以了解的信息的变化,导致取得人在不同时间就转让人有无处分权是否知情本身有所变化,因此结论也随着时间的不同而有所不同。而善意取得与否的结论要么是肯定的,要么是否定的,因此,必须有一个确定的判断善意的时间点,这样才能得出善意取得与否的结论。也就是说,只要在这个时间点,受让人是善意的,那么受让人就可以善意取得,即使此后受让人了解到转让人不具备处分权的相关信息,先前已经确定的善意取得也不会因此发生改变。《物权编解释一》第17条对善意取得中善意的判断时点进行了规定,对此分别加以分析如下。

(1)善意判断的时间点基本标准:物权变动之时。

《物权编解释一》第17条第1款指出:"民法典第三百一十一条第一款第一项所称的'受让人受让该不动产或者动产时',是指依法完成不动产物权转移登记或者动产交付之时。"本款解释的基本方法显然是文义解释方法,因为《民法典》第209条和第224条分别规定了不动产物权变动的时间是经依法登记之时,动产物权变动是交付之时,所以"受让人受让该不动产或者动产时"就是不动产经依法登记之时和动产交付之时。

对于动产来说,由于《物权编解释(一)》第17条第2款又进一步规定了简易交付和指示交付这两种观念交付的善意判断时点,因此,第1款中的动产交付之时应指现实交付之时。

就不动产而言,不动产登记有两个重要的时间点:一是申请时间;二是完成登记时间。上述司法解释将完成登记时间点作为善意的判断时点。相比之下,《德国民法典》第892条第2款规定,善意与否应以提出登记申请的时间为准进行判断。其理由在于,受让人已经就物权变动做了所有自己该做的,此时善意的有无不应该取决于登记机构是马上进行物权变动的登记,还是要过上一阵子进行登记。[1] 这一考量应该予以认可,因此在物权变动申请之时,受让人从登记簿上无从得知不动产转让人无处分权的,即使在完成移转登记之前,由于他人提出异议

---

[1] 鲍尔、施蒂尔纳:《德国物权法》(上册),张双根译,法律出版社2004年版,第502页,并参见第401页。

登记而使受让人了解到转让人有可能无处分权,也不应该影响不动产受让人善意的成立。

(2)简易交付和指示交付时的善意判断时间点。

①简易交付。

《物权编解释一》第 17 条第 2 款第 1 分句指出:"当事人以民法典第二百二十六条规定的方式交付动产的,转让动产民事法律行为生效时为动产交付之时。"这里的法律行为当然是指物权行为而非债权行为。

②指示交付。

《物权编解释一》第 17 条第 2 款第 2 分句指出:"当事人以民法典第二百二十七条规定的方式交付动产的,转让人与受让人之间有关转让返还原物请求权的协议生效时为动产交付之时。"据此,指示交付时以双方关于返还请求权的协议生效时间为受让人善意的判断时间点。如果是通过债权让与的方式完成的交付,则依据《民法典》第 546 条第 1 款,债权人转让权利的,未经通知债务人,该转让对债务人不发生效力。也就是说,在当事人达成债权转让合意之时,债权即发生移转。即使有关债权转让涉及债权买卖这一负担行为,但是作为准物权行为的债权让与,即便债权买卖合同的买方未支付对价,债权也在达成债权转让合意时发生转移。也就是说,双方关于转让返还原物请求权这一债权的准物权行为发生效力,有关物权变动本身的物权合意也就发生效力,善意的判断时间点应该以这一准物权行为发生效力的时间为准。

③关于占有改定。

就观念交付来说,除《民法典》第 226、227 条规定的简易交付和指示交付的形式外,还有第 228 条规定的占有改定的形态。但是《物权编解释一》第 17 条第 2 款却并没有对占有改定进行特别的说明,此时善意的判断时点似乎应该回到第 17 条第 1 款,也就是以现实交付的时间作为占有改定的善意的判断时间点,这一结论和德国民法典第 933 条的规定一致。

而最高人民法院民事审判第一庭编著的《最高人民法院物权法司

法解释(一)理解与适用》一书,编写者则倾向认为,依据《物权法》第27条,占有改定时,物权自该约定生效时发生效力,因此确定受让人是否为善意的时间判断点,也应当相应确定为转让人与受让人之间上述约定生效的时间。[1] 上述意见固然值得重视,但是由于司法解释并无明确说明,因此从字面意义上去理解该解释本身显然更为可取。

从实践角度来看,如果占有改定时受让人即刻善意取得所有权,此时无权处分人仍然会占有该动产,而原权利人要求无权处分人返还时,无权处分人以第三人善意取得拒绝返还,显然不合情理,或者说难以启齿,此时会将该动产返还给原权利人。由于原权利人是基于自己原来所享有的权利而重新获得该动产的直接占有,自然不会具备"以合理的价格受让"这一善意取得要件,其也无从主张再一次的善意取得。因此,善意取得的第三人依据《民法典》第235条自然可以要求作为原权利人的现直接占有人返还,这一结果显然很难说就是对所有权保护和善意第三人利益保护的最佳平衡。如果认为占有改定时,善意第三人取得物的现实交付是其善意取得的要件,在原权利人要求无权处分人返还占有之前,善意第三人已经取得了物的直接占有,此时自应保护善意第三人,而非原权利人。

(四)善意取得要件之二——以合理的价格受让

《民法典》第311条第1款第2项规定,受让人善意取得必须具备"以合理的价格转让"的要件。这与传统民法只要求善意取得行为的基础是交易行为不同,也就是说,传统民法中善意取得排除了继承一类的非交易行为,而交易行为不以有偿行为为限。

《物权编解释一》第18条对"合理价格"的认定作了解释:"民法典第三百一十一条第一款第二项所称'合理的价格',应当根据转让标的物的性质、数量以及付款方式等具体情况,参考转让时交易地市场价格以及交易习惯等因素综合认定。"具体而言:

---

[1] 参见最高人民法院民事审判第一庭编著:《最高人民法院物权法司法解释(一)理解与适用》,人民法院出版社2016年版,第431、432页。

其一,参考的基准价格是转让时交易地的市场价格。《民法典》要求转让价格合理,必须有个参考价格来判断转让价格是否合理,解释明确了参考的基准价格是交易地的市场价格。买卖双方不在同一个地方时,应该以卖方所在地为交易地。市场价格本身也并非统一的,市场价格应该是中位价格或者大致的平均价格。而如果有关交易是网络交易平台上的交易,则交易地本身除了要考虑卖方所在地,还应该考虑网络交易平台上转让标的物本身的中位价格。

其二,"合理的价格"应该是指相比于参考的基准价格而言,并非不合理地低于该价格。低到何种程度属于不合理地低于该价格,与《最高人民法院关于适用〈中华人民共和国合同法〉若干问题解释(二)》(该解释依据在 2020 年年底废止)不同,后者针对《合同法》第 74 条(即《民法典》第 539 条)关于债权人撤销权的要件之一"明显不合理的低价",除了在该解释第 19 条第 1 款规定了法院可以根据交易当地一般经营者的判断,并参照当时交易地的物价部门指导价或者交易价酌定是否具备外,第 2 款还规定了达不到上述参考价格的百分之七十的,一般视为不合理的低价。《物权编解释一》第 18 条并没有规定这种具体的幅度,而是规定"应当根据转让标的物的性质、数量以及付款方式等具体情况",参考基准价格酌定,酌定时还要考虑交易习惯。

就上述酌定因素来说,应该区分动产和不动产,根据交易地的特点考虑其价格的波动幅度来判断交易价格是否合理;就物的数量而言,如果数量较高,即使不属于批发行为,交易习惯上价格也会低于一般的市场交易价格;就付款方式来说,如果价格较高,交易习惯通常采取分期付款,但是受让人一次性付款时,则交易价格必然也会比分期付款的市场价格低。以上情形下较低的价格仍然有可能属于"合理的价格"。

需要特别说明的是,《民法典》第 311 条第 1 款第 2 项只是说成立善意取得要"以合理的价格受让",这区别于《民法典》第 404 条规定的浮动抵押情形下买受人无负担地取得抵押动产所有权的要件的规定。后者规定的要件要求买受人"已经支付合理价款",表述上的差异表明,善意取得的要件不以"已支付"合理价款为条件,只要受让价格合理,且符合其他善意取得的要件时,即使该价款尚未实际支付,受让人仍然可以善意取得。

(五)善意取得要件之三——登记及交付

《民法典》第311条第1款第3项规定:"转让的不动产或者动产依照法律规定应当登记的已经登记,不需要登记的已经交付给受让人。"

善意取得涉及物权变动,在有权处分时,依据第209条和第224条,物权变动需要结合登记或者交付才能发生效力,那么在无权处分的场合,善意取得自然也同样需要公示。因此,第311条第1款第3项的规定是不言自明的。交付包括现实交付和观念交付,但应注意,基于前文的分析,以占有改定完成的交付,必须以现实交付时仍然具备善意才能善意取得。

《物权编解释一》第19条指出,转让人将《民法典》第225条规定的船舶、航空器和机动车等交付给受让人的,应当认定符合民法典第311条第1款第3项规定的善意取得的条件。由于第225条提及的特殊动产的物权变动依据第224条仍然是交付时移转,因此其属于第311条第1款第3项提及转让时需要交付的动产。

(六)其他物权的善意取得的要件

依据第311条第3款,当事人善意取得其他物权,其要件参照第311条第1款规定确定,具体而言:

(1)必须是无权处分。其他物权的转让人或者设定人没有转让或设定其他物权的权利,比如非所有人在物上设定担保物权、非用益物权人转让不动产的用益物权。

(2)物权取得人取得物权时是善意的。物权取得人必须不知道转让人或者设定人没有处分权且无重大过失,比如不知道转让的用益物权登记错误、不知道设定担保物权的人不是所有人。如果用益物权登记簿上有异议登记的,则物权取得人就属于应当知道转让人没有处分权,不具备善意要件,无从善意取得。

（3）取得物权的对价合理。比如，就担保物权的设定，所担保的债权必须合理，如果是高利贷，债权人取得担保物权的对价就不合理，不适用善意取得。

（4）处分行为的生效要件必须已经具备，需要登记的已经登记，需要交付的已经交付。至于既不需要登记，又不需要交付的，比如动产抵押权的设定，那么自抵押合同成立时，就可以善意取得。

（七）遗失物与善意取得

所有权人或者其他权利人有权追回遗失物。该遗失物通过转让被他人占有的，权利人有权向无处分权人请求损害赔偿，或者自知道或者应当知道受让人之日起二年内向受让人请求返还原物；但是，受让人通过拍卖或者向具有经营资格的经营者购得该遗失物的，权利人请求返还原物时应当支付受让人所付的费用。权利人向受让人支付所付费用后，有权向无处分权人追偿（第312条）。

1. 遗失物不适用善意取得

遗失物权利人有权向受让人请求返还原物的理由是，受让人没有取得所有权，因此失主依然是权利人，有权向受让人无偿或者有偿请求返还，遗失物不适用善意取得。

《民法典》第312条是第311条善意取得的例外规定，第311条规定善意取得的要件虽然已经具备，但是依据第312条，遗失物例外地不成立善意取得。而如果本来就不具备第311条的善意取得要件，也就不存在适用第312条的余地。比如，受让人知道转让的是遗失物，知道转让人没有处分权，此时第311条第1款规定的善意取得的善意要件并不具备，也就不存在适用第312条的可能。失主要求受让人返还原物，不适用该条，不受该条规定的二年期限的限制，此时应该适用没有返还期限限制的第235条规定的基于所有权的返还原物请求权。当然，如果具备第311条的善意取得要件，则必须适用第312条处理遗失物的返还问题。就返还原物的物权请求权的规定来说，第312条是特别法，第235条是普通法，第312条应该优先适用。

2. 赃物依据现行司法解释适用善意取得

第312条和《物权法》第107条一样,就不适用善意取得的标的只提及了遗失物,没有提及赃物。文义解释上应该认为,如果对赃物的获取满足了第311条规定的善意取得要件,那么赃物也能被善意取得。2014年《最高人民法院关于刑事裁判涉财产部分执行的若干规定》第11条第2款指出:"第三人善意取得涉案财物的,执行程序中不予追缴。作为原所有人的被害人对该涉案财物主张权利的,人民法院应当告知其通过诉讼程序处理。"该解释将被害人称为原所有人,且执行程序中不予追缴,表明赃物适用善意取得,如果不适用善意取得,那么赃物应该无条件追缴。至于解释中提到原所有人主张权利,应该通过诉讼程序处理,只是表明执行程序中的善意取得的实体法判断并非终局判断,失主依然有通过诉讼程序主张善意取得在实体法上不成立的余地。

3. 遗失物不适用善意取得的理由与赃物适用善意取得的评价矛盾

将遗失物从善意取得的客体中剔除的理由,与动产善意取得制度本身的立法理由有关。善意取得一方面是公信力的具体化,但是另一方面则是由于权利人基于自己的意愿,将动产交给他人占有,从而使自身处于面临他人无权处分并为他人善意取得之风险的境地。该风险是权利人自己造成的,所以相对于善意受让人而言,权利人应该承担该风险。遗失物则不同,因为遗失物的占有为他人取得,并非出于自己的意愿,无权处分时被善意受让人取得,不是失主造成的,因此其不应该承担遗失物被善意取得的风险。概言之,区别对待遗失物的原因在于,善意受让人对于无权处分人有处分权的信赖并不是权利人造成的,因此不存在牺牲权利人的利益,保护善意受让人的正当性。

相比于遗失物,作为被害人的权利人因犯罪行为而丧失其动产的占有更不是出于权利人的意愿,善意受让人的信赖同样不是权利人造成的。既然如此,似乎也就没有理由牺牲权利人的利益来保护善意受让人,从而缺少让善意受让人善意取得的正当性。可以说,如果遗失物都不适用善意取得,那么被盗被抢的赃物就更不应该适用善意取得。

如果认为遗失物不适用善意取得,赃物反而适用善意取得,则就权利人的保护上存在评价上的矛盾。

为避免以上矛盾,妥当的解释是,不但遗失物不适用善意取得,被盗被抢的赃物也应类推适用第 312 条,对于赃物不能成立善意取得。现行司法解释中肯定赃物的善意取得的条款应予放弃。

需要说明的是不适用善意取得的赃物,仅限于被盗被抢的动产属于非出于所有人意愿丧失占有的动产。如果赃物本身的取得与此无关,比如贪官利用收取的贿赂购买的房屋,一方面房屋并非动产,另一方面也不存在贪官房屋的取得违背需要保护的所有人意愿的问题。虽然该房屋作为赃物应该予以没收。但是,不存在不适用善意取得保护有权没收赃物的司法机构的必要,司法机关可以追缴贪官出售该房屋取得的账款,而非主张善意受让人不可以善意取得。

4. 无偿追回和有偿追回

由于遗失物不能被善意取得,因此权利人有权请求受让人返还原物,并且不需要支付受让人为取得遗失物所支付的价款,也就是失主可以无偿追回遗失物。但是,如果受让人通过拍卖或者向具有经营资格的经营者购得遗失物的,权利人请求返还原物时应当支付受让人所付的费用,也就是有偿追回。

无偿追回时,受让人自然可以依据其与无权处分人之间的买卖合同,要求其承担违约责任。有偿追回时,权利人就所支付的费用,有权向无处分权人追偿(第 312 条第 3 句)。

不管是无偿追回还是有偿追回,均以受让人符合第 311 条第 1 款规定的善意取得为条件。如果不符合善意取得要件,此时权利人当然可以无条件地追回遗失物,并且不受除斥期间的限制(第 312 条第 1 句)。这也是适用第 235 条的当然结果。

5. 损害赔偿请求权和遗失物追回权的关系

遗失物的权利人既有权请求无处分权人损害赔偿,也可以请求受让人返还遗失物(第 312 条第 2 句第 1 分句),两者之间是一个选择关系。

如果要求无处分权人损害赔偿,应该是以自己丧失对于遗失物的所有权为前提,否则,没有损害可得赔偿。换言之,此时选择无处分权人赔偿构成对于无权处分的追认。但是该追认应该以权利人实际获得损害赔偿为条件,如果没有获得损害赔偿,权利人依然可以向遗失物的受让人主张追回权。主张追回权时,则不可以要求与遗失物价值相当的损害赔偿。否则,一方面会导致失主获得双重赔偿;另一方面也会导致无权处分人承担双重责任,既要对于失主承担赔偿责任,又要因未能向受让人履行转移所有权的义务(第598条)而向受让人承担违约责任。

6. 追回的期限限制

(1)期限及性质。

权利人行使追回权时,应当自知道或者应当知道受让人之日起二年内行使(第312条第2句第1分句)。二年过后,此时不能认为权利人依然拥有对于遗失物的所有权,受让人仅取得不履行返还遗失物的义务的抗辩权(第192条第1款),这样理解会造成所有权和占有依法永久分离。正确的解释应该是此时受让人因为经过二年期限而取得遗失物的所有权,也就是该二年期限在性质上属于取得时效而非诉讼时效。

(2)取得时效期限的起算。

因为善意占有而取得所有权的取得时效,其期限自然也就是占有的期限(如《德国民法典》第937条第1款、《日本民法典》第162条)。也就是说,取得时效期限从占有人取得占有时开始计算。我国《民法典》规定这一期限从权利人知道或者应当知道受让人之日起开始计算,起算方式上类似于诉讼时效,而不同于取得时效。

(3)最长诉讼时效期间的类推适用。

由于《民法典》第312条规定的取得时效起算日期与诉讼时效相同,给受让人的权利取得带来极大的不确定性。比如,受让人甲去世前50年便取得遗失物的占有,其子孙又占有了100年,最后为其后代乙占有。此时记住祖先丙遗失该物的遗训的丁,在乙处偶然发现该遗失物,适用该条意味着丁有权要求乙返还该遗失物,善意受让遗失物的甲及其后人不管占有多少年都无法取得所有权,这不是妥当的结果,不符合该期限取得时效的本质。因此虽然是取得时效,依然有类推适用最长诉讼时效期限规定的必要,也就是自权利人权利受到侵害之日即受让人取得占有之日起超过20年的,权利人的追回权消灭,受让人取得所有权。有特殊情况的,人民法院可以根据权利人的申请决定延长(第188条第2款但书)。

7. 遗失的货币、无记名有价证券的善意取得

第312条只适用于作为普通动产的遗失物,条文中"购得"遗失物的表述,也表明该遗失物不是货币或者无记名有价证券。对于货币或者无记名有价证券,则依然应当适用第311条规定的善意取得制度,受让人可以善意取得所有权。

比如,甲遗失的钱包被乙拾得,钱包中有1000元,乙当场用来归还了其欠丙的500元,而后又用该500元从丁超市购买了若干日用品和食品。

此时由于丙并非善意因此不能基于善意取得制度取得该500元的所有权,丙应该依据第235条对于甲负有返还义务(也就是甲有权主张基于所有权的返还原物请求权),即使因为该500元本身也被花掉,丙也应该因为侵害甲的货币所有权,而需要对于承担赔偿损失,也就是赔偿500元的侵权责任(第1165条第1款)。而丁超市由于符合第311条第1款规定的善意取得的要件,就其中以合理的价格转让要件,对于乙、丁的买卖而言,就是丁以合理的对价取得该500元,丁善意取得该500元的所有权,从而对于甲不负有依据第235条返还该500元的义务。

(八)善意取得的后果

1. 原所有权人的权利消灭

一物不容二主,既然善意取得人取得所有权,那么原所有人的所有权也就归于消灭。

2. 受让人无物上负担地取得所有权

善意受让人取得动产后,该动产上的原有权利消灭。但是,善意受让人在受让时知道或者应当知道该权利的除外(第313条)。

比如,甲将自己的汽车抵押给乙,但并未办理抵押登记,而后甲将汽车借给丙使用时,丙转让给善意的丁,丁依据第311条第1款善意取得该汽车,附着于汽车之上的抵押权也随之消灭。

3. 原权利人对于无权处分人的损害赔偿请求权

受让人善意取得后,失去所有权的原所有权人有权向无处分权人请求损害赔偿(第311条第2款)。此处的损害赔偿请求权成立的原因是原所有人的所有权因为无权处分人的处分行为受到侵害。无权处分人的无权处分是所有权人所有权丧失的原因,因此,原所有人有权要求损害赔偿。此处的损害赔偿性质上属于侵权责任,但是似乎不以无权处分人的过错为前提,属于无过错责任。

至于损害赔偿的数额,应该以原所有人丧失的物的市价为准。如果无权处分人所获得转让价款超过了市价,则赔偿后无权处分人仍有所得。此时可以考虑适用不当得利制度,让无权处分人承担不当得利的返还义务。也就是无权处分人取得的价款这一利益,与原所有权人所有权的丧失这一损失之间有因果关系,且无权处分人取得该利益没有法律根据,受损失的原所有人有权请求无权处分人返还不当利益,即无权处分所得(《民法典》第122条,参见《德国民法典》第816条第1款第1句)。

二、遗失物的拾得

(一)含义

遗失物的拾得是指发现并占有遗失物。发现和占有缺一不可。占有本身是对物的事实上的控制管领,如果以为遗失物无价值,捡起后又迅速扔掉的,不构成对遗失物的控制,遗失物的拾得也无从成立。

(二)拾得人的义务

1. 返还遗失物的义务

拾得遗失物,应当返还权利人。拾得人应当及时通知权利人领取,或者送交公安等有关部门(第314条)。有关部门收到遗失物,知道权利人的,应当及时通知其领取;不知道的,应当及时发布招领公告(第

315条)。以上规定表明,拾得人负有返还遗失物的义务,但是没有送还遗失物的义务,而是权利人应该自行从拾得人处领取。为履行该义务,拾得人负有通知权利人领取的义务。拾得人知道或者不知道权利人时,均可直接送交公安等有关部门,从而免除了与拾得遗失物相关的义务。此时通知义务转由有关部门承担,有关部门不知道权利人的,则应该发布招领公告,以代通知。

2. 保管遗失物的义务

拾得人在将遗失物送交有关部门前,有关部门在遗失物被领取前,应当妥善保管遗失物。因故意或者重大过失致使遗失物毁损、灭失的,应当承担民事责任(第316条)。

(三)拾得人的权利

1. 必要费用偿付请求权

权利人领取遗失物时,应当向拾得人或者有关部门支付保管遗失物等支出的必要费用(第317条第1款)。如果拾得人不是依法等待权利人前来领取遗失物,而是将遗失物送交权利人,此时因送还遗失物发生的合理费用,拾得人同样有权要求权利人偿付。

2. 报酬请求权

与《德国民法典》的规定不同,[1]我国《民法典》没有规定拾得人的报酬请求权,但是规定了权利人悬赏寻找遗失物的,领取遗失物时应当按照承诺履行义务(第317条第2款)。该规定中悬赏广告的赏金支付义务不以拾得人知道悬赏广告的存在为前提,表明此时的悬赏广告不是要约,其生效不需要拾得人有效的承诺。悬赏广告是以拾得物的返还为生效条件的附条件的单方法律行为。

3. 拾得人的权利丧失

拾得人侵占遗失物的,无权请求保管遗失物等支出的费用,也无权

---

[1]《德国民法典》第971条第1款规定,遗失物价值在500欧元以下,报酬为遗失物价值的5%;遗失物价值超过500欧元的,报酬为遗失物价值的3%;遗失物为动物的,报酬为动物价值的3%;拾得物只对失主有价值的,基于公平裁量确定。

请求权利人按照承诺履行义务(第317条第3款)。

4. 无人认领的拾得物所有权的归属

遗失物自发布招领公告之日起一年内无人认领的,归国家所有(第318条)。拾得人并无取得所有权的机会。《德国民法典》也规定,无人认领的遗失物归拾得人所有(《德国民法典》第973条第1款)。

(四)遗失物拾得制度设计的评价

遗失物的拾得制度应该以失主能够有效寻回遗失物为立法目的,拾得人有意愿归还是关键。我国《民法典》延续了《物权法》的规定,拾得遗失物时,拾得人唯一的法定权利是就支出保管等必要费用的偿还请求权,除此之外别无其他权利可言,显然没有考虑过提高拾得人归还的意愿。相比而言,《德国民法典》规定了拾得人的法定比例的报酬请求权以及在无人认领时,允许遗失物归拾得人所有。这些规定有鼓励拾得人返还和报告主管机关、增加失主寻回遗失物的机会的作用。无激励机制的我国遗失物拾得制度,从制度设计上看,也许可以被认为是对我国民众提出了较高的道德要求。

三、拾得漂流物、发现埋藏物或隐藏物

(一)含义

漂流物是失落于水中之物,埋藏物是埋藏于土中之物,隐藏物是隐藏于他物中的物。

(二)漂流物、埋藏物或隐藏物的归属

拾得漂流物、发现埋藏物或者隐藏物的,参照适用拾得遗失物的有关规定。法律另有规定的,依照其规定(第319条)。也就是说,如果能够确定物的权利人,应该通知权利人领取,不论有无确定权利人,都可以直接送交公安等有关部门。拾得人和发现人除了保管等必要费用外无任何权利可言,也无权取得所有人不明的以上诸物,且需要尽到遗失物拾得人所负有的所有义务。

第四章 用益物权

第一节 概　述

一、用益物权的含义

用益物权人对他人所有的不动产或者动产,依法享有占有、使用和收益的权利(第 323 条)。用益物权是他物权,就其内容来说以使用、收益为内容,因此有用益物权之名。而使用、收益本身必然以对他人之物的占有为前提,也就有了以上法律规定的定义。

在《民法典》用益物权的定义中,用益物权的客体包括不动产和动产。不过,《民法典》规定的五种用益物权均以不动产为客体。就动产而言,所有人以外的人,无须通过用益物权的形式对物进行利用。而就不动产而言,由于我国实行土地公有制,对土地进行使用收益尤其需要通过用益物权的设定,允许公民、法人和其他组织对土地进行利用,第 324 条也明确规定,国家所有或者国家所有由集体使用以及法律规定属于集体所有的自然资源,组织、个人依法可以占有、使用和收益。

二、用益物权的体系

除了得到详细规定的五种用益物权外,《民法典》中的用益物权还包括海域使用权(第 328 条)、探矿权、采矿权、取水权和使用水域、滩涂从事养殖、捕捞的权利(第 329 条)。《民法典》详细规定的五种用益物权将于后文详细介绍,此处只对第328、329条两个条文提及的权利进行简要说明。

(一)海域使用权

海域使用权是对我国的内水、领海的水面、水体、海床和底土进行3个月以上的排他性用海活动的权利(《海域使用管理法》第2条)。海域属于国家所有(《民法典》第247条),单位和个人使用海域,必须依法取得海域使用权(《海域使用管理法》第3条第2款)。海域使用依法缴纳海域使用金(《海域使用管理法》第33条)。

"海域使用权最高期限,按照下列用途确定:(一)养殖用海十五年;(二)拆船用海二十年;(三)旅游、娱乐用海二十五年;(四)盐业、矿业用海三十年;(五)公益事业用海四十年;(六)港口、修造船厂等建设工程用海五十年。"(《海域使用管理法》第25条)填海项目竣工后形成的土地,属于国家所有"海域使用权人应当自填海项目竣工之日起三个月内,凭海域使用权证书,向县级以上人民政府土地行政主管部门提出土地登记申请,由县级以上人民政府登记造册,换发国有土地使用权证书,确认土地使用权。"(《海域使用管理法》第32条)

(二)探矿权、采矿权

1. 含义

探矿权是指勘查矿产资源的权利,采矿权是指开采矿产资源的权利(《矿产资源法》第3条第3款)。

矿产资源属于国家所有(《民法典》第247条),地表或者地下的矿产资源的国家所有权,不因其所依附的土地的所有权或者使用权的不同而改变(《矿产资源法》第3条第1款第2句)。勘查、开采矿产资源,必须依法分别申请、经批准取得探矿权、采矿权,并办理登记;但是,已经依法申请取得采矿权的矿山企业在划定的矿区范围内为本企业的生产而进行的勘查除外(《矿产资源法》第3条第3款)。

探矿权的价值在于,探矿权人有权在划定的勘查作业区内进行规定的勘查作业,有权优先取得勘查作业区内矿产资源的采矿权。探矿权人在完成规定的最低勘查投入后,经依法批准,可以将探矿权转让他人(《矿产资源法》第6条第1款第1项)。

国家实行探矿权、采矿权有偿取得的制度;但是,国家对探矿权、采矿权有偿取得的费用,可以根据不同情况规定予以减缴、免缴。开采矿产资源,必须按照国家有关规定缴纳资源税和资源补偿费(《矿产资源法》第5条)。

2. 采矿权的性质

《民法典》在用益物权分编的一般规定中提及采矿权,有将采矿权定性为用益物权之意。但是,用益物权是相对于所有权的权利,用益物权行使后,所有权不消灭。而采矿权行使后,采矿权人开采的矿产资源归采矿人所有,国家不再享有所有权,这不符合用益物权的本质,采矿权实际上赋予了采矿权人一种先占权。也可以说,作业区的矿藏实际上已经归采矿权人所有,采矿权人只是需要依法缴纳资源税和资源补偿费而已。严格来说,采矿权并非真正的用益物权。

(三)取水权

取水权是指依法取得取水许可的单位和个人,获得的从江河、湖泊或者地下取用水资源的权利。从这些来源取水使用的行为必须以有取水权为前提,且需缴纳水资源费,家庭生活和零星散养、圈养畜禽饮用等少量取水的除外(《水法》第48条第1款)。

水本身很难归入不动产,就此来说,取水权属于前述用益物权定义中提及的就动产成立的用益物权类型。不过,取水权和采矿权的性质类似,严格来说,也非真正的用益物权。

(四)使用水域、滩涂从事养殖、捕捞的权利

使用水域、滩涂从事养殖、捕捞的权利受2013年修正的《渔业法》的调整。作为民事权利,涉及内水、滩涂、领海、专属经济区以及中华人民共和国管辖的一切其他海域从事养殖和捕捞水生动物、水生植物等渔业生产(《渔业法》第2条)。远洋捕捞则不涉及民事权利问题。

单位和个人使用国家规划确定用于养殖业的全民所有的水域、滩

涂的,应该申请取得养殖证,集体所有的或者全民所有由农业集体经济组织使用的水域、滩涂,可以由个人或者集体承包,从事养殖生产(《渔业法》第 11 条)。而从事捕捞作业,则必须取得捕捞许可证(《渔业法》第 23 条以下)。

三、用益物权和所有权的关系

用益物权在他人拥有所有权的物之上成立,就两者关系而言,《民法典》有以下一般性规定。

(一)共同遵守绿色原则的要求

《民法典》第 9 条确立了绿色原则,要求民事主体从事民事活动,应当有利于节约资源、保护生态环境。这在用益物权的行使中尤其有意义,也就是用益物权人行使权利,应当遵守法律有关保护和合理开发利用资源、保护生态环境的规定(第 326 条第 1 句)。该规定同样有维护所有人的所有权的价值。

(二)用益物权优先于所有权

用益物权限制了所有人的权利,用益物权必须优先于所有权,才能达到限制所有权的目的。

(1)所有权人不得干涉用益物权人行使权利(第 326 条第 2 句)。

(2)用益物权人有从所有人处获得征收补偿的权利。

因不动产或者动产被征收、征用致使用益物权消灭或者影响用益物权行使的,用益物权人有权依法获得相应补偿(第 327 条),即使征收人具有所有人的身份也是如此。

第二节　土地承包经营权

一、土地承包经营权的含义

土地承包经营权,是指土地承包经营权人依法对其承包经营的耕地、林地、草地等享有占有、使用和收益的权利,土地承包经营权人有权从事种植业、林业、畜牧业等农业生产(第331条)。

(一)土地承包经营权的主体是农户

土地承包经营权的主体是土地承包经营权人(以下简称"承包人")。农村土地承包采取农村集体经济组织内部的家庭承包方式,不宜采取家庭承包方式的荒山、荒沟、荒丘、荒滩等农村土地,可以采取招标、拍卖、公开协商等方式承包(《农村土地承包法》第3条第2款)。

土地承包经营权是在改革开放初期的包产到户的家庭联产承包责任制基础上形成的用益物权,是集体经济分户经营的模式,基于此传统,农民家庭(农户)成为承包经营权人,而农户内家庭成员依法平等享有承包土地的各项权益(《农村土地承包法》第16条)。农村集体经济组织实行家庭承包经营为基础、统分结合的双层经营体制(第330条第1款)。

因为是以农户为主体,因此有所谓的增人不增地,减人不减地之说。只有下列土地应当用于调整承包土地或者承包给新增人口:①集体经济组织依法预留的机动地;②通过依法开垦等方式增加的;③发包方依法收回和承包方依法、自愿交回的(《农村土地承包法》第29条)。

(二)土地承包经营权的客体是农业用地

农民集体所有和国家所有由农民集体使用的耕地、林地、草地以及其他用于农业的土地,都是土地承包经营权的客体(第330条第2款)。所谓的国家所有由农民集体使用的土地,不包括农村集体经济组织全部成员转为城镇居民的、原属于其成员集体所有的土地属于国家所有(2014年修订的《土地管理法实施条例》第2条第5项)。因为这种情形下的土地已经不是农民集体所有,不过实践中此时农民身份可能继续存在,比如村民委员会改成居民委员会这种村改居的情形。这种承包与集体土地承包没有区别,《民法典》也明确,国家所有的农用地实行承包经营的,参照适用土地承包经营权的有关规定(第343条)。

(三)土地承包经营权的内容是利用土地进行农业生产的权利

承包人有权进行种植业、林业、畜牧业等农业生产,从而享有占有、使用和收益的用益物权。承包人负有维持土地的农业用途,未经依法批准不得用于非农建设的义务(《农村土地承包法》第18条第1项)。

二、土地承包经营权的取得

(一)通过土地承包经营权的设立而取得

土地承包经营权自土地承包经营权合同生效时设立(第333条第1款)。承包合同自成立之日起生效,承包方自承包合同生效时取得土地承包经营权(《农村土地承包法》第23条)。

1. 承包合同

(1)书面形式。

承包合同由发包方和承包方签订,合同应该采取书面形式(《农村土地承包法》第22条第1款)。

(2)发包方。

农民集体所有的土地依法属于村农民集体所有的,由村集体经济组织或者村民委员会发包;已经分别属于村内两个以上农村集体经济组织的农民集体所有的,由村内各农村集体经济组织或者村民小组发包。国家所有依法由农民集体使用的农村土地,由使用该土地的农村集体经济组织、村民委员会或者村民小组发包(《农村土地承包法》第13条)。

2. 登记

登记机构应当向土地承包经营权人发放土地承包经营权证、林权证等证书,并登记造册,确认土地承包经营权(第333条第2款)。应当注意,此时的登记既不是土地承包经营权的成立要件,也不是对抗要件。换言之,承包合同签订后,土地承包经营权就已经设立,并且能够对抗第三人。

3. 土地承包期

耕地的承包期为30年。草地的承包期为30年至50年。林地的承包期为30年至70年。承包期限届满,由土地承包经营权人依照农村土地承包的法律规定继续承包(第332条)。《农村土地承包法》第21条第2款规定,耕地承包期届满后再延长30年,草地、林地承包期届满后依照承包期规定相应延长。相应延长,应该是按照承包合同确定承包期相应延长。

(二)通过土地承包经营权的互换、转让取得

1. 互换、转让的含义

土地承包经营权人依照法律规定,有权将土地承包经营权互换、转让。未经依法批准,不得将承包地用于非农建设(第334条)。

承包方之间为方便耕种或者各自需要,可以对属于同一集体经济组织的土地的土地承包经营权进行互换,并向发包方备案(《农村土地承包法》第33条)。

经发包方同意,承包方可以将全部或者部分的土地承包经营权转让给本集体经济组织的其他农户,由该农户同发包方确立新的承包关系,原承包方与发包方在该土地上的承包关系即行终止(《农村土地承包法》第34条)。

2. 登记

土地承包经营权互换、转让的,当事人可以向登记机构申请登记;未经登记,不得对抗善意第三人(第335条)。

三、承包地不得调整和收回及例外

土地承包经营权作为用益物权,发包的所有人在承包期内,自然也无权进行调整和收回,而且由于承包期结束后又自动延长30年或者相应年限,基本上在可见的时间内,承包地的调整和收回都是不可行的。

(一)承包地不得调整及例外

承包期内发包人不得调整承包地。因自然灾害严重毁损承包地等特殊情形,需要适当调整承包的耕地和草地的,应当依照农村土地承包的法律规定办理(第336条)。《农村土地承包法》第28条第2款规定,承包期内,因自然灾害严重毁损承包地等特殊情形对个别农户之间

承包的耕地和草地需要适当调整的,必须经本集体经济组织成员的村民会议2/3以上成员或者2/3以上村民代表的同意,并报乡(镇)人民政府和县级人民政府农业农村、林业和草原等主管部门批准;承包合同中约定不得调整的,按照其约定。

(二)承包地不得收回及例外

承包期内发包人不得收回承包地。法律另有规定的,依照其规定(第337条)。

即使承包农户因为进城落户失去农民身份,《农村土地承包法》第27条第3款也只是规定,承包期内,承包农户进城落户的,引导支持其按照自愿有偿原则依法在本集体经济组织内转让土地承包经营权或者将承包地交回发包方,也可以鼓励其流转土地经营权。发包方无权直接收回。

不过《农村土地承包法》第31条也规定,承包期内,妇女结婚,在新居住地未取得承包地的,发包方不得收回其原承包地;妇女离婚或者丧偶,仍在原居住地生活或者不在原居住地生活但在新居住地未取得承包地的,发包方不得收回其原承包地。也就是说,如果妇女因为结婚、离婚或者丧偶等在新居住地取得承包地的,原承包地可以收回。

四、"三权分置"与土地经营权

(一)三权分置的含义

习近平总书记指出,"要在坚持农村土地集体所有的前提下,促使承包权和经营权分离,形成所有权、承包权、经营权三权分置,经营权流转的格局"。"三权分置"是继家庭联产承包责任制后农村改革又一重大制度创新。2017年,农村已有30%以上的承包农户在流转承包地,流转面积4.79亿亩。[1] 三权分置就是通过经营权的流转达成所有权、

---

[1] 参见全国人大农业与农村委员会副主任委员刘振伟关于《中华人民共和国农村土地承包法修正案(草案)》的说明——2017年10月31日在第十二届全国人民代表大会常务委员会第三十次会议上。

承包权、经营权三项权利的分置。亦即,在原有的集体土地所有权与土地承包经营权分置的基础上,土地承包经营权再通过流转,达成承包权和经营权的分置。

(二)土地经营权含义及取得

1. 含义

土地经营权人有权在合同约定的期限内占有农村土地,自主开展农业生产经营并取得收益(第340条)。

2. 土地经营权的取得

(1)取得方式——土地经营权流转。

土地承包经营权人可以自主决定依法采取出租、入股或者其他方式向他人流转土地经营权(第339条)。土地经营权流转,是土地承包经营权人,将经营权分置出去,因此流转的收益自然归承包方所有(《农村土地承包法》第39条)。

土地经营权流转应当遵循以下原则:①依法、自愿、有偿,任何组织和个人不得强迫或者阻碍土地经营权流转;②不得改变土地所有权的性质和土地的农业用途,不得破坏农业综合生产能力和农业生态环境;③流转期限不得超过承包期的剩余期限;④受让方须有农业经营能力或者资质;⑤在同等条件下,本集体经济组织成员享有优先权(《农村土地承包法》第38条)。

(2)土地经营权流转合同。

土地经营权流转,当事人双方应当签订书面流转合同,承包方将土地交由他人代耕不超过1年的,可以不签订书面合同(《农村土地承包法》第40条第1款、第3款)。

(3)登记。

流转期限为5年以上的土地经营权,自流转合同生效时设立。当事人可以向登记机构申请土地经营权登记;未经登记,不得对抗善意第三人(第341条)。

(4)非农户承包经营的土地经营权流转。

通过招标、拍卖、公开协商等方式承包农村土地,经依法登记取得权属证书的,可以依法采取出租、入股、抵押或者其他方式流转土地经营权(第342条)。

第三节　建设用地使用权

一、建设用地使用权的含义

建设用地使用权是指,权利人依法对国家所有的土地享有的占有、使用和收益的权利,也就是利用该土地建造建筑物、构筑物及其附属设施的权利(第344条)。

(一)建设用地使用权的主体

与土地承包经营权的主体不同,《民法典》并没有对能够取得建设用地使用权的主体范围进行限制。

(二)建设用地使用权的客体是国有土地

这一点可从《民法典》对建设用地使用权的定义中明确得知。不过《民法典》关于建设用地使用权的第361条也规定:"集体所有的土地作为建设用地的,应当依照土地管理的法律规定办理。"也就是说,集体土地的建设用地使用权也属于此处的建设用地使用权,只是《民法典》对其未作详细规定。《民法典》规定的建设用地使用权内容,均属于国有土地的建设用地使用权。登记实务中一般会区分两种不同的建设用地使用权,分别称为国有建设用地使用权和集体建设用地使用权。[1] 而国有建设用地使用权,在2007年《物权法》使用了该名称后,各种法律、法规、规章中依然有继续称为国有土地使用权的,名称并没有统一,故下文中会根据有关的法律、法规、规章的用语,直接用国有土地使用权

---

[1]《国土资源部关于启用不动产登记簿证样式(试行)的通知》(国土资发〔2015〕25号)附件——《单一版不动产权证书样式及使用填写说明》。

一语,表达国有建设用地使用权之意。

集体建设用地使用权并不包括宅基地使用权,后者是独立于建设用地使用权的独立的物权类型(第362条以下)。集体建设用地使用权是指乡镇企业、乡(镇)村公共设施、公益事业的建设用地使用权(《土地管理法》第59条以下)。乡镇企业作为独立民事主体,此时也是集体建设用地使用权的主体。而后两种情形使用者有可能就是以集体土地所有人的身份行使的,包括宅基地使用权在内,建设用地涉及农用地转为建设用地的,均应当办理农用地转用审批手续(《土地管理法》第61条、第62条第4款),这些程序是非常严格的。如果涉及永久基本农田转为建设用地的,必须由国务院批准(《土地管理法》第44条第2款)。

(三)建设用地使用权的内容

建设用地使用权是利用国有土地进行建设的权利,包括建造建筑物、构筑物及其附属设施。定义从进行建设本身的权利进行规定,而建设完成后,在土地上继续拥有该建筑物、构筑物及其附属设施的权利,自然也是建设用地使用权的内容,甚至可以说更应该是建设用地使用权的内容。《民法典》规定,建设用地使用权可以在土地的地表、地上或者地下分别设立(第345条)。空中是建设不起来楼阁的,但是如前所述的建筑物区分所有权,不与地表直接接触的建筑物的专有部分(比如2楼以上的各套住房),业主除了拥有所有权外,在该地上空间拥有建筑物的所有权的权利,则是以地上空间为客体的建设用地使用权。

建设用地使用权使非土地所有人可以享有利用公有土地进行建设的权利,该权利直到1988年之后才逐步确立。1988年修正的《宪法》第10条第4款第2句第一次规定:"土地的使用权可以依照法律的规定转让",而后1988年修正的《土地管理法》第2条第4款规定:"国有土地和集体所有的土地的使用权可以依法转让。土地使用权转让的具体办法,由国务院另行规定。"1990年,国务院据此颁行了《城镇国有土地使用权出让和转让暂行条例》(以下简称《出让和转让条例》),该条例至今仍有效力。

建设用地使用权的内容,即土地用途在取得时已经确定。在行使建设用地使用权时,应当合理利用土地,不得改变土地用途;需要改变土地用途的,应当依法经有关行政主管部门批准(第350条)。

二、建设用地使用权的设立和处分

(一)建设用地使用权的设立

1. 设立原则(第346条)

(1)绿色原则。

设立建设用地使用权,应当符合节约资源、保护生态环境的要求,遵守法律、行政法规关于土地用途的规定。

国家实行土地用途管制制度。国家编制土地利用总体规划,规定土地用途,将土地分为农用地、建设用地和未利用地。严格限制农用地转为建设用地,控制建设用地总量,对耕地实行特殊保护。使用土地的单位和个人必须严格按照土地利用总体规划确定的用途使用土地(《土地管理法》第4条第1、2、4款)。

(2)不得侵害既有的用益物权原则。

设定建设用地使用权不得损害已经设立的用益物权,这也是物权排他效力的体现。用益物权以对物的占有为内容,同一物之上不可能同时存在建设用地使用权和其他以占有为内容的用益物权。如果设定建设用地使用权,其他用益物权还存在的话,则已经构成对于其他用益物权的损害。换言之,从逻辑上看,设定建设用地使用权,首先就必须通过征收等方式消灭已经设定的用益物权,否则,不得设定。不过实践中,也有先出让建设用地使用权,而后再通过拆迁等消灭既有的用益物权的做法,这种做法有违《民法典》的要求。

2. 出让设立

设立建设用地使用权,可以采取出让或者划拨等方式(第347条第1款)。也就是说,出让是首要的设立建设用地使用权的方式。

(1)出让的含义。

土地使用权出让是指国家以土地所有者的身份将土地使用权在一定年限内让与给土地使用者,并由土地使用者向国家支付土地使用权出让金的行为(《出让和转让条例》第8条、《城市房地产管理法》第8条)。

(2)出让的方式。

土地使用权出让可以采取协议、招标和拍卖方式(《出让和转让条例》第13条第1款),工业、商业、旅游、娱乐和商品住宅等经营性用地以及同一土地有两个以上意向用地者的,应当采取招标、拍卖等公开竞价的方式出让(第347条第2款)。意向用地者人数的确定,显然应该通过对出让公告的反馈本身来确定,而不应该坐等。

(3)出让年限。

土地使用权出让最高年限按下列用途确定:①居住用地70年;②工业用地50年;③教育、科技、文化、卫生、体育用地50年;④商业、旅游、娱乐用地40年;⑤综合或者其他用地50年(《出让和转让条例》第12条)。

土地使用权出让年限,也是建设用地使用权的使用期限,建设用地使用权期限届满前,因公共利益需要提前收回该土地的,应当依据征收的规定对该土地上的房屋以及其他不动产给予补偿,并退还相应的出让金(第358条)。所谓收回本质上属于征收,《民法典》以退还相应的出让金来作为征收土地使用权的补偿是不充分的,因为没有考虑到土地使用权出让金的增值问题。

(4)出让合同。

①合同形式。

通过招标、拍卖、协议等出让方式设立建设用地使用权的,当事人应当采用书面形式订立建设用地使用权出让合同(第348条第1款)。

②合同条款。

建设用地使用权出让合同一般包括下列条款:A.当事人的名称和住所;B.土地界址、面积等;C.建筑物、构筑物及其附属设施占用的空间;D.土地用途、规划条件;E.建设用地使用权期限;F.出让金等费用及其支付方式;G.解决争议的方法(第348条第2款)。

③建设用地使用权人的出让金支付义务。

建设用地使用权人应当依照法律规定以及合同约定支付出让金等费用(第351条)。就支付期限,《出让和转让条例》第14条规定:"土地使用者应当在签订土地使用权出让合同后六十日内,支付全部土地使用权出让金。逾期未全部支付的,出让方有权解除合同,并可请求违约赔偿。"不过该60日的支付期限,《城市房地产管理法》同样没有明确要求,只要求按合同约定支付(《城市房地产管理法》第16条)。

④建设用地使用权人按照合同约定开发、利用土地的义务。

以出让方式取得土地使用权进行房地产开发的,必须按照土地使用权出让合同约定的土地用途、动工开发期限开发土地。超过出让合同约定的动工开发日期满1年未动工开发的,可以征收相当于土地使用权出让金20%以下的土地闲置费;满2年未动工开发的,可以无偿收回土地使用权;但是,因不可抗力或者政府、政府有关部门的行为或者动工开发必需的前期工作造成动工开发迟延的除外(《城市房地产管理法》第26条)。就其他土地使用权,《出让和转让条例》第17条则规定:土地使用者应当按照土地使用权出让合同的规定和城市规划的要求,开发、利用、经营土地。未按合同规定的期限和条件开发、利用土地的,市、县人民政府土地管理部门应当予以纠正,并根据情节可以给予警告、罚款直至无偿收回土地使用权的处罚。

⑤出让方提供土地使用权的义务。

就城市房地产开发土地的出让,土地使用者按照出让合同约定支付土地使用权出让金的,市、县人民政府土地管理部门必须按照出让合同约定,提供出让的土地;未按照出让合同约定提供出让的土地的,土地使用者有权解除合同,由土地管理部门返还土地使用权出让金,并且土地使用者可以请求违约赔偿(《城市房地产管理法》第17条)。而就其他土地使用权出让,《出让和转让条例》第15条规定:"出让方应当按照合同规定,提供出让的土地使用权。未按合同规定提供土地使用权的,土地使用者有权解除合同,并可请求违约赔偿。"

3. 划拨设立

(1)划拨的含义。

划拨土地使用权是指土地使用者通过各种方式依法无偿取得的土地使用权(《出让和转让条例》第43条)。

(2)划拨方式适用的范围。

《民法典》严格限制以划拨方式设立建设用地使用权(第347条第3款)。下列建设用地,经县级以上人民政府依法批准,可以以划拨方式取得:①国家机关用地和军事用地;②城市基础设施用地和公益事业用地;③国家重点扶持的能源、交通、水利等基础设施用地;④法律、行政法规规定的其他用地(《土地管理法》第54条)。

4. 登记

设立建设用地使用权的,应当向登记机构申请建设用地使用权登记。建设用地使用权自登记时设立。登记机构应当向建设用地使用权人发放权属证书(第349条)。

5. 城市土地所有权国有之前取得的房屋所有人的建设用地使用权

1982年《宪法》第10条第1款第一次规定城市的土地归国家所有,而在此之前,城市私有房屋的所有人原本可能同时也拥有房屋所占据土地的所有权,依据宪法其土地所有权属于国家所有权的同时,对于房屋的所有权并未受到影响,而在国有土地上能继续拥有该房屋所有权,显然其必然也就拥有国有土地使用权。该土地使用权,既不是国家有偿出让,也不是国家无偿划拨,而是土地所有权被无偿确定为国有后土地所有权的残余权利,没有期限限制。该房屋继续转让时,土地使用权自然也随之转让,继续无期限限制。

(二)建设用地使用权的处分

1. 处分的方式

建设用地使用权人有权将建设用地使用权转让、互换、出资、赠与或者抵押,但是法律另有规定的除外(第353条)。

2. 房地一体处分

建设用地使用权转让、互换、出资或者赠与的,附着于该土地上的建筑物、构筑物及其附属设施一并处分(第356条)。

建筑物、构筑物及其附属设施转让、互换、出资或者赠与的,该建筑物、构筑物及其附属设施占用范围内的建设用地使用权一并处分(第357条)。

3. 书面合同要求及约定使用期限

建设用地使用权转让、互换、出资、赠与或者抵押的,当事人应当采用书面形式订立相应的合同。使用期限由当事人约定,但是不得超过建设用地使用权的剩余期限(第354条)。在剩余期限外再约定转让、互换的使用期限没有意义,抵押也不存在抵押权人使用的问题,也没有期限问题,有约定期限的,仅限于以建设用地使用权出资的情形。

4. 登记

建设用地使用权转让、互换、出资或者赠与的,应当向登记机构申请变更登记(第355条)。就建设用地使用权变更时间而言,应该适用关于不动产登记的一般规定,亦即在变更登记完成后发生效力(第209条第1款第1分句)。关于建设用地使用权的抵押,详见后文对于抵押权的分析。

5. 通过出让取得的建设用地使用权处分的限制

为了避免炒买炒卖建设用地使用权(所谓"炒地皮"),《城市房地产管理法》第39条第1款规定:"以出让方式取得土地使用权的,转让房地产时,应当符合下列条件:(一)按照出让合同约定已经支付全部土地使用权出让金,并取得土地使用权证书;(二)按照出让合同约定进行投资开发,属于房屋建设工程的,完成开发投资总额的百分之二十五以上,属于成片开发土地的,形成工业用地或者其他建设用地条件。"但该规定应被解释为管理性强制规定,而非效力性强制规定。违法转让的,应该依据《城市房地产管理法》第66条,由县级以上人民政府土地管理部门没收违法所得,可以并处罚款,但是转让合同的效力本身不受影响。

6. 通过划拨取得的建设用地使用权处分的审批及土地使用权出让金的缴纳

《城市房地产管理法》第40条规定:"以划拨方式取得土地使用权的,转让房地产时,应当按照国务院规定,报有批准权的人民政府审批。有批准权的人民政府准予转让的,应当由受让方办理土地使用权出让手续,并依照国家有关规定缴纳土地使用权出让金。以划拨方式取得土地使用权的,转让房地产报批时,有批准权的人民政府按照国务院规定决定可以不办理土地使用权出让手续的,转让方应当按照国务院规定将转让房地产所获收益中的土地收益上缴国家或者作其他处理。"

缴纳的土地使用权出让金或者上缴的收益,解释上不属于补缴,因为划拨使用,本就是无偿使用,如果是补缴就变成了有偿使用了。之所以要缴纳出让金或者上缴收益,是因为在购买者支付的对价中,既有房屋所有权的对价,又有土地使用权的对价,通过划拨无偿取得土地使用权的出卖人,不应该享有土地使用权的对价利益。因此,作为土地使用权的对价利益出让金,应该缴纳给国家。所以,《城市房地产管理法》第40条第1款规定"受让方办理土地使用权出让手续,并依照国家有关规定缴纳土地使用权出让金",以及第2款规定"转让方应当按照国务院规定将转让房地产所获收益中的土地收益上缴国家或者作其他处理"。因此,《出让和转让条例》第45条第1款第4项"补交"的表述是不恰当的。

三、建设用地使用权的期限届满及处理

《民法典》第359条规定:"住宅建设用地使用权期限届满的,自动续期。续期费用的缴纳或者减免,依照法律、行政法规的规定办理。非住宅建设用地使用权期限届满后的续期,依照法律规定办理。该土地上的房屋以及其他不动产的归属,有约定的,按照约定;没有约定或者

约定不明确的,依照法律、行政法规的规定办理。"

(一)历史沿革

1990年的《出让和转让条例》第40条规定:"土地使用权期满,土地使用权及其地上建筑物、其他附着物所有权由国家无偿取得。土地使用者应当交还土地使用证,并依照规定办理注销登记。"而后注意到就城市房地产,也就是城市居民住宅而言,无偿取得地上建筑物的规则有所不妥,1994年《城市房地产管理法》第21条(现第22条)第2款规定:土地使用权出让合同约定的使用年限届满,土地使用者未申请续期或者虽申请续期但依照前款规定未获批准的,土地使用权由国家无偿收回。

就续期问题,1994年《城市房地产管理法》第21条(现第22条)第1款则规定:土地使用权出让合同约定的使用年限届满,土地使用者需要继续使用土地的,应当至迟于届满前1年申请续期,除根据社会公共利益需要收回该幅土地的,应当予以批准。经批准准予续期的,应当重新签订土地使用权出让合同,依照规定支付土地使用权出让金。2007年《物权法》第149条第1款则规定,住宅建设用地使用权期间届满的,自动续期。

(二)续期与费用缴纳

1. 续期

依据《民法典》第359条,住宅建设用地使用权期限届满,自动续期,非住宅建设用地使用权期限届满的续期,依照法律规定办理。具体为《城市房地产管理法》第22条。

2. 费用缴纳

续期后土地使用权出让金的交纳,非住宅用地仍然应该依据《城市房地产管理法》第22条,应该根据新签订的土地使用权出让合同,依照规定支付。

就住宅用地的续期费用的交纳方式,《物权法》第149条保持沉默。但是,续期只是可以继续使用国有土地而已,而非当然可以无偿继续使用,土地使用权出让金的收取,是国家土地所有权的体现。续期后继续交纳土地使用权出让金是必然的,因为在土地使用权期限内通过购买房屋的价款的支付,最终承担了开发商取得建设用地使用权时支付的土地使用权出让金,续期后则无须承担这笔费用,是不合法理的。对此,《民法典》进行了明确的规定:续期费用的缴纳或者减免,依照法律、行政法规的规定办理,这是妥当的立法。

(三) 未续期的地上不动产的归属

就非住宅用地的地上不动产,《民法典》前述规定指出:有约定的,按照约定;没有约定或者约定不明确的,依照法律、行政法规的规定办理。参照前述历史沿革的说明,此时应该按照《出让和转让条例》第 40 条的规定,将非住宅用地的地上不动产无偿收归国有。

就住宅用地,因为自动续期,因此一般不存在未续期的问题。但是如果期满后,房屋所有人由于不愿意或者不能缴纳土地使用权出让金等有关费用,国家依然可以收回土地使用权。但此时地上的建筑物,参照前述历史沿革,仅土地使用权可以依据《城市房地产管理法》无偿收回,而房屋仍然必须有偿收回。

(四) 注销登记

建设用地使用权消灭的,出让人应当及时办理注销登记。登记机构应当收回权属证书(第 360 条)。该条适用于土地使用权因为期限届满或者因为其他原因被收回的情形。

第四节 宅基地使用权

一、宅基地使用权的含义

宅基地使用权是权利人依法对集体所有的土地享有的占有和使用的权利,宅基地使用权人有权依法利用该土地建造住宅及其附属设施(第 362 条)。

(一) 宅基地使用权的主体

依据《土地管理法》,拥有宅基地使用权的主体是农村村民,且一户只能拥有一处宅基地(《土地管理法》第62条第1款)。对权利主体的限制并不意味着进城落户的农村村民当然地丧失宅基地,根据《土地管理法》第62条,此类村民只是可以依法自愿有偿退还宅基地而已(《土地管理法》第62条第6款)。这一点对于已经建有房屋的房屋所有人尤其重要,否则,这无异于强制其出售房屋,甚至拆除房屋。由于宅基地使用权按户享有,其上的房屋所有权也不能例外,如果登记,也是登记为户主代表全家享有,户内成员之间就宅基地使用权以及房屋所有权进行转让,也是不可行的,除非是分家析产。

(二)宅基地使用权的客体

宅基地使用的客体是集体所有的土地。

(三)宅基地使用权的内容

依据《民法典》的上述定义,宅基地使用权赋予了宅基地使用权人利用集体所有的土地建造住宅及其附属设施的权利,以及在宅基地上继续拥有住宅及其附属设施的权利。

二、宅基地使用权的取得、转让和行使

对此《民法典》本身没有明确规定,只是指出宅基地使用权的取得、行使和转让,适用土地管理的法律和国家有关规定(第363条)。故下文将结合《土地管理法》及国家有关规定进行说明。

(一)宅基地使用权的取得

1. 宅基地使用权的分配取得

农村村民一户可以通过分配拥有一处宅基地,人均土地少、不能保障一户拥有一处宅基地的地区,县级人民政府在充分尊重农村村民意愿的基础上,可以采取措施,按照省、自治区、直辖市规定的标准保障农村村民实现户有所居(《土地管理法》第62条第1、2款)。

农村村民住宅用地,由乡(镇)人民政府审核批准;其中,涉及占用农用地的,需要依法办理审批手续。农村村民建住宅,应当符合乡(镇)土地利用总体规划、村庄规划,不得占用永久基本农田,并尽量使用原有的宅基地和村内空闲地(《土地管理法》第62条第4款、第3款)。

2. 宅基地使用权的再次取得

《民法典》第364条规定,"宅基地因自然灾害等原因灭失的,宅基地使用权消灭。对失去宅基地的村民,应当依法重新分配宅基地"。

农村村民住宅被征收的,尊重农村村民意愿,重新安排宅基地建房也是可以采取的补偿方式之一(《土地管理法》第48条第4款)。

(二)宅基地使用权的转让

农村村民出卖、出租、赠与住宅后,再申请宅基地的,不予批准(《土地管理法》第62条第5款)。该款虽然是针对申请宅基地的限制,但是也承认了住宅的转让自由。

承认住宅转让的自由,体现了对房屋所有权人地位的尊重。尚未建设房屋的宅基地使用权的转让不能援引上述规定,且从规定本身来看,应该隐含不可以单独转让未建设房屋的宅基地之意。

就包含有宅基地使用权在内的住宅的转让对象,《土地管理法》并没有进行限制,事实上也没有限制的必要。不过1999年《国务院办公厅关于加强土地转让管理严禁炒卖土地的通知》第2点规定:农民的住宅不得向城市居民出售。2007年《国务院办公厅关于严格执行有关农村集体建设用地法律和政策的通知》第2点又再次重申:农村住宅用地只能分配给本村村民,城镇居民不得到农村购买宅基地、农民住宅。但事实上,出卖农村住宅的所有人很多情况下已经取得了城市居民身份,由于此时其住宅所有权并不会丧失,作为城市居民再次转让给城市居民似并无不妥。

2019年修正的《不动产登记暂行条例实施细则》第42条规定:因依法继承、分家析产、集体经济组织内部互换房屋等导致宅基地使用权及房屋所有权发生转移申请登记的,申请人需要提交有关资料。虽然该条只明确提及集体经济组织内部(成员)可以进行互换,但并未提及彼此之间转让,但是不能就据此认为住宅不能转让,因为《土地管理法》前述规定对于转让的认可是明确无疑的。

三、宅基地使用权的变更登记与注销登记的价值

《民法典》第 365 条规定:"已经登记的宅基地使用权转让或者消灭的,应当及时办理变更登记或者注销登记。"

(一)未登记的宅基地使用权转让或消灭时不存在登记的问题

《民法典》上述规定内容为《物权法》第 155 条规定的内容,虽然 2007 年《物权法》就规定不动产进行统一登记,但是就农民房屋及宅基地本身并未全面进行登记,这类房屋及宅基地使用权转让或者消灭,要求进行登记是不切实际的。因此登记规定的适用,以已经进行首次登记为前提。没有首次登记的,不可能进行变更登记(转让时的变更登记,登记实务中称为转移登记,《不动产登记暂行条例实施细则》第 27 条)或者注销登记。

(二)登记对物权变动效力的影响

就已经登记的宅基地使用权的转让或者消灭,从第 365 条的表述上看,是宅基地使用权转让或者消灭在先,变更登记或者注销登记在后。也就是在登记之前已经发生物权变动,法律并没有明确规定物权变动登记后发生,而只是认为应该及时办理登记,区别于第 209 条第 1 款第 1 分句"不动产物权的设立、变更、转让和消灭,经依法登记,发生效力"的表述方式。也就是说,即使对已经有首次登记的宅基地使用权,登记也并非其物权变动的生效要件。

就转让而言,其物权变动的具体时间,如无特别约定的,宜认为交付时发生物权变动。就消灭而言,由于自然事件导致物权客体灭失而消灭的,消灭时间以客体灭失的时间为准;由于物权人放弃物权而消灭的,妥当的解释是,以物权人放弃对于宅基地的占有的时间为准。

第五节 居住权

一、居住权的含义

居住权,是指权利人对他人的住宅享有占有、使用的用益物权,以

满足生活居住的需要的权利(第366条)。

(一)居住权的主体

居住权是为了满足居住权人的生活居住的需要,因此,能够享有居住权的主体只能是自然人。

(二)居住权的客体

居住权的客体是他人的住宅。住宅,就是可供居住之用的房屋。由于有些商业用房同时也有完整的居住功能,所以似乎不应该排斥就该类商业用房成立居住权的可能。

(三)居住权的内容

居住权正如其名字所示,以对他人的住宅享有生活居住的权利为内容。定义中提到居住权是以占有、使用为内容的用益物权,其实更是对该权利的用益物权性质的确认,而不是为了准确揭示该权利的内容。

二、作为人役权的居住权及其异化

(一)作为人役权的居住权

居住权是为了满足居住权人的生活居住需要而存在的权利,是为了居住权人而存在的物权,性质上是一种人役权。居住权人可以终身享有居住权,但是不得转让、继承(第369条第1句)。居住权人死亡,则居住权消灭(第370条第1句)。设定作为人役权的居住权,比较常见的有如下情形。

1. 为自己设定居住权

比如,子女结婚需要结婚用房,父母为其购买住房,但是,由于房价较高,不得不将自己的住房出售以筹集购房资金,购买的房屋的所有权登记于子女的名下。此时,父母为避免自己无房可住,与子女约定自己享有居住权。如果设定为用益物权,则可以对抗任何人,包括对抗作为房屋所有人的子女,也就是子女之所以可以住在父母拥有居住权的房屋中,是因为拥有居住权的父母允许其居住。

2. 为他人设定居住权

比如,房屋所有人为了让长期照顾自己的保姆老有所居,立遗嘱(第371条)以房屋为保姆设定其可以终生享有的居住权。

3. 以房养老

比如,老人由于老伴去世等原因,没有稳定充足的生活来源,有价值的财产只有住房。此时,该老人可以将房屋出卖给他人,同时为自己保留居住权。一方面由于居住权的存在,买受人购买房屋的交易价格低于市价,买受人在老人过世后也可以取得房屋的占有并居住;另一方面老人获得出卖房屋的价款,从而取得稳定充足的生活来源,同时又能继续居住在房屋之中。这种居住权的设定,能够同时满足买受人以较低价款购买房屋,以及老人不想离开自己住惯的房屋的意愿。

(二)居住权的异化

事实上,如果居住权人出租享有居住权的住宅,或者专门为居住权设定期限,均有失居住权作为人役权的本质。前者居住权变成了不是为居住权人的居住而存在的权利,后者居住权人尚在世就失去了居住权,不符合居住权设立的本义。

不过《民法典》虽然规定设立居住权的住宅不得出租,但同时也允许当事人另有约定(第369条第2句)。居住权有居住期限的,期限届满居住权消灭(第370条第1句)。居住权设定时还可以有居住的条件和要求(第367条第2款第3项)。从制度设计上,此时设定的居住权已经不再是传统意义上的人役权。如此设计的主要作用在于可以将实践中的廉租房(公租房)纳入居住权的调整范围。廉租房的分配可以通过为权利人设定具有物权性质的居住权来达成,因为居住权的享有也可以是有偿的(第368条第1句但书)。完全物权化的保障房屋的供给,比起廉租房可以给需要的群众以更多的保障。当然也有人认为,考虑到居住权通常是无偿设立,所以无偿的居住权制度此时可以成为廉租房制度之外的另一种制度选择。[1]

---

[1] 黄薇主编:《中华人民共和国民法典释义》,法律出版社2020年版,第707页。

应当注意不宜将异化的居住权的适用范围过分扩大,如以其取代传统的房屋租赁,规避有关租赁制度上的租期等限制,则是不合适的做法。

三、居住权的设立、消灭

(一)居住权的设立方式

居住权可以合同设立(第366条),也可以遗嘱设立(第371条)。

1.居住权合同

(1)书面形式与登记。

设立居住权,当事人应当采用书面形式订立居住权合同(第367条第1款)。居住权必须登记后设立(第368条第3句),只有口头合同的场合,由于无法完成居住权登记,不存在实际履行合同的可能。所以,应该认为口头的居住权合同也无从发生效力。而在订立书面居住权合同时,所有权人应配合办理登记手续,以使居住权得以成立。

(2)合同条款。

居住权合同一般包括下列条款:①当事人的姓名或者名称和住所;②住宅的位置;③居住的条件和要求;④居住权期限;⑤解决争议的方法(第367条第2款)。

(3)居住权合同的无偿性。

第368条第1句规定,"居住权无偿设立,但是当事人另有约定的除外。"也就是说,无偿性要求是任意法,而非强行法。

2.遗嘱设立

以遗嘱方式设立居住权的,参照适用居住权前述定义以及合同设定的有关规定。也就是说,此时居住权的内容,以住宅的生活居住为内容,应该具有无偿性,居住权人终生享有居住权。基于该项制度的目的,居住权无偿性、终生享有的特点不应该有例外。另外,此种情形下的居住权应该依据第230条,在继承开始后就成立,登记不是居住权成立的条件。

（二）居住权消灭

居住权期限届满或者居住权人死亡的,居住权消灭。居住权消灭的,应当及时办理注销登记(第370条)。从表述方式上看,居住权消灭不是在注销登记时发生,而是消灭原因具备时,就已经消灭。

第六节　地役权

一、地役权的含义

地役权,是指权利人有权按照合同约定,利用他人的不动产,以提高自己的不动产的效益。被地役权人利用的他人的不动产为供役地,地役权人自己的不动产为需役地(第372条)。

（一）地役权的主体

地役权人是作为需役地的不动产的物权人,依据《民法典》的规定,包括不动产的所有人和土地承包经营权人、建设用地使用权人、宅基地使用权人这些用益物权人(第378、379条)。地役权的所有人和用益物权人的关系如下。

1. 用益物权人承继所有人的地役权或者地役权负担

土地所有权人享有地役权或者负担地役权的,设立土地承包经营权、宅基地使用权等用益物权时,该用益物权人继续享有或者负担已经设立的地役权(第378条)。

至于用益物权期限内设定的地役权,由于不得超过用益物权的剩余期限(第377条),自然也就不存在用益物权消灭时,所有人恢复对土地占有时承继用益物权负担的可能。

2. 行使用益物权期间土地所有人不得任意设定地役权

土地上已经设立土地承包经营权、建设用地使用权、宅基地使用权等用益物权的,未经用益物权人同意,土地所有权人不得设立地役权(第379条)。

(二)地役权的客体

地役权的客体是作为供役地的他人的不动产。

(三)地役权的内容

《民法典》第372条并没有对地役权的定义作明确界定,只是提出了两个要素作为判断标准:一是地役权可以用于提高需役地的效益;二是地役权是对供役地的利用。

与通常为了居住权人而存在的居住权这一人役权类似,地役权必须为了需役地而存在。虽然是对供役地的利用,但是与提高需役地的效益无关的利用,则不得以地役权之名设定;否则,会设定法律没有规定的用益物权,破坏物权法定原则。

就地役权具体内容来说,包括通行、眺望、排水、管道铺设等。为了需役地的利益,通常需要长时间利用需役地,这也可能构成地役权的内容。《民法典》规定,地役权人应当按照合同约定的利用目的和方法利用供役地,尽量减少对供役地权利人物权的限制(第376条),尤其是不能构成对供役地全面的占有和控制。

二、地役权的从属性与不可分性

(一)地役权的从属性

地役权虽然是设立在供役地上的用益物权,但又是从属于需役地物权的从权利,在处分上就具有从属性。地役权不得单独转让。土地承包经营权、建设用地使用权等转让的,地役权一并转让,但是合同另有约定的除外(第380条)。地役权不得单独抵押。土地经营权、建设用地使用权等抵押的,在实现抵押权时,地役权一并转让(第381条)。

(二)地役权的不可分性

地役权的不可分性,是指地役权为整个需役地而存在,地役权及于供役地的全部。需役地以及需役地上的土地承包经营权、建设用地使用权等部分转让时,转让部分涉及地役权的,受让人同时享有地役权(第382条)。供役地以及供役地上的土地承包经营权、建设用地使用权等部分转让时,转让部分涉及地役权的,地役权对受让人具有法律约束力(第383条)。

三、地役权的设立

(一)地役权合同

地役权与具有法定役权性质的相邻关系不同,是意定物权,根据当事人之间的合同设立。

1. 书面形式要求

设立地役权,当事人应当采用书面形式订立地役权合同(第373条第1款)。

如果是口头约定,同时双方又已经履行了合同中的义务,此时也应该承认地役权合同的债权行为效力,至于确实没有履行的,则口头的合同不产生拘束力。

书面的地役权合同签订后,供役地权利人应该履行合同义务。也就是说,供役地权利人应当按照合同约定,允许地役权人利用其不动产,不得妨害地役权人行使权利(第375条)。

2. 合同条款

地役权合同一般包括下列条款:①当事人的姓名或者名称和住所;②供役地和需役地的位置;③利用目的和方法;④地役权期限;⑤费用及其支付方式;⑥解决争议的方法(第373条第2款)。

(二)登记对抗

地役权自地役权合同生效时设立。当事人要求登记的,可以向登记机构申请地役权登记;未经登记,不得对抗善意第三人(第374条)。

此处地役权合同的生效时间,不一定是指地役权合同签订时间,因为地役权作为物权,可能涉及地役权人现实地对需役地进行利用,如果根本就没有开始利用,此时地役权人还只是债权人而已。当然,就以不作为为内容的地役权,如为了眺望,限制需役地的建筑物的高度,此时地役权在合同签订之时就已经设立,地役权合同成立时即生效。此时地役权的物权属性,不在于对物的现实支配,而在于其对需役地的限制具有对世效力,尤其是需役地的物权取得人,必须继续承受地役权的负担。

四、地役权的变动

(一)地役权因合同解除而消灭

地役权人有下列情形之一的,供役地权利人有权解除地役权合同,地役权消灭:①违反法律规定或者合同约定,滥用地役权;②有偿利用供役地,约定的付款期限届满后在合理期限内经两次催告仍未支付费用(第384条)。

(二)地役权变动的登记

已经登记的地役权变更、转让或者消灭的,应当及时办理变更登记或者注销登记(第385条)。登记并不是地役权变动的生效要件,而且由于没有明确规定,是否登记也不影响对抗第三人。

第五章 担保物权

第一节 概 述

一、担保物权的含义

担保物权人在债务人不履行到期债务或者发生当事人约定的实现担保物权的情形,依法享有就担保财产优先受偿的权利,但是法律另有规定的除外(第386条)。担保物权是担保物权人就担保财产优先受偿的权利。所谓法律另有规定的除外,不是说担保物权人可能无法优先受偿,而是指在受偿之前可能存在他人留置(第453条)或者取回(第642条)的主张。也就是说,作为担保物权,优先受偿的权利可以担保债权实现,但是,也不排除在此之外可以采取留置、取回等手段给债务人造成压力,促使债务人履行债务,达成确保债权实现的目的。

就担保物权的类型来说,《民法典》物权编规定了三种担保物权,分别是抵押权、质权和留置权。但是物权编规定:"设立担保物权,应当依照本法和其他法律的规定订立担保合同。担保合同包括抵押合同、质押合同和其他具有担保功能的合同。"(第388条第1款第1句、第2句)第2句是《物权法》没有的规定,此处担保合同的含义和第1句没有区别,都是设定担保物权的合同。物权编规定的留置权属于法定担保物权,也就是只要满足法定的条件(第447、448条),留置权即成立。因此,不需要通过担保合同来设定。而抵押权和质权都是意定担保物权,也就是必须通过抵押合同和质押合同来设立。第 2 句明确抵押合同、质押合同是担保合同,同时又指出"其他具有担保功能的合同"也是担保合同。就此来说,该条有两个作用:一是确认物权编之外《民法典》规定的其他具有担保功能的合同所设定的物权也是担保物权,比如买卖合同一章规定的所有权保留,作为其设定依据的保留所有权买卖合同(第 641 条第 1 款);二是认可司法实践中以法律续造的方法,承认法律未作规定的其他担保物权,比如让与担保时担保人的权利,作为设定该担保物权的合同也是担保合同。最高人民法院判决书指出:"就转移担保物所有权的物权行为而言,债权人与债务人双方虽因缺乏让渡担保物所有权的真实合意,债权人不得基此主张享有担保物的所有权。但若担保物已经实际交付予债权人或担保物已经变更登记至债权人名下,完成了财产权利变动公示,则根据'举重以明轻'的解释规则,否认债权人的所有权人地位,有限度承认让与担保的担保物权效力,支持债权人关于将担保物拍卖、变卖、折价所得价款优先受偿的权利,既系对当事人意思自治的尊重,亦未对债务人之其他债权人利益造成损害,体现了衡平双方利益的让与担保合同的核心价值。"[1]依据第 388 条第 1 款第 2 句,此时设定让与担保的合同,属于设定担保物权的合同,让与担保的担保权人,即此处的债权人,依据该担保合同通过所有权转移登记取得了担保物权。

二、担保物权的特征

担保物权具有从属性、不可分性和物上代位性三个特征。

(一)从属性

从属性是指担保物权从属于所担保的债权。具体又包括成立上的从属性、处分上的从属性以及消灭上的从属性。

---

[1] 曾福元诉湖南新国置业发展有限公司合同纠纷再审案,(2019)最高法民再 304 号民事判决书。

1. 成立上的从属性

成立上的从属性首先意味着效力上的从属性。"担保合同是主债权债务合同的从合同。主债权债务合同无效的,担保合同无效,但是法律另有规定的除外(第388条第1款第3、4句)。"目前现行法律中并无主合同无效,担保合同仍有效的例外规定。就无效力上从属性的担保约定来说,《担保制度解释》指出:"当事人在担保合同中约定担保合同的效力独立于主合同,或者约定担保人对主合同无效的法律后果承担担保责任,该有关担保独立性的约定无效。主合同有效的,有关担保独立性的约定无效不影响担保合同的效力;主合同无效的,人民法院应当认定担保合同无效,但是法律另有规定的除外。"(第2条第1款)也就是约定无效,但是担保自身的效力不因为该约定的存在受影响。

担保合同无效不等于担保人没有责任,担保合同被确认无效后,债务人、担保人、债权人有过错的,应当根据其过错各自承担相应的民事责任(第388条第2款)。就责任内容来说,自然只能是赔偿损失的责任。责任性质应属缔约过失责任,与债权人未能获得清偿的损失并无关系。确保债权人获得清偿是担保物权有效成立时担保的作用,不应该作为合同无效时担保责任的计算依据。合同无效时缔约过失责任的赔偿范围应该以恢复到不进行这次合同订立时的状态为标准。也就是说,赔偿所谓的信赖利益损失,具体包括缔约费用、履约准备费用、丧失更为有利的缔约机会的损失,因为要不是订立合同,就不会发生缔约费用、不会为履约做准备,也不会丧失更为有利的缔约机会。就担保合同而言,债权人不会有履约准备费用,因为担保合同本身是单务合同,更为有利的缔约机会也未必存在。因此,有过错的一方需要赔偿的主要也就是缔约费用,但是,该费用显然是有限的。概言之,在担保合同无效的场合,即使存在缔约过失责任,通常也是很有限的赔偿责任。

不过,《担保制度解释》指出:"主合同有效而第三人提供的担保合同无效,人民法院应当区分不同情形确定担保人的赔偿责任:(一)债权人与担保人均有过错的,担保人承担的赔偿责任不应超过债务人不能清偿部分的二分之一;(二)担保人有过错而债权人无过错的,担保人对债务人不能清偿的部分承担赔偿责任;(三)债权人有过错而担保人无过错的,担保人不承担赔偿责任。"(第 17 条第 1 款)"主合同无效导致第三人提供的担保合同无效,担保人无过错的,不承担赔偿责任;担保人有过错的,其承担的赔偿责任不应超过债务人不能清偿部分的三分之一。"(第 17 条第 2 款)不管担保合同无效的原因是什么,赔偿责任的范围均是以债务人不能清偿的部分,也就是原本可以通过有效担保获得保障的利益作为损失的计算基础。这一方面大大加重了担保人的责任,在担保财产的价值低于所担保的债权时,可能造成担保合同无效时担保人的责任重于担保合同有效时的担保责任;另一方面以担保合同有效之时担保的作用衡量担保合同无效时的赔偿范围,也不符合缔约过失责任赔偿的法理。

成立上的从属性还意味着被担保的债权存在,才能在此基础上成立抵押权。不过实践中有可能抵押权先设立,所担保的债权稍后成立,如果是需要登记成立的抵押权,此时登记机构往往也无从具体核查所担保的债权是否存在。但只要实现担保物权时被担保的债权存在,此时就可认为担保物权有效设定。至于最高额抵押所担保的债权依法并不要求先于最高额抵押权成立,反而是抵押权成立之前的债权纳入其担保范围需要特别约定(第 420 条第 2 款)。

2. 处分上的从属性

处分上的从属性,是债权的让与同时导致担保物权的随同转让。第 407 条规定:"抵押权不得与债权分离而单独转让或者作为其他债权的担保。债权转让的,担保该债权的抵押权一并转让,但是法律另有规定或者当事人另有约定的除外。"就质权、留置权而言,也应做同样解释。

3. 消灭上的从属性

消灭上的从属性,即担保物权所担保的主债权消灭的,担保物权自然也随之消灭(第 393 条第 1 项)。不过一些特殊的担保物权,不会因为所担保的主债权消灭而消灭,还可以担保继续产生的债权,比如最高额抵押(第420条第1款)。

抵押权人应当在主债权诉讼时效期间行使抵押权;未行使的,人民法院不予保护(第419条)。不过,抵押权与所担保的债权不同,诉讼时效届满后后者实体权利并不消灭,只是债务人可以主张诉讼时效期间届满不履行债务的抗辩(第192条第1款)。但是,如果让抵押权继续存在,则不符合第419条的立法目的。《九民纪要》第59条也指出:"抵押权人应当在主债权的诉讼时效期间内行使抵押权。抵押权人在主债权诉讼时效届满前未行使抵押权,抵押人在主债权诉讼时效届满后请求涂销抵押权登记的,人民法院依法予以支持。"另外,债务人如果放弃诉讼时效的抗辩,同意履行债务(第192条第2款),也不会让已经消灭的抵押权重新成立。

《担保制度解释》第44条则指出:"主债权诉讼时效期间届满后,抵押权人主张行使抵押权的,人民法院不予支持;抵押人以主债权诉讼时效期间届满为由,主张不承担担保责任的,人民法院应予支持。主债权诉讼时效期间届满前,债权人仅对债务人提起诉讼,经人民法院判决或者调解后未在民事诉讼法规定的申请执行时效期间内对债务人申请强制执行,其向抵押人主张行使抵押权的,人民法院不予支持。"(第1款)"主债权诉讼时效期间届满后,财产被留置的债务人或者对留置财产享有所有权的第三人请求债权人返还留置财产的,人民法院不予支持;债务人或者第三人请求拍卖、变卖留置财产并以所得价款清偿债务的,人民法院应予支持。"(第2款)"主债权诉讼时效期间届满的法律后果,以登记作为公示方式的权利质权,参照适用第一款的规定;动产质权、以交付权利凭证作为公示方式的权利质权,参照适用第二款的规定。"(第3款)

该条第1款第1句第1分句指出,主债权诉讼时效期间届满后,抵押权人不可以行使抵押权。这实际上意味着,即使债务人放弃诉讼时效利益,基于第419条规定"人民法院不予保护"无任何例外的规定,因此抵押权人不可以行使抵押权。第 2 分句指出抵押人也可以拒绝抵押权人的权利行使,认为此时抵押人自然也是可以主张基于第 419 条规定的抗辩。不过第 1 分句既然确定抵押权人主张时法院不予支持,也就是无须抵押人主张自己不承担担保责任,法院本就不应该支持,而不是抵押人主张不承担担保责任时,法院予以支持。

这实际上是类推适用第 419 条的结果。债权人在诉讼时效期间内起诉债务人,此时发生诉讼时效的中断,诉讼程序终结后,诉讼时效期间重新计算(第 195 条第 3 项)。当然如果已经作出生效裁判,此时基于裁判的既判力也没有再次起诉的可能。就此来说,诉讼时效的价值已经用尽,以未在主债权诉讼时效期间内向抵押人主张行使抵押权为由,否定抵押权人的权利的第 419 条也没有适用的必要。不过依据《担保制度解释》第 44 条第 1 款第 1 句的说明,第 419 条实质是强调在主债权诉讼时效期间届满后,债务人可以主张时效抗辩权。即使债务人不主张此抗辩权,抵押人也同样可以主张。只要抵押权人有可能因为债务人有时效抗辩权的存在而无法对债务人行使权利,则抵押权人也因此不能对抵押人行使权利。而如果债权人对于债务人的执行生效裁判的时效 2 年期间已经届满(《民事诉讼法》第 246 条),此时债务人也同样享有类似的时效抗辩权,可类推适用第 419 条,《担保制度解释》第 44 条第 1 款第 2 句便可明确,抵押权人也同样不可以对抵押人行使权利。

该条第 2 款则明确,抵押权的时效限制不可以类推适用于留置权,此时提供担保财产的债务人或者第三人(主要是留置权善意取得的情形)不得要求返还。因为留置的财产依然在留置权人手中,虽然债权人因为诉讼时效抗辩的存在而可能无法要求债务人履行债务,但是,留置权人同样也可以不将留置财产交出。也就是说,此时应该认为留置权并没有消灭,留置财产的所有人只能请求留置权人行使留置权,从而使诉讼时效期间届满的主债权得到清偿。该请求权行使的价值在于,当留置财产的价值高于所担保的债权时,超过债权数额的部分则依然由作为留置财产所有人的债务人所有(第455条)或者作为第三人的留置财产的所有人所有(类推适用第455条),该款解释自然也没有排除留置权人此时可能主动实现留置权的意思。

该条第3款规范的是事实上类似于抵押权、仅登记即可设定的权利质权。出质人依然可以掌控出质权利的,可以类推适用抵押权的时效限制,即质权因为主债权的时效届满未行使而事实上消灭。而动产质权、以交付权利凭证方式进行公示的权利质权,出质动产或者权利由质权人掌控的,此时与留置权一样,不可以类推适用抵押权的时效限制。

(二)不可分性

不可分性是指担保物权并非担保债权的某一部分,而是担保整个债权。担保物权也不是存在于担保物的某一部分,而是存在于担保物的全部。

[例5-1]甲向乙借款100万元,将自己价值50万元的房屋抵押给乙,甲归还了乙50万元,甲不能主张乙享有的抵押权已经消灭。乙享有的抵押权依然应该用来担保其享有的剩下的50万元债权。

如果提供物上担保的是第三人丙,此时甲归还了乙50万元,丙同样不能主张抵押权消灭。如果丙提出代甲清偿50万元来消灭其房屋上的抵押权,这已不再关乎不可分性。丙作为物上保证人,其责任以担保财产的价值为限,丙提出与抵押财产价值相当的清偿提议,丙的意图自然也是消灭此时的抵押权,如果甲接受丙的提议,合适的解释应该是甲此时同意消灭抵押权。

[例5-2]甲向乙借款100万元,将自己各值50万元的两套房屋抵押给乙,甲归还了乙60万元,甲不能要求乙注销其中一套房屋上的抵押权。乙剩余的40万元债权及于抵押财产的全部,也就是两套房屋。此时担保物权不可分的理由在于,即使是其中一套房屋就可以确保债权的实现,但抵押权同时存在于两套房屋之上,会更有利于督促债务人履行债务,增加无须通过抵押权实现就可以确保所担保债务得以履行

的可能。

《担保制度解释》第 38 条指出:"主债权未受全部清偿,担保物权人主张就担保财产的全部行使担保物权的,人民法院应予支持,但是留置权人行使留置权的,应当依照民法典第四百五十条的规定处理(第 1 款)。担保财产被分割或者部分转让,担保物权人主张就分割或者转让后的担保财产行使担保物权的,人民法院应予支持,但是法律或者司法解释另有规定的除外(第 2 款)。"第 39 条指出:"主债权被分割或者部分转让,各债权人主张就其享有的债权份额行使担保物权的,人民法院应予支持,但是法律另有规定或者当事人另有约定的除外(第 1 款)。主债务被分割或者部分转移,债务人自己提供物的担保,债权人请求以该担保财产担保全部债务履行的,人民法院应予支持;第三人提供物的担保,主张对未经其书面同意转移的债务不再承担担保责任的,人民法院应予支持。"(第 2 款)

以上两条规定体现了担保物权的不可分性。第 38 条第 1 款指出,主债权未受全部清偿的,担保物权人可以就担保财产的全部行使担保物权,说明担保物权所担保的是主债权的全部,而不是债权的某一部分(分析见例 5-1)。依据第 2 款担保财产本身被分割或者部分转让,基于不可分性,担保物权及于担保财产的全部,自然也就及于分割后以及部分转让后的全部担保财产。抵押财产涉及转让的分割以及担保财产的部分转让,抵押权人对于转让后的抵押财产主张抵押权的,抵押权具有追及效力(第 406 条第 1 款)。虽然转让不需要抵押权人同意,但是抵押权不受影响,抵押权在转让后的抵押财产上继续存在。

就主债权分割或者部分转让而言,各债权人的债权均及于担保财产的全部,且担保物权处于同一顺序。所以若债权人按债权份额(债权比例)行使抵押权(参照第 414 条第 1 款第 3 项),因此有《担保制度解释》第 39 条第 1 款的解释。主债务被分割或者部分转让,涉及债务承担的,如果担保人是债务人以外的人,需要经过担保人同意,担保人才对新的债务人承担担保责任。因为事关担保人是否确实需要承担担保责任(被担保人会不会主动履行债务),以及承担担保责任后的追偿权。被担保的债务人是谁对于抵押人至关重要,债务承担后,如果需要担保人继续承担担保责任,则应该经过担保人书面同意,所以有《担保制度解释》第39条第2款第2分句的解释。对此,《民法典》也有明文规定,"第三人提供担保,未经其书面同意,债权人允许债务人转移全部或者部分债务的,担保人不再承担相应的担保责任"(第391条)。据此,似乎没有必要通过司法解释予以明确。至于债务人提供的物保,如无特别约定,自然也就担保全部或者部分转移后的债务的全部。因为债务承担或者被分割后,事实上债权人的债权本身也就被分割了,基于不可分性,债权人的各个债权依然分别及于担保财产的全部,这一点当然也适用于物上保证人同意在债务承担后继续承担担保责任的情形。第39条第2款第1分句只是认为只有债务人自己提供物的担保,债权人才能请求以全部担保财产担保全部债务履行。这显然有进一步类推适用的必要。

(三)物上代位性

所谓物上代位性,是指担保物权作为对于担保财产价值的支配权,即使担保物本身不再存在,担保物权也及于代位物。担保物的灭失本身不当然导致担保物权的消灭。"担保期间,担保财产毁损、灭失或者被征收等,担保物权人可以就获得的保险金、赔偿金或者补偿金等优先受偿。被担保债权的履行期限未届满的,也可以提存该保险金、赔偿金或者补偿金等。"(第390条)

物上代位性针对的是保险金、赔偿金或者补偿金这些货币的优先受偿,而货币具有高度流通性,通常并不适合作为担保财产。此处的代位是指对保险金、赔偿金或者补偿金有关债权成立担保物权,在性质上是法定债权质权,可类推适用第442条的规定,应该由抵押权人兑现。如果所担保的债权价值小于代位物的,则应该由抵押人和抵押权人共同兑现。如果代位物债权的债务人未向或未同时向抵押权人履行,则不发生债务清偿的效力。

[例 5-3] 甲将房屋抵押给乙银行借款 300 万元,以支付房屋价款。三年后,尚有 200 万元债务未清偿,此时房屋拆迁被征收,拆迁部门就该房屋须支付征收补偿金 600 万元,拆迁部门将全部房款支付给甲后,甲用这笔资金办理了投资移民,乙银行因为甲未按期归还贷款,试图与甲交涉时,发现房屋已经被拆除。拆迁部门由于未能向适当的权利人履行支付征收补偿金的义务,因此其履行不发生清偿的效力。拆迁部门仍需要向乙银行履行,以确保乙的优先受偿,履行后可以向甲追偿。

例 5-3 表明,如果将作为金钱的代位物直接交给担保人,会带来代位物被挪用、转移的风险,给担保物权人带来损害。为避免这一风险,代位物债权的债务人必须向或者同时向担保物权人履行债务。

《担保制度解释》第 42 条指出:抵押权依法设立后,抵押财产毁损、灭失或者被征收等,抵押权人请求按照原抵押权的顺位就保险金、赔偿金或者补偿金等优先受偿的,人民法院应予支持(第 1 款)。给付义务人已经向抵押人给付了保险金、赔偿金或者补偿金,抵押权人请求给付义务人向其给付保险金、赔偿金或者补偿金的,人民法院不予支持,但是给付义务人接到抵押权人要求向其给付的通知后仍然向抵押人给付的除外(第 2 款)。抵押权人请求给付义务人向其给付保险金、赔偿金或者补偿金的,人民法院可以通知抵押人作为第三人参加诉讼(第 3 款)。

该条第 1 款明确了抵押权的顺位就是抵押权代位权行使的顺位。第 2 款对给付义务人的债务不适当履行(未向适当的权利人履行)的认定,以有抵押权人要求向其给付的通知存在为前提,但是解释上,诸如抵押权已经登记,对于给付义务人通知没有必要时,自然同样可以认定不适当履行的存在,给付义务人的给付仍然不发生《民法典》第 557 条第 1 款第 1 项规定的债务履行导致债务消灭的清偿效力。第 3 款则规定,为了避免对给付义务的范围产生争议,人民法院应当通知而非仅仅是可以通知抵押人参加诉讼。

三、物保与人保并存的处理

《民法典》规定:"被担保的债权既有物的担保又有人的担保的,债务人不履行到期债务或者发生当事人约定的实现担保物权的情形,债权人应当按照约定实现债权;没有约定或者约定不明确,债务人自己提供物的担保的,债权人应当先就该物的担保实现债权;第三人提供物的担保的,债权人可以就物的担保实现债权,也可以请求保证人承担保证责任。提供担保的第三人承担担保责任后,有权向债务人追偿(第392条)。"除了将《物权法》第176条中的"要求"改为"请求"之外,该条完整地保留了《物权法》的表述。

(一)物保和人保主张顺序

《民法典》第392条第1句通过三个分句,规定了人保和物保并存时,确定债权人的权利顺位的三项原则。

1. 适用条件

该条第1句第1分句首先强调,物保和人保并存的,债权人应当按照约定实现债权,亦即强调当事人的意思优先,体现了合同自由的私法原则。这种约定既可以包括债权人主张物保和人保的顺序,也可以涉及人保和物保担保的范围等。

需要说明的是,第1分句预设了适用前提:债务人不履行到期债务或者发生当事人约定的实现担保物权的情形。

第一,就表述上看,其与《民法典》第386条规定的担保物权实现的条件是完全相同的。就债务人不履行到期债务来说,这是担保物权可以主张的前提条件,但却不是所有的保证均可以主张的条件。依据第687条第1款的规定,就一般保证来说,只有债务人不能履行债务,而非债务人不履行到期债务时,债权人才可以向保证人主张保证责任。也就是说,与物保不同,人保中的一般保证,保证人有先诉抗辩权。根据第392条,只要债务人不履行到期债务,保证人就应该承担保证责任。而依据第688条第2款,连带保证人只有在债务人不履行到期债务时,才需要承担保证责任。亦即,第392条第1句关于债务人不履行到期债务时,物保和人保的主张顺序的规定,只适用于物保和连带保证并存的情形。

第二,就一般保证和物保并存时该如何处理,《民法典》上并无明确的法律依据,此时需要通过法律漏洞补充的方式来解决。由于一般保证通常有先诉抗辩权,债务人不履行到期债务而非不能履行债务时,债权人只能找物上保证人承担担保责任,而不能让一般保证人承担保证责任。因此,通常会由物上保证人优先承担担保责任,但是物上担保人优先承担责任也并非必然的选项。比如,在债务人不履行债务时,债权人不立即主张物上担保,而是先起诉债务人,在强制执行无效果时,也就是在一般保证人不再可能行使先诉抗辩权时,再主张物上保证人和一般保证人承担责任,此时自然不存在物上担保优先的问题。

第三,第392条第1句第1分句还有所谓"发生当事人约定的实现担保物权的情形",相比于《担保法》,这原本是《物权法》新增加的担保物权实现的条件。但法律并没有就其具体内涵给予明确说明,实践中在债务人不履行债务之外就担保物权的实现条件进行特别约定的情况非常少见,原因应该是到期不履行债务已经是非常明确的担保物权的实现条件了。而就其他的约定来说,显然也不能任意约定,不能改变担保物权担保债权实现的作用,应限于有通过担保物权的实现确保债权人获得优先清偿的必要的情形,如债务人或者担保人破产等。在此种情形下,即使是一般保证人也需要承担担保责任,而不能主张先诉抗辩权(第687条第2款第2、3项),此时自然也不存在物上担保优先的问题。至于约定实现担保物权的唯一条件是债务人不能履行债务时,此时物上保证人享有类似于一般保证人的地位,有类似于先诉抗辩权的权利,因此该物上保证与一般保证并存时,自然无所谓谁优先承担责任;而该物上保证与连带保证并存时,若债务人不履行债务,解释上自然是保证优先,除非债权人在起诉并强制执行债务人无效果时,才主张物上保证人和保证人承担责任,此时则无所谓谁优先承担责任。

另外,就连带责任保证的保证人责任承担的前提而言,除了债务人不履行到期债务外,相比于《担保法》,《民法典》第688条第2款也增加了"或者发生当事人约定的情形时"的字样,但其含义为何并不明确。如果也是指发生了诸如债务人不能履行债务一类的情形,如债务人破产等,担保物权如果也有类似约定,自然有关事实发生后,物保和人保均须承担责任,有适用第392条的必要。

通过以上分析可以看出,第392条第1句实际上是表明了物保需要承担责任的条件,尚没有涉及人保是否需要承担责任的问题。但要讨论物保和人保承担担保责任的顺序的基本前提是物保和人保都已经具备承担责任的条件,这是不言自明的。如果物保或者人保其中之一已经需要承担责任,而其他担保人却有先诉抗辩权或者有类似于先诉抗辩权的权利,自然是已经需要承担责任的物保或者人保先承担责任,而无须去讨论此时承担责任的顺序,也就没有适用第392条的必要。从条文表述上看,条文中关于"债务人不履行到期债务或者发生当事人约定的实现担保物权的情形"这一担保物权的实现条件的规定,其实可以删去。因为条文开始已经明确适用对象就是物保和人保并存,且每一种担保均必须已经具备实现条件,这是该条适用的不言自明的前提。现在的规定只提担保物权已经具备实现条件,而不提保证已经具备实现条件,反而在形式上显得不周延。

2. 处理原则

(1)作为出发点的合同自由。

第1分句所涉及的约定既可以是物保和人保同处于一个合同时的约定,也可以是先后成立的物保和人保的合同中对于债权人如何行使权利的安排。如果在这种共同签订的担保合同中没有明确约定的,自然应该考虑第1句第2分句和第3分句的适用。

在物保和人保合同非同时订立时,基于在先有效成立的合同本身的拘束力,在后成立的合同安排不能变更在先成立合同中对物上保证人或者保证人有利的合同约定,亦即不能加重在先的物保或者人保的责任。比如,在先的物保约定,如有在后的人保,则人保优先,在后的人保约定在先的物保优先就是没有效力的。但是,如果在后的保证合同的保证人拒绝在先的约定对于自己责任顺序的安排,也就是不愿意优先承担,也是可以的。此时属于人保和物保责任顺序约定不明,按照第3分句处理,人保和物保无先后顺序;反之,在先的物保约定物保永远优先,在后的人保又约定人保永远优先,此时在后的约定就不是对于在先约定不利的约定。在此种情形下,对于当事人的意图大致有三种解释。第一种解释是,原则上应该是人保优先,理由主要是此时保证人自愿优先承担保证的承诺必须具有拘束力,同时,在后的约定本身也是对在先的物上保证人有利的约定。另外,也可以认为是债权人放弃了物保优先的权利。第二种解释是,虽然两种合同赋予债权人看似矛盾的两种权利,但其实可以理解为,债权人既可以根据在先的合同先就物保主张权利,又可以依据在后的合同先就人保主张权利。并且同时主张物保和人保也是不违反这两个合同的内容的。第二种解释应该更符合当事人的意图。一方面,毕竟债权人在强调人保优先的同时,并没有明确放弃其可以主张物保优先的权利。认为在后的合同赋予其可以主张人保优先的权利同时,就必须剥夺其可以主张物保优先的权利,未必符合其意图;另一方面,后一种理解没有加重在先约定的物保的责任,从而在不违背物保人意图的同时,在债权人先主张物保时,实际上会减轻人保的对于债权人责任的效果,也不违反在后保证人的预期。第三种解释则认为,此时矛盾的约定视为约定不明,应该适用第1句第3分句处理,如下文对于这两个分句的说明所示,这一解释结果和上述第二种解释是一致的。但是,在通过合同解释可以确定当事人意图时,认为此时属于约定不明的观点似乎有些武断。

(2)债务人的物保优先。

物保和人保并存且物保由债务人提供时,第1句第2分句规定了债务人的物保优先,但该句适用的前提是没有约定或者约定不明确。问题在于,债务人提供的物保与连带保证并存时该如何处理。依据第

688条第2款,连带保证的约定本身就意味着只要债务人不履行债务,债权人就可以要求保证人承担责任。也就是说,该款不要求债权人先就债务人提供的物保主张权利。这意味着,连带保证时不存在债务人的物保优先承担责任的问题。但如第1点所述,依据第1分句确定的整个第1句的适用前提是连带保证和物保的并存,第2分句也是如此。而如果连带保证时,不存在物保优先的话,第2分句就没有适用对象。要想让第2分句有适用对象,那么认为连带保证与债务人物保并存时,无所谓物保优先的解释就必须加以修正。亦即,连带责任保证和债务人物保并存时,如果连带保证合同没有约定债权人可以任意选择行使物保和人保或者有其他行使顺序的明确约定,仍然应该认为此时属于没有约定或者约定不明确,债务人的物保应当优先,债权人必须先主张债务人提供的物保。债权人若想避免适用债务人的物保优先的结果,或者赋予自己可以选择行使物保或人保的权利,则尤其必须在连带保证合同中对实现担保顺序做明确约定,否则,就是属于没有约定或者约定不明。

(3) 作为基本规则的物保和人保无先后顺序。

第3分句规定,第三人提供物上担保的,债权人可以就物的担保实现债权,也可以要求保证人承担保证责任。亦即,第三人提供担保的,物保和人保没有先后顺序之分。该分句的规定意味着债权人既可以单独起诉物上保证人,也可以单独起诉保证人。当然,同时起诉物上保证人和保证人,自然也不为本条所禁止。虽然这是第3分句,但是这条规则恰恰没有任何特殊的前提要求,所以也是第392条确定的人保和物保并存时,债权人提出权利主张的顺序的基本规则:物保和人保无先后顺序。

[例5-4] 甲向银行乙借款,保证人丙、物上保证人丁以及债务人甲和乙签订保证合同、抵押合同。债权人乙和保证人丙的保证合同约定:"当债务人未履行债务时,无论债权人对主合同项下的债权是否拥有其他担保,债权人均有权直接要求保证人承担担保责任"。债权人乙和物上保证人丁及债务人之间两份抵押合同均约定:"当债务人未履行债务

时,无论抵押权人对所担保的主合同项下的债权是否拥有其他担保,抵押权人均有权直接要求抵押人在其担保范围内承担担保责任"。[1]

对此最高人民法院认为,对《物权法》第176条(即《民法典》第392条,下同)可作以下三种情形的具体把握:第一种情形,即对实现担保物权有明确约定的情形。在此情形下,无论是对人的担保合同还是对物的担保合同,均要审查是否存在"当事人约定的实现担保物权的情形",即是否对实现担保物权作出明确约定。有此约定的,即应优先按照该类约定进行处理,无论该类关于实现担保物权的约定是就债务人提供的物保所作约定,还是就第三人提供的物保所作约定,均应当按照该明确约定实现债权。很显然,此等情形下,隐含着意思自治可以排除物保优先的精神,这实际是将契约自由精神摆在更加重要的法律地位。但此等情形下,依然始终要围绕实现担保物权的约定进行审查,其实质亦同样体现着物保优先的法律原则。[2]

与这种情形相对应的是《民法典》第392条第1句第1分句。最高人民法院对该分句所确定规则的基本含义的描述值得赞同,但是其为了得出第392条规定了物保优先的原则,在分析最后认为第1分句"隐含着意思自治可以排除物保优先的精神",显然与法律的明文规定不符。如笔者前文分析所言,第392条第1句第3分句才是没有任何限制条件的规则,因此,第392条确定的人保和物保并存时,确定两者顺序的基本规则为物保和人保没有先后的顺序。另外,此段分析只涉及了第1句所囊括的在实践中并不常见的约定实现担保物权的情形,而没有注意第1句更为重要的适用对象是债务人不履行到期债务。至于判决书中提出"无论是对人的担保合同还是对物的担保合同,均要审查是否存在'当事人约定的实现担保物权的情形'",则是不知所谓的说法。第392条第1句用"或者"一语将"当事人约定的实现担保物权的情形"

---

[1] 中国农业发展银行乾安县支行诉江苏索普(集团)有限公司、上海儒仕实业有限公司保证合同纠纷二审案,最高人民法院(2016)最高法民终40号民事判决书。
[2] 参见中国农业发展银行乾安县支行诉江苏索普(集团)有限公司、上海儒仕实业有限公司保证合同纠纷二审案,最高人民法院(2016)最高法民终40号民事判决书。

与"债务人不履行到期债务"两种情形相提并论,根本就不存在无论是人保还是物保该条的适用都需要审查是否存在"当事人约定的实现担保物权的情形"的道理。

最高人民法院根据前面对于《物权法》第176条的错误解释所作出的下述结论自然也是不能成立的:"《保证合同》的前述约定,仅仅是关于实现保证债权而非实现担保物权的约定,而且本案《保证合同》的前述条款也并没有明确涉及实现担保物权的内容,不能得出已就担保物权的实现顺序与方式等作出了明确约定,故不能将本案《保证合同》中的以上约定即理解为《物权法》第176条规定的'当事人约定的实现担保物权的情形'。但两份《最高额抵押合同》第11.7条所作的相同约定,却显然是关于实现担保物权所作的约定,是关于抵押权人直接要求抵押人在其物保范围内承担物保责任的约定,无疑属于就实现担保物权所作的明确约定,这与乾安支行及一审判决关于《保证合同》6.14条的理解逻辑并无实质不同。在此情形下,按照《物权法》第176条之规定,当发生当事人约定的实现担保物权的情形时,债权人即应当按照该约定实现债权,即本案乾安支行应当按照其与债务人天安公司以及第三人丁醇公司的明确约定,不仅应当先就债务人天安公司的物保实现其债权,而且也应当先就第三人丁醇公司的物保实现其债权。"[1]

(二) 追偿权

1. 对于债务人的追偿权

《民法典》第392条第2句规定:"提供担保的第三人承担担保责任后,有权向债务人追偿。"《担保制度解释》将该权利的规定类推适用于所有形式下的担保:"承担了担保责任或者赔偿责任的担保人,在其承担责任的范围内向债务人追偿的,人民法院应予支持。"(第18条第1款)

需要注意,追偿权不同于第700条规定的债权的法定让与产生的

---

[1] 参见中国农业发展银行乾安县支行诉江苏索普(集团)有限公司、上海儒仕实业有限公司保证合同纠纷二审案,最高人民法院(2016)最高法民终40号民事判决书。

代位求偿权,前者是担保人承担担保责任后独立享有的权利,担保人为债务人提供担保,虽然产生了债权人和担保人之间的人保(保证)关系或者物保关系,但是,担保人和债务人之间也存在委托类的关系。正是这类基础关系赋予了保证人向债务人追偿的权利(依据第921条第2句,担保人因为承担担保责任而承受的负担,有权要求委托人偿还;没有委托,符合无因管理要件的,则依据第979条第1款第1分句的规定,作为管理人的保证人可以要求受益人偿还。委托和无因管理两种情形下,均属于第392条第2句以及上述司法解释中所谓的"追偿")。而后者则是因为债权的法定让与,担保人取得债权人的权利。代位行使的债权人的权利,包括对债务人提供的物保的权利。就时效来说,后者的起算及中止、中断,与债权人的权利行使有关;而前者时效自然是从权利成立时,也就是担保人承担担保责任后起算。两者的联系在于,担保人不能通过两种权利的同时行使而重复受偿,因为其中一个权利实现,另一个权利也就消灭。

2. 担保人之间的追偿

(1)不承认追偿权的立法理由及其批判。

保证人或者物上保证人是否可以向其他担保人追偿,第392条第2句没有规定。立法者意思是不能追偿,在当事人没有明确约定承担连带担保责任的情况下,规定各担保人之间相互追偿是不妥的,主要理由是:[1]

第一,理论上讲不通。除非当事人之间另有约定,各担保人之间没有任何法律关系的存在,但要求各担保人之间相互追偿,实质是法律强行在各担保人之间设定相互担保。这意味着没有履行担保义务的担保人除了为债务人提供担保外,还必须为其他担保人提供担保,这既违背担保人的初衷,也不合法理。第二,从程序上讲,费时费力、不经济。在存在多个担保人时,债务人是最终责任人,担保人在承担担保责任后,应当直接向债务人追偿。如果可以向其他担保人追偿,意味着其他

---

[1] 参见黄薇主编:《中华人民共和国民法典释义》,法律出版社2020年版,第756页。

担保人承担责任后,还必须再向最终责任人——债务人追偿。从程序上讲,这是不经济的。第三,履行了担保责任的担保人不能向其他担保人追偿恰恰是公平原则的体现。除非当事人之间另有约定,每个担保人在设定担保时,都明白自己面临的风险:在承担担保责任后,只能向债务人追偿。如果债务人没有能力偿还,自己就会受到损失。这种风险就是担保人设定担保时最为正常且可以预见到的风险,必须由自己承担。如果担保人希望避免这种风险,就应当在设定担保时进行特别约定。第四,向其他担保人追偿的可操作性很差。向其他担保人追偿,首先面临的一个问题就是如何确定追偿的份额。在保证与担保物权并存的情况下,确定份额是很难的。例如,A、B、C 三人分别对债权人的债权 1000 万元提供担保,A 提供的是价值 600 万元的房屋抵押,B 提供的是价值 200 万元的机器设备抵押,C 提供保证。现债权人要求 C 履行保证责任,C 在履行了 1000 万元的保证责任后,他应当向 A 和 B 追偿多少?这是一个复杂的计算题。

就以上立法理由而言,第一点理由的核心观点是追偿实质是强制担保人之间相互担保,因此没有道理可以追偿。这个说法看似有理,但是追偿的核心并非在于相互担保,而是担保风险共担,而如何分担担保风险,将在下面说明。第二点理由是程序费力,所以没有必要的理由也不成立。程序即使费力,但是权利行使有价值时,费力的程序也有行使的必要。第三点理由是风险自负,不能要求其他担保人分担。但问题在于如果本来就有几个担保人,由于债权人只对其中一人行使权利,而后风险完全由该人负担,则显然是不合适的。第四点理由是难以计算,但难以计算不等于不可以计算,因此这个理由也不成立。比如,上述设例其实很好算,无非是 1000 万元的债务,彼此之间如何分担的问题,按照可能的责任比例分担即可。也就是说 A、B、C,按照 600∶200∶1000 最终承担 1000 万元的债务,A 承担 1000 万元的 3/9,B 承担 1/9,C 承担 5/9,C 承担 1000 万元后,自然可以直接找 A、B 承担其相应的份额。可见,以上四点立法理由均不充分。

立法者以彼此没有明确约定连带责任为理由否定担保人之间的彼此追偿。但是,如果物保和人保之间属于没有承担担保责任的先后顺序的情形的,债权人可以请求部分或者全部担保人承担责任,已经体现了连带责任中权利人有权请求部分或者全部连带责任人承担责任的特征(第178条第1款)。至少此时有类推适用第178条第2款的规定,允许彼此之间追偿的余地。上述A、B、C的份额承担及追偿也可以视作类推适用该款处理的结果。

(2)《担保制度解释》的立场。

《担保制度解释》第13条指出:同一债务有两个以上第三人提供担保,担保人之间约定相互追偿及分担份额,承担了担保责任的担保人请求其他担保人按照约定分担份额的,人民法院应予支持;担保人之间约定承担连带共同担保,或者约定相互追偿但是未约定分担份额的,各担保人按照比例分担向债务人不能追偿的部分(第1款)。同一债务有两个以上第三人提供担保,担保人之间未对相互追偿作出约定且未约定承担连带共同担保,但是各担保人在同一份合同书上签字、盖章或者按指印,承担了担保责任的担保人请求其他担保人按照比例分担向债务人不能追偿部分的,人民法院应予支持(第2款)。除前两款规定的情形外,承担了担保责任的担保人请求其他担保人分担向债务人不能追偿部分的,人民法院不予支持(第3款)。

依据该解释,在以下四种情形中,担保人之间享有追偿权:一是担保人之间有相互追偿及分担份额的约定;二是担保人之间约定承担连带责任担保;三是担保人之间约定相互追偿但是未约定分担份额;四是担保人在同一份合同书上签字、盖章或者按指印。除了上述四种情形外,其他情形下的追偿权概不承认。

之所以采取这一狭隘的立场,一是由于《民法典》第392条没有承认追偿权,因此,追偿权首先要求必须以担保人之间有约定为前提(也就是情形1和情形3)。

二是即使承认连带责任的担保人之间有追偿权,担保人之间的连带责任担保的成立也应该依据《民法典》,以当事人约定为前提(第178条第3款)。该当事人约定是指担保人之间的约定,因此,只能以当事人之间有明确约定(情形2)或者可以视为有明确约定(情形4)为前提。

不过,即便各项担保分别设立,但是在各担保人的责任已经具有连带责任的所有特征时,也构成解释所谓的连带责任担保的担保人之间的约定。此时,承认担保人之间的追偿权,也未必就不是合理的解释。事实上《民法典》第178条第2款所确定的连带责任人彼此之间的追偿权,与其说是来自于当事人之间的约定,还不如说是法律上基于公平原则确定的责任分担。一方面连带债务人之间未必有追偿权的约定,但依据该款也有追偿权;另一方面当事人之间依法产生的连带债务依据该款同样有追偿权。而如果连带责任人中的一人是最终责任人,则基于公平原则,应该否定最终责任人追偿权存在的可能。公平原则对于追偿权的影响表明,在担保人的责任具有连带责任的全部特征时,不允许彼此之间通过追偿权的行使进行公平的责任分担,违背了立法者赋予连带责任人之间追偿权的本义。

就追偿的份额而言,按照上述解释,有约定的按照约定;没有约定的,以向债务人不能追偿的部分作为计算基础,并按照比例确定。一方面,此时仍然以向主债务人的追偿权为主,担保人之间的追偿权只是前者的补充;另一方面,按比例确定意味着可以有部分连带的可能,如连带责任保证人对全部债务负责,而物保人的物保未能担保全部债权实现时,彼此之间依然有追偿的可能。该比例应该按照原始的担保责任比例确定,由于计算基准为不能清偿的部分,也就是如果已经向债务人追偿有得,不影响追偿的计算,结果是先向债务人追偿的,最终的担保责任会较轻。例如,主债务为1000万元,物保只有500万元,物上保证人承担责任后,债权人又让连带责任的保证人承担了500万元责任,而后物保人先追偿获得200万元,仍有300万元不能获得追偿。此时应按照1∶2的比例,物保人可以向保证人追偿200万元,物保人最终承担100万元的责任。而如果保证人先承担了1000万元的责任,并向债务人追偿获得 200 万元,就未能追偿的部分 800 万元,按照 2∶1 的比例,可以向物保人追偿 266 万元。

另外,《担保制度解释》第 14 条还指出,同一债务有两个以上第三人提供担保,担保人受让债权的,人民法院应当认定该行为系承担担保责任。受让债权的担保人作为债权人请求其他担保人承担担保责任的,人民法院不予支持;该担保人请求其他担保人分担相应份额的,依照本解释第十三条的规定处理。该条解释的理由是,虽然承担了担保责任的担保人只能对债务人追偿,包括对其提供的担保主张权利(《担保制度解释》第 18 条第 2 款:"同一债权既有债务人自己提供的物的担保,又有第三人提供的担保,承担了担保责任或者赔偿责任的第三人,主张行使债权人对债务人享有的担保物权的,人民法院应予支持。"该解释也是对《民法典》第 700 条承担了责任的保证人"享有债权人对债务人的权利"的解释),对于其他担保人没有追偿权,但是债权人对于担保人有追究担保责任的权利,如果某个担保人以受让债权人的债权的方式取得债权人的地位,想要实现追究其他担保人担保责任,达到担保人之间进行追偿的目的,则其他担保人可以拒绝。因为这种债权转让实际上是担保人承担担保责任的方式。不过解释也强调,如果担保人本就有通过追偿达到责任分担目的的权利时,该追偿权自然也就不受影响。

四、担保物权消灭的原因

(一)主债权消灭

这是担保物权的从属性的表现之一。主债权消灭的原因有很多,比如债务获得清偿、债权人免除债务、抵销等,但不管什么原因,主债权消灭,担保物权也随之消灭。

(二)担保物权实现

担保物权依据法定程序就担保财产获得了优先受偿,设定担保物权的目的达到。担保物权实现的同时,担保物权也就消灭了。担保物权与债权具有相似性,因为后者也是权利实现后就消灭。

(三)债权人放弃担保物权

债权人放弃担保物权的单方意思表示可以使担保物权发生变动。见前文基于法律行为的变动的分析。

第二节 抵押权

一、抵押权的含义

抵押权,是指为担保债务的履行,债务人或者第三人不转移财产的占有,将该财产抵押给债权人,债务人不履行到期债务或者发生当事人约定的实现抵押权的情形,债权人有就该财产优先受偿的权利(第394条第1款)。抵押权的客体是抵押财产,提供抵押财产的债务人或者第三人是抵押人,享有抵押权的债权人是抵押权人。

抵押财产的最大特点是不移转抵押人对抵押财产的占有,抵押人依然可以对抵押财产加以利用,而债权人又可以基于抵押权人的身份支配抵押财产的价值,就该财产优先受偿。抵押权这一安排,可以充分发挥抵押财产的使用价值和交换价值,是最为有效地对物进行利用的担保形式,故有"担保之王"之称。

二、抵押权的设立

(一)抵押财产

1. 可以抵押的财产

第395条规定,债务人或者第三人有权处分的下列财产可以抵押:①建筑物和其他土地附着物;②建设用地使用权;③海域使用权;④生产设备、原材料、半成品、产品;⑤正在建造的建筑物、船舶、航空器;⑥交通运输工具;⑦法律、行政法规未禁止抵押的其他财产(第1款)。抵押人可以将前款所列财产一并抵押(第2款)。

可以抵押财产的客体包括第395条第1款第1、2、3项涉及的不动产,其中第 1 项土地附着物是指和建筑物一样的其他作为不动产的定着物;第 4 项涉及的是与生产、经营活动有关的动产;第 5 项又涉及在建的不动产和特殊动产;第 6 项涉及的是特殊动产。也就是说,抵押财产以不动产和动产为限。第 7 项是兜底条款,法律、行政法规未禁止抵押的其他财产的规定,其意义主要在于可以在其他的动产上设定抵押。《民法典》施行前,虽然可以依据《担保法》的规定通过公证机关登记,但是,普通的动产抵押在实践中还是非常罕见的。动产担保一般通过质押进行。

2. 不可以抵押的财产

在规定可以抵押的动产的同时,《民法典》第 399 条规定了不得抵押的财产:"下列财产不得抵押:(一)土地所有权;(二)宅基地、自留地、自留山等集体所有土地的使用权,但是法律规定可以抵押的除外;(三)学校、幼儿园、医疗机构等为公益目的成立的非营利法人的教育设施、医疗卫生设施和其他公益设施;(四)所有权、使用权不明或者有争议的财产;(五)依法被查封、扣押、监管的财产;(六)法律、行政法规规定不得抵押的其他财产。"

土地所有权不得抵押,是因为土地所有权本就不允许转让,无法通过土地所有权的变价,从而确保抵押权人优先受偿。该条规定,包括宅基地在内的集体土地的使用权不得抵押,那么,宅基地上的农民住宅所有权作为建筑物是否可以抵押? 农民的住房是可以出售的,自然也就没有禁止抵押的理由,因此在解释上,禁止宅基地抵押是指宅基地不得单独抵押。

公益设施不得抵押,自然是防止教育活动、医疗活动等因为抵押权实现时设施的变卖而受到影响。但如果本来就没有这些公益设施,为了支付这些公益设施价款设定担保,最后有可能导致因为担保物权实现而变卖带来的影响,则与其说是与担保有关,还不如说是与支付价款的义务不履行有关。此时设定的担保,从法律规定目的来说,不为条文所及,有必要进行限缩解释。对此《担保制度解释》指出,在购入或者以融资租赁方式承租教育设施、医疗卫生设施、养老服务设施和其他公益设施时,出卖人、出租人为担保价款或者租金实现而在该公益设施上保留所有权的,非属无效(第6条第1款第1项)。

由于所有权、使用权主体不明时本就无法进行有关抵押权设定的公示,因此有争议的财产不可以抵押这一禁止性规定事实上无法达成。如前文关于异议登记的分析所述,即使有异议登记,不动产处分也是可以办理登记的,这里的处分没有理由将抵押权的设定排除在外。依法被查封、扣押、监管的财产因为处分权依据公法措施被限制,也就无从办理抵押,但是有可能因为未及时办理查封登记,不知道查封措施存在的第三人可以善意取得抵押权。兜底性禁止条款强调禁止抵押的规定应该以法律、行政法规这种层次的规定为限。

《担保制度解释》第37条指出:当事人以所有权、使用权不明或者有争议的财产抵押,经审查构成无权处分的,人民法院应当依照民法典第三百一十一条的规定处理(第1款)。当事人以依法被查封或者扣押的财产抵押,抵押权人请求行使抵押权,经审查查封或者扣押措施已经解除的,人民法院应予支持。抵押人以抵押权设立时财产被查封或者扣押为由主张抵押合同无效的,人民法院不予支持(第2款)。以依法被监管的财产抵押的,适用前款规定(第3款)。

该条第1款明确了所有权、使用权不明或者有争议的财产抵押时抵押权善意取得的可能;第2、3款则是就抵押依法被查封或者扣押的财产以及被监管的财产而言,合同中的债权行为,不会因为合同中的物权行为无法生效,亦即抵押权暂时无从成立而受影响。合同中设立抵押权的债务,在有关查封、扣押、监管措施解除时自然可以得到履行。也就是说,此时的无权处分会因为处分人重新取得处分权而使处分行为确定地生效。《担保制度解释》认为此时抵押权人可以行使抵押权,但是就不动产抵押而言,应当依据《民法典》第403条认为应该以有关抵押登记已经完成从而抵押权得以成立为前提。

3. 房地一并抵押的拟制及必要性

以建筑物抵押的,该建筑物占用范围内的建设用地使用权一并抵押。以建设用地使用权抵押的,该土地上的建筑物一并抵押。抵押人未依据前款规定一并抵押的,未抵押的财产视为一并抵押(第397条)。房地一并抵押的理由无非是在抵押权实现时方便实施房地一并处分。但是,该规定限制了当事人仅以房或地的价值本身设定抵押权的自由,即使为了便于抵押权实现,似乎也没有限制这一自由的必要。因为抵押权实现时,房、地一并处置,抵押权人只获得已抵押的房或地的那部分价值的优先受偿权,也是可能的。建设用地使用权抵押时,新增建筑物的处理,就是这种操作。《民法典》第417条规定:"建设用地使用权抵押后,该土地上新增的建筑物不属于抵押财产。该建设用地使用权实现抵押权时,应当将该土地上新增的建筑物与建设用地使用权一并处分。但是,新增建筑物所得的价款,抵押权人无权优先受偿。"

第398条规定:"乡镇、村企业的建设用地使用权不得单独抵押。以乡镇、村企业的厂房等建筑物抵押的,其占用范围内的建设用地使用权一并抵押。"该条既涉及此时的建设用地使用权不得单独抵押的规定,又涉及抵押房屋时,房地应一并抵押的法律上的拟制。

《担保制度解释》第51条则指出:当事人仅以建设用地使用权抵押,债权人主张抵押权的效力及于土地上已有的建筑物以及正在建造的建筑物已完成部分的,人民法院应予支持。债权人主张抵押权的效力及于正在建造的建筑物的续建部分以及新增建筑物的,人民法院不予支持(第1款)。当事人以正在建造的建筑物抵押,抵押权的效力范围限于已办理抵押登记的部分。当事人按照担保合同的约定,主张抵押权的效力及于续建部分、新增建筑物以及规划中尚未建造的建筑物的,人民法院不予支持(第2款)。抵押人将建设用地使用权、土地上的建筑物或者正在建造的建筑物分别抵押给不同债权人的,人民法院应当根据抵押登记的时间先后确定清偿顺序(第3款)。

该条第1款规定在建的建筑物房随地走,明确以已完成的部分为限,是综合《民法典》第397条和第417条精神进行的解释;第2款规定以在建建筑物本身的抵押,明确抵押所及范围以登记为准,包括登记中提及的将来完成的部分。如果只是合同有约定,没有如此登记,则未登记的部分不具有效力;第3款则指出,建筑物和土地使用权登记给不同的人时,由于房随地走、地随房走,实际上就会出现在同一财产上多次设定抵押权的情形,此时以抵押登记的先后时间确定清偿的顺序。

4. 动产浮动抵押

企业、个体工商户、农业生产经营者可以将现有的以及将有的生产设备、原材料、半成品、产品抵押,债务人不履行到期债务或者发生当事人约定的实现抵押权的情形,债权人有权就抵押财产确定时的动产优先受偿(第396条)。这种情形下债权人享有的抵押权是浮动抵押权。浮动有两层意思:一是指作为抵押权的客体——抵押财产本身不断发生变化,是浮动的;二是抵押财产在确定前(浮动抵押时抵押财产确定的事由,第411条),抵押权的存在实际上对于抵押人没有任何影响,甚至于可以说抵押权就好像不存在一样,浮动在抵押财产之上,没有真正成为抵押财产的物上负担,抵押人可以像处分普通财产一样正常处分抵押财产。这也是满足设定浮动抵押的抵押人正常经营活动的需要。不过,抵押人对财产的处分受到我们下文抵押登记中分析的正常经营活动买受人规则的限制。

(二)抵押合同

1. 抵押合同的含义及结构

抵押合同就是设立抵押权的合同,基于抵押合同抵押人有让抵押权人取得抵押权的义务,因此是债权行为。同时抵押合同也是为了使抵押权得以成立,因此也是物权行为。抵押合同和其他涉及物权变动的合同一样,是具有二元结构的合同。

应该注意,依据抵押合同产生的抵押人让抵押权人取得抵押权的义务,是抵押合同债权行为的效力,不是抵押权本身的效力。如果由于抵押人未配合办理抵押登记,致使抵押权无从成立的,抵押权人可以要求抵押人履行。如果诉讼中不要求实际履行,而是要求提供抵押财产的抵押人承担赔偿责任,在抵押财产价值内承担限额的保证责任的,司法实践中也会予以认可。但是,司法解释似乎认为应当以不能登记为前提条件。2019 年《全国法院民商事审判工作会议纪要》(该纪要也被简称为《九民纪要》)第 60 条指出:"不动产抵押合同依法成立,但未办理抵押登记手续,债权人请求抵押人办理抵押登记手续的,人民法院依法予以支持。因抵押物灭失以及抵押物转让他人等原因不能办理抵押登记,债权人请求抵押人以抵押物的价值为限承担责任的,人民法院依法予以支持,但其范围不得超过抵押权有效设立时抵押人所应当承担的责任。"

《担保制度解释》第 46 条则进一步明确指出:不动产抵押合同生效后未办理抵押登记手续,债权人请求抵押人办理抵押登记手续的,人民法院应予支持(第 1 款)。抵押财产因不可归责于抵押人自身的原因灭失或者被征收等导致不能办理抵押登记,债权人请求抵押人在约定的担保范围内承担责任的,人民法院不予支持;但是抵押人已经获得保险金、赔偿金或者补偿金等,债权人请求抵押人在其所获金额范围内承担赔偿责任的,人民法院依法予以支持(第 2 款)。因抵押人转让抵押财产或者其他可归责于抵押人自身的原因导致不能办理抵押登记,债权人请求抵押人在约定的担保范围内承担责任的,人民法院依法予以支持,但是不得超过抵押权能够设立时抵押人应当承担的责任范围(第 3 款)。应该注意,第 2 款与抵押权人的物上代位权的规定并不相同。因为此时抵押权人还没有取得抵押权,自然不可能当然地享有抵押权人的物上代位权。

对于原本可以获得抵押权的债权人而言,在抵押财产价值限度内获得人的担保,既达到了订立抵押合同的目的,同时又避免了抵押权实现程序上的麻烦。不过这样可能会给未取得抵押权的债权人带来比取得抵押权的债权人还多的便利,因此,《九民纪要》规定"抵押物灭失以及抵押物转让他人等原因不能办理抵押登记",应该也是说得通的。因为可以登记时,就没有赋予抵押权人直接要求抵押人承担限额保证责任的权利,给其带来正常登记时都没有的好处的必要了。当然,这不是鼓励不登记,如果物保人就是债务人,违反抵押合同的违约损害赔偿责任,并不会给原本可以取得抵押权这一物保的债权人,带来任何显著的额外好处。因为抵押人作为债务人本就负有履行抵押所担保的债务的义务,而且其还会因为抵押物灭失以及抵押物转让他人,而失去就该物获得物的担保的机会。

上述解释不应该剥夺债权人要求抵押人另行提供担保物,确保其获得物的担保的权利。比如,甲将 A 栋房屋抵押给乙,担保乙对于甲的债权实现,但未办理房屋抵押登记。此后甲又将 A 栋房屋卖给丙并为丙办理了房屋过户。乙起诉要求甲将其与 A 栋价值相当的 B 栋房屋另行抵押给乙并办理抵押登记。甲的违约赔偿没有价值,因为担保合同担保的就是甲本来负有的债务。违约赔偿不会也不应该在担保的债务之外,再给予赔偿。要求抵押人在 A 栋房屋价值范围内另行提供物的担保,是唯一可行的救济方式。在抵押权的保全规定中,《物权法》第193条和《民法典》第408条都允许抵押权人要求抵押人另行提供担保。抵押合同未能履行,要求抵押人另行提供担保,这个措施并非不可行,否则,有关抵押权保全的法律规定就不可行。未取得抵押权的乙可以起诉,要求甲履行提供抵押担保的义务,就该义务的履行获得判决取得执行依据后,甲若仍未履行,乙可以申请强制执行。法院应该查封与A 栋房屋价值相当的不动产,并裁定强制办理抵押登记(参照《民事诉讼法》第244条)。另外如果可以用来担保的是不可分的财产,其价值高于原本用来抵押的抵押财产的价值,此时债权人依然只能在原本用来抵押的抵押财产的价值范围内获得优先受偿。

2. 抵押合同的形式及内容

(1)形式。

设立抵押权,当事人应当采用书面形式订立抵押合同(第400条第1款)。如果没有书面合同,抵押合同不成立,抵押权无从设定。

(2)内容。

抵押合同一般包括下列条款：①被担保债权的种类和数额；②债务人履行债务的期限；③抵押财产的名称、数量等情况；④担保的范围(第400条第2款)。

(3)流押无效。

抵押权人在债务履行期限届满前，与抵押人约定债务人不履行到期债务时抵押财产归债权人所有的，只能依法就抵押财产优先受偿(第401条)。

流押是指在债务履行期届满前，通常是抵押合同签订时约定，债务人不履行到期债务时，抵押财产归债权人所有。流押可能会造成不公平的后果。例如，以抵押人200万元的房屋为债权人100万元债权提供担保，债务人不履行到期债务，依据流押条款抵押权人取得200万元的房屋显然是不公平的。依据第401条，流押条款不导致抵押权人取得所有权的后果，抵押权人只能就抵押财产优先受偿。

旧《物权法》第186条禁止流押，但违反该禁止规定只是导致流押条款本身无效，而非抵押权不成立。故其适用的结果也是抵押权人只能就抵押财产优先受偿，可见《民法典》和《物权法》规定的法律后果并没有区别。

(三)抵押登记

1. 登记生效

以第395条第1款第1项至第3项规定的财产或者以第5项规定的正在建造的建筑物抵押的，应当办理抵押登记(第402条)。抵押权自登记时设立。也就是说，不动产和在建不动产抵押，设立抵押权的物权行为登记后生效，抵押权登记后成立。

2. 登记对抗

以动产抵押的，抵押权自抵押合同生效时设立；未经登记，不得对抗善意第三人(第403条)。也就是说，动产抵押，抵押权在抵押合同生效时就得以设立，而抵押合同在抵押合同成立时就生效。抵押合同引起设定抵押权的债权债务产生的同时,设定抵押权的物权行为无须登记就已经生效,抵押权就已经成立,抵押人依据债权行为负有让债权人取得抵押权的义务也就得到了履行。但是抵押权未经登记不得对抗善意第三人。善意第三人是指不知道抵押权存在的第三人。同时还要考虑对抗关系的问题,自然也是与抵押财产有关系的第三人,比如抵押动产的买受人。

《担保制度解释》第54条指出:"动产抵押合同订立后未办理抵押登记,动产抵押权的效力按照下列情形分别处理:(一)抵押人转让抵押财产,受让人占有抵押财产后,抵押权人向受让人请求行使抵押权的,人民法院不予支持,但是抵押权人能够举证证明受让人知道或者应当知道已经订立抵押合同的除外;(二)抵押人将抵押财产出租给他人并移转占有,抵押权人行使抵押权的,租赁关系不受影响,但是抵押权人能够举证证明承租人知道或者应当知道已经订立抵押合同的除外;(三)抵押人的其他债权人向人民法院申请保全或者执行抵押财产,人民法院已经作出财产保全裁定或者采取执行措施,抵押权人主张对抵押财产优先受偿的,人民法院不予支持;(四)抵押人破产,抵押权人主张对抵押财产优先受偿的,人民法院不予支持。"

该解释第54条意在确定第403条规定的未经登记不得对抗的第三人的范围。第1项将受让时第三人的范围限制为取得抵押财产占有的善意受让人,此时抵押权在受让人的动产上不再成立,体现了第311条第1款规定的善意取得要件的要求;第2项规定,取得抵押财产占有的善意承租人也属于受保护的第三人,也就是租赁关系不受抵押权的实现的影响;第3项明确申请保护或者申请执行的其他债权人,在法院已经作出财产保全裁定或者采取执行措施的情况下,此时抵押权人相对于这些第三人不能优先受偿,事实上只能劣后受偿;第4项明确破产程序中,未登记的抵押权人只能享有普通债权人的待遇,不具有别除权,不能优先受偿。

该解释未提及就已经转让的特殊动产再设置抵押权的问题。例如,甲把汽车卖给乙,已经完成交付但没有登记。随后甲又把汽车抵押给了不知情的丙(比如是以占有改定方式完成的甲乙之间的买卖合同项下交付,汽车依然在甲手中,甲直接占有),签订了抵押合同,同样也没有登记,现在甲无力还债,丙可否向乙主张抵押权?

对此有两种解决方案:方案一,由于乙的所有权和丙的抵押权均未登记,因此依据《民法典》第225、403条,彼此之间不得对抗,不应该相互否定两者权利的存在。此时应该解释为两项权利并存。也就是说,乙虽然取得所有权,但是不能因此否认丙的抵押权,结果就是丙可以向乙主张抵押权。由于此时丙可以按照所担保的债权金额行使抵押权,事实上导致丙的抵押权优先于乙的所有权,因为限制物权和所有权并存时,会导致限制物权天然优先于所有权,但这将导致丙的抵押权可以对抗乙的所有权,与第403条的规定的精神并不一致。据此可以考虑方案二,即类推适用第414条第1款第3项,由于双方的权利均未登记,相互之间无所谓谁优先,故参照债权比例享有利益。乙取得所有权的债权虽然因为所有权的取得已经实现,但是,由于丙可以主张抵押权,乙已经实现的债权恢复到未实现的状态。对于乙的保护,依然可以参考其取得所有权的债权的金额(通常相当于合同约定的价款)和丙取得抵押权所担保的债权金额,按照两者的比例,让丙主张抵押权。结果是丙的抵押权实际优先受偿的金额会小于约定所担保的金额,丙优先受偿后,与前述第一种方案相比,会有剩余部分(抵押权担保的债权金额不少于抵押财产的价值时)或者更多的剩余部分(抵押权担保的债权金额低于抵押财产价值时)的利益为乙取得。

3. 正常经营活动中买受人规则

以动产抵押的,不得对抗正常经营活动中已经支付合理价款并取得抵押财产的买受人(第404条)。也就是说,只要符合该条规定的条件,不论动产抵押有无登记,也不论买受人是否是第403条意义上的善意第三人,此时抵押权均消灭。

(1)适用范围和立法理由。

正常经营活动中买受人规则既适用于浮动抵押,又适用于普通动产抵押。就该条的立法理由而言,适用于前者是因为有抵押权人的授权,因为浮动抵押几乎将抵押人所有的动产都抵押出去,为了抵押人的正常经营,必须赋予其在正常经营活动中无物上负担地出售抵押动产的权利;适用于后者的原因是为了保护买受人对无物上负担地取得所有权的信赖。也就是说,虽然有抵押,但又是正常经营活动中会处分的动产。一方面,不能期待买受人去查询是否有抵押权的存在;另一方面,买受人有对无物上负担地取得抵押财产的期待和信赖。

(2)适用的条件。

出卖人必须是经营者、抵押人,且销售发生在正常经营活动中。而买受人的资格则无限制。此外合理的价款必须已实际支付,买受人必须取得所有权,且非基于占有改定取得所有权。基于占有改定取得所有权的,如果抵押权人在买受人未现实取得占有之前主张抵押权的追及效力,则不受第403条的影响。

(3)不适用情形。

抵押已经登记不影响本条规则的适用。但是,经营者以其所使用的设备设定普通动产抵押并且已经登记的,或者出卖人对于抵押财产转让加以限制且买受人明知的,此时抵押人的销售行为可能不构成正常经营活动,故而不适用该规则。就买受人明知转让限制来说,不包括可以通过登记查阅知道转让限制的情形。因为对于诸如产品一类的普通抵押,该类产品原本就在正常经营活动中可以用于销售,要求受让人去查询有无转让限制的抵押登记的存在,是不切实际的要求。

(4)适用的后果。

规则适用后,抵押权人在抵押财产上的抵押权消灭。对于浮动抵押而言,可以依据约定在抵押人的其他财产包括将来取得的财产上继续产生抵押权;就普通动产抵押而言,抵押权人可以通过第406条第2款的价金代位权规则的适用获得保护,规则适用时可以依据沉底规则及不增规则追及价金。

[**例 5-5**] 抵押人甲账户上原有 30 万元。1 月 10 日出售抵押给乙的抵押财产得款 50 万元,存入账户。1 月 15 日支付他人欠款 40 万元,1 月 16 日,存入非抵押财产销售款 30 万元。1 月 18 日,乙主张价金代位权时,甲可以支配的范围是 40 万元。理由是,50 万元入账后,成了甲最后可以动用的钱(沉底规则)。甲 1 月 15 日支付 40 万元,默认是从其账户上支付自有的 30 万元,再加上从 50 万元价款中支付 10 万元。此时乙可以就剩下的 40 万元主张追及。甲后来存入的 30 万元,与抵押权人无关,抵押权人的追及的范围还是 40 万元(不增规则)。[1]

(5)《担保制度解释》第 56 条关于正常经营活动中买受人规则之规定的分析。

该条指出,买受人在出卖人正常经营活动中通过支付合理对价取得已被设立担保物权的动产,担保物权人请求就该动产优先受偿的,人民法院不予支持,但是有下列情形之一的除外:①购买商品的数量明显超过一般买受人;②购买出卖人的生产设备;③订立买卖合同的目的在于担保出卖人或者第三人履行债务;④买受人与出卖人存在直接或者间接的控制关系;⑤买受人应当查询抵押登记而未查询的其他情形(第

---

〔1〕 价金追及中的沉底规则和不增规则,是笔者根据美国学者对动产担保权人对于转让价金这种收益追及规则的分析进行的概括,该规则也称为最低中间余额规则(Lowest intermediate balance rule),也就是有关追及最多只能追到在此期间的最低余额。该规则源于信托法处理受托人资金和受益人资金账户混和后确定受益人权益范围的衡平法规则,Restat 2d of Trusts, § 202, Comments I, j, & Illustrations 17-22;《美国统一商法典》第 9-315 条 b 款第 2 项规定,当收益不是货物时,担保权人根据包括衡平法原则确定追及方法确定的收益,为担保权效力所及,正式评注 3 指出,这里的"衡平法原则"包括其他法律可能允许适用的"最低中间余额规则"。有关分析见 Burnham S.J., Glannon Guide to Secured Transactions: Learning Secured Transactions Through Multiple-Choice Questions and Analysis. Wolters Kluwer Law & Business, 2018, pp.85-86, 中文文献参见贾林青:《论代位物的确定规则——美国统一商法典的启示》,载《天津商业大学学报》2011 年第 3 期,第 59 页。在比较了"先进先出""后进先出"等各国的做法后,就价金的追及,联合国贸易法委员会《贸易法委员会担保交易示范法》第 10 条第 2 款 c 项也选择了这一最低中间余额规则,规定:在现金或银行账户贷记款为形式的收益与同类其他资产相混合的,"如果在混合后的任何时间内,混合后现金或贷记款的数额小于混合前即刻存在的现金或贷记款的数额,混合后现金或贷记款上的担保权限定于从现金或贷记款混合至主张担保权这一时间段内的最低数额"。

1款)。前款所称出卖人正常经营活动,是指出卖人的经营活动属于其营业执照明确记载的经营范围,且出卖人持续销售同类商品。前款所称担保物权人,是指已经办理登记的抵押权人、所有权保留买卖的出卖人、融资租赁合同的出租人(第2款)。

该条显然是对第404条正常经营活动中买受人规则的解释。

①适用的主体。

适用的主体为已经办理登记的抵押权人,未登记的抵押权人被剔除在正常经营活动中买受人规则适用范围之外。第404条规定了保护买受人的条件。事实上未登记抵押权的抵押权人依据第403条也可以对抗恶意的买受人从而主张抵押权存在,也就是知道抵押权存在的恶意买受人不受保护。问题在于,如果恶意的买受人具备第404条的条件,能不能适用这一条保护该买受人呢?如果说这种限制的目的是保护买受人,但是事实上如此解释反而不能保护买受人,那么如此解释的必要性何在?就此来说,登记的要求应该是不必要的。换言之,此时只能认为该解释是强调,即使抵押权已经登记,依然有适用正常经营活动中买受人规则的余地,而如果抵押权没有登记,则更有适用该规则保护买受人的必要。应该注意的是,如果买受人是恶意的,也就是知道抵押权的存在,同时又不符合正常经营活动买受人规则的适用条件,此时抵押权人依然可以依据第403条对抗买受人。

适用的对象还包括已经办理所有权保留买卖登记的出卖人、融资租赁合同的出租人,适用于这些担保物权人的解释本身,则是类推适用第404条的结果。登记的必要性则同样存在以上问题。

②正常经营活动的理解以及不属于正常经营活动的情形。

《担保制度解释》第5条第2款指出,出卖人正常经营活动,是指出卖人的经营活动属于其营业执照明确记载的经营范围,且出卖人持续销售同类商品。第1款中不适用于购买出卖人的生产设备的情形,也就是理所当然了。

不过,解释者似乎只是考虑到了普通的动产抵押。如果是浮动抵押,那么在抵押权设定后,依据浮动抵押的本质,抵押人原本就可以处理包括被设定了浮动抵押的设备本身,此时的买受人依然受到第404条的保护。具体来说,生产设备作为浮动抵押财产的客体,在浮动抵押的抵押财产确定前,抵押权人并不当然享有优先受偿权。依据第396条,只有在浮动抵押财产依据第411条确定时,抵押人才拥有作为抵押权客体的抵押财产,抵押权人才可以优先受偿。既然生产设备是依据第396条设定的浮动抵押的客体,并且在确定前并不为抵押权人的优先受偿效力所及,那么自然也就可以在确定前进行无物上负担地处分。当然,此时的处分同样需要满足第404条的规定,即在正常经营活动中出售。与产品的出售不同,后者出售是正常经营活动中所必需的,也就是自证的。至于生产设备的出售是否属于正常经营活动,则需要结合个案情形来确定。如在企业的更新换代中出售既有的旧设备,就属于正常经营活动,而为筹措资金购买原材料等而出售生产设备,是否是正常经营活动,可能会有疑问。但是无论如何,生产设备的出售不应当然地被排除在正常经营活动之外。对《担保制度解释》第56条的理解,不能脱离《民法典》规定下的以上逻辑。

解释提及的不适用正常经营活动中买受人规则的购买商品的数量明显超过一般买受人的情形,大致也可以归入不符合上述正常经营活动标准的范围,解释的考量可能是此时抵押权消灭对于抵押权人过于不利。但是,如果是浮动抵押,抵押权的消灭本就是抵押权人能够预期的;如果是普通抵押权,该制度可能有保护作用,但在大宗交易下,通常是可以通过前文所述价金代位权保护抵押权人的。另外,有关不受保护的买受人标准显然也过于含糊,不符合第404条保护买受人的立法目的,是没有必要的解释,适用时有必要严加控制。

③不适用正常经营活动中买受人规则的其他情形。

第一,订立买卖合同的目的在于担保出卖人或者第三人履行债务。也就是说,该条仅适用于真正的买受人。如果是用来提供担保,则涉及不同担保之间的顺位问题,而不是消灭在先设立的担保物权。

第二,买受人与出卖人存在直接或者间接的控制关系以及属于买受人应当查询抵押登记而未查询的其他情形。此时不适用该规则的理由是,买受人此时知道或者应当知道抵押权的存在,自然抵押权就不应该消灭。对于浮动动产抵押,同样存在不适用这两种例外的问题。而对于普通动产抵押,抵押权人如果并未限制抵押财产的转让,仍然允许其被用于正常经营活动,抵押权人自然是预见了抵押财产有被转让的可能,此时通过价金代位权保护抵押权人即可,为什么就一定不适用该规则?因此,这两项解释的适当理解应该是,当事人确有约定禁止转让,并且存在这两种情形使受让人知道或者应当知道禁止转让约定的存在,而非仅仅是知道抵押权的存在。该条第 1 款第 4、5 项都应该与禁止转让约定的知悉有关,如果没有禁止转让,又允许用于正常经营活动,自然抵押权人就认可抵押财产的转让。反推可知,不管有无查询,或者是否确实知悉抵押权存在,均不影响正常经营活动买受人规则的适用。第 406 条第 1 款第 2 句,承认限制转让的约定。换言之,登记实务中应当区分抵押财产可以转让的抵押和不可以转让的抵押,使得买受人通过查询可以了解这个事实。如果登记的是禁止转让的抵押,或者未登记但买受人实际知悉,此时有关的买卖无论如何都不构成"正常"经营活动中的买卖。如果想要妥当适用该条第 1 款第 4、5 项并赋予其合理性,也只能从这个角度进行限制性理解。

由于融资租赁的标的物通常是设备、交通运输工具一类,而且依据租赁合同约定必须承租人自己使用,而非出售他人,不出售才是正常经营活动中的常态。如果出售于买受人,买受人也应该查询有关动产的抵押登记系统,从而知道作为担保提供人的承租人的转让行为,侵害了出租人的利益,买受人通常也就不会是正常经营活动中买受人。同时依据前述对于解释第 1 款第 5 项的理解,虽然第 2 款认为融资租赁可以类推适用规则,但是通常没有类推适用的事实前提。

三、抵押权效力

(一)抵押权效力所及范围

1.抵押权所担保的债权范围

针对担保物权担保的债权范围,《民法典》规定:担保物权的担保范围包括主债权及其利息、违约金、损害赔偿金、保管担保财产和实现担保物权的费用。当事人另有约定的,按照其约定(第389条)。由于抵押权人不占有抵押财产,保管担保财产的费用不属于抵押权人的债权的一部分,自然也就不会在担保范围之列。

(1)主债权。

此时主债权显然仅指金钱债权,否则,只是担保债务不履行时替代非金钱债权履行而引起的违约金、损害赔偿金的清偿等。当然非金钱债权量化为金钱债权进行登记,也未必不可。这种登记可以起到限制抵押人担保责任的作用,同时也可能是登记的需要。

(2)利息。

这里也是默认为金钱债权的约定利息。如果利息债权未进行登记,该如何处理?《九民纪要》第58条指出:"以登记作为公示方式的不动产担保物权的担保范围,一般应当以登记的范围为准。但是,我国目前不动产担保物权登记,不同地区的系统设置及登记规则并不一致,人民法院在审理案件时应当充分注意制度设计上的差别,作出符合实际的判断:一是多数省区市的登记系统未设置'担保范围'栏目,仅有'被担保主债权数额(最高债权数额)'的表述,且只能填写固定数字。而当事人在合同中又往往约定担保物权的担保范围包括主债权及其利息、违约金等附属债权,致使合同约定的担保范围与登记不一致。显然,这种不一致是由于该地区登记系统设置及登记规则造成的该地区的普遍现象。人民法院以合同约定认定担保物权的担保范围,是符合实际的妥当选择。二是一些省区市不动产登记系统设置与登记规则比较规范,担保物权登记范围与合同约定一致在该地区是常态或者普遍现象,人民法院在审理案件时,应当以登记的担保范围为准。"《九民纪要》的核心意思是,如果不是由于登记程序不规范,或者无法进行登记造成的,抵押权设定需要登记的,则以登记为准,不包括未登记的利息,以及其他的法定担保范围。不过,2020年的《担保制度解释》第47条明确规定:"不动产登记簿就抵押财产、被担保的债权范围等所作的记载与抵押合同约定不一致的,人民法院应当根据登记簿的记载确定抵押财产、被担保的债权范围等事项。"也就是说,登记记载与抵押合同约定不一致的,一概以登记为准。但如果登记和合同约定的差别是由登记系统不完善造成的,则不适用该解释。

  质权所担保的债权和抵押权一样,质押合同当然会约定对主债权提供担保,或者就是模糊地约定为主债权提供担保。但依据《民法典》第389条的规定,除主债权以外的利息、违约金等同样属于担保的债权范围。质权成立会通过交付公示,但是交付本身并不能公示担保多大的债权,因此质权担保的债权范围,是基于法律规定确定的,而不是公示确定的,因此同样适用第389条确定抵押权的担保范围。为什么主债权之外的其他债权没有登记,还需要考虑是不是属于担保的债权范围?以公示与否限定主债权之外其他法定的担保物权的担保范围,其实是没有必要的,质押如此,抵押也应该是如此。至于后顺位的担保物权人,自然应该知道担保范围不以登记的主债权为限,因为法律规定就不以主债权为限,不算承受了什么不测风险。登记不是赋权,而是公示,公示不会改变抵押权实际约定的担保范围。如果存在缩小法定担保范围的约定,则以约定为准。但是,约定超出法定的担保范围,又没有登记公示的,自然不能作前述理解。立法论上看,如果一定要登记才能发生对世效力,关键是金额要确定,不确定金额的登记是没有多大价值的。允许以不确定金额作为担保的范围本身就使公示的确定性大大降低,再去强求登记后法定的担保范围才有对世效力,事实上不过是缘木求鱼。

（3）违约金、损害赔偿金。

违约金和损害赔偿金都是债务人不履行债务的后果,因此,法律明确其属于抵押权所担保的债权范围。

违约金可能有确定的金额,也可能只有一个计算方法,如前所述,需要进行登记且可以进行登记的,只有在登记后才能被纳入担保的范围。损害赔偿金本身需要根据违约的具体情况确定,若也以登记为准,显然是不现实的。即使让登记也没有具体数字,因此不应认为,损害赔偿金属于《九民纪要》中需要登记的其他的法定担保范围。

就定金责任而言,因其也是违约责任的一种形式,金额也是确定的,有参照违约金的规则处理的余地。但是,我国《民法典》没有将定金责任列入法定的担保范围,解释上不属于担保范围,但其妥当性有待商榷。

（4）实现抵押权的费用。

此费用包括拍卖变卖抵押财产的费用以及与抵押权实现有关的诉讼费用(取得执行依据的费用)。相比于其他被担保的债权,应该第一顺序地优先受偿。事实上就拍卖费用,拍卖机构也会在确定拍卖所得时先行扣除。

（5）所谓的担保合同本身的责任。

未及时履行担保合同,是否也有违约责任？答案应该是否定的。抵押合同作为从合同,抵押人的责任范围最终取决于担保的债权范围,不存在区别于主合同责任范围的担保人的担保合同责任。《九民纪要》第55条指出:担保人承担的担保责任范围不应当大于主债务,是担保从属性的必然要求。当事人约定的担保责任的范围大于主债务的,如针对担保责任约定专门的违约责任、担保责任的数额高于主债务、担保责任约定的利息高于主债务利息、担保责任的履行期先于主债务履行期届满等,均应当认定大于主债务部分的约定无效,从而使担保责任缩减至主债务的范围。

《担保制度解释》则将这一结论适用于所有的担保之上,其第3条指出:当事人对担保责任的承担约定专门的违约责任,或者约定的担保责任范围超出债务人应当承担的责任范围,担保人主张仅在债务人应当承担的责任范围内承担责任的,人民法院应予支持(第1款)。担保人承担的责任超出债务人应当承担的责任范围,担保人向债务人追偿,债务人主张仅在其应当承担的责任范围内承担责任的,人民法院应予支持;担保人请求债权人返还超出部分的,人民法院依法予以支持(第2款)。该条的要点有两个方面:一方面担保人应当承担的责任不能超出主债务人的责任;另一方面实际承担的责任超过主债务人的责任的,超过的部分不能对主债务人追偿,只可以请求债权人返还。

2.抵押权所及抵押财产的范围

(1)抵押财产原物。

抵押财产是抵押权的客体,当然为抵押权效力所及。

作为浮动抵押的客体,根据浮动抵押的本质,抵押财产本身就可以在正常经营活动中自由处分,在抵押财产确定之前实际上不为抵押权效力所及,抵押权如同尚未落下的达摩克利斯之剑。如果在此期间抵押人就相应财产为新产生的债务设定质权或者设定普通动产抵押,此时抵押权和质权的顺位应该优先于抵押财产在后确定的浮动抵押的抵押权人。不过《九民纪要》第64条指出:企业将其现有的以及将有的生产设备、原材料、半成品及产品等财产设定浮动抵押后,又将其中的生产设备等部分财产设定了动产抵押,并都办理了抵押登记的,根据《物权法》第199条(即《民法典》第414条)的规定,登记在先的浮动抵押优先于登记在后的动产抵押。但这一解释在实践中可能缺乏可操作性。如在浮动抵押的抵押财产确定前,普通动产抵押的抵押权人具备抵押权实现条件时,还能实现抵押权吗?若可以实现,浮动抵押的抵押财产就会特定?如果可以实现,也不需要浮动抵押的抵押财产确定,但是既然其顺位在前,则有必要为其保存与所担保的债权数额相当的财产,而浮动抵押所担保的债权往往很大,此时顺位在后的抵押权人至少在浮动抵押的抵押财产确定前无法主张优先受偿权,或者根本就无法主张优先受偿权(因为浮动抵押权人优先受偿后无剩余)。如此解释,实际上会起到禁止设定一般动产抵押的效果,这与浮动抵押在设定后不妨碍抵押人对于抵押财产正常处分的本质不符,也与正常经营活动买受人规则精神不符。因为出售都可以,为什么抵押不可以?就浮动抵押来说,为了让几乎将所有的动产都抵押了的抵押人能够正常从事经营活动,第404条正常经营活动中买受人规则赋予了抵押人无物上负担地出售抵押财产的权利,而对于正常经营活动中设定普通抵押本身,如为筹资而设定抵押,则可以类推适用第404条加以认可。且与买受人类似,此时普通抵押的抵押权人的地位优先于浮动抵押的抵押权人。就此来说,《九民纪要》第64条所谓再次设定的普通抵押,由于登记在后而顺位在后的解释,不适用于正常经营活动中取得普通动产抵押的抵押权人。

浮动抵押的抵押财产确定后,浮动抵押权就与普通抵押权没有区别。浮动抵押的抵押财产自下列情形之一发生时确定:①履行期限届满,债权未实现;②抵押人被宣告破产或者解散清算;③当事人约定的实现抵押权的情形;④严重影响债权实现的其他情形(第411条)。

(2)抵押财产的从物。

抵押权的设定构成对抵押财产的处分,此时可以类推适用第320条,在对主物设立抵押权时,抵押财产的从物也随之抵押。《担保制度解释》第40条也指出:从物产生于抵押权依法设立前,抵押权人主张抵押权的效力及于从物的,人民法院应予支持,但是当事人另有约定的除外。从物产生于抵押权依法设立后,抵押权人主张抵押权的效力及于从物的,人民法院不予支持,但是在抵押权实现时可以一并处分。从物产生的说法,是指主从物的关系的发生。例如,有城市规定车牌的取得需要支付车牌费用,同时车辆转让时,车牌不转让,而是需要退回牌照,车主因此可以获得退牌费。如果甲将价值10万元的车辆抵押给乙,担保乙20万元的债权。乙实现抵押权时,甲可以获得车牌退牌费,就该车牌的退牌费本身抵押权人乙是否可以优先受偿?这是这些城市对于二手车转让中关于车牌转让的规定带来的抵押权实现过程中的特殊问题,对此没有明确的法律规定。解释上似乎应该认为此时车牌的牌照费应该为抵押权效力所及,理由是:第一,车牌退牌费与车辆密切相关,正是因为车辆卖了,所以车主的牌照利益才会有补偿。牌照利益类似于抵押车辆的从物,就牌照本身的补偿,应参照《民法典》第320条规定的精神以及《担保制度解释》第40条关于抵押时存在的从物为抵押权效力所及的解释,牌照利益也为抵押权效力所及。第二,牌照利益要么是抵押人享有,作为确保所有债权人债权实现的一般性的责任财产,要么是抵押权人享有,作为抵押权人可以优先受偿的财产。一般债权人一般不会有将已经抵押车辆的牌照利益作为确保自己债权实现的责任财产的期待,而抵押权人则相反。因此,在解释上认为退牌费为抵押权效力所及也符合当事人的意图。

(3)孳息。

抵押期间,抵押财产为抵押人所占有,使用收益的权利自然由抵押人行使。抵押权的效力依据设立抵押权的本旨,自然也就不及于抵押财产的孳息。不过因为抵押权的实现,抵押财产被扣押、查封,此时也就失去了让抵押人对抵押财产继续使用收益的必要,有关的孳息同样应该作为抵押财产用来确保所担保的债权清偿,抵押权的效力此时也就及于孳息。

《民法典》第412条规定:债务人不履行到期债务或者发生当事人约定的实现抵押权的情形,致使抵押财产被人民法院依法扣押的,自扣押之日起,抵押权人有权收取该抵押财产的天然孳息或者法定孳息,但是抵押权人未通知应当清偿法定孳息义务人的除外(第1款)。前款规定的孳息应当先充抵收取孳息的费用(第2款)。该条虽然只规定了抵押权人有权收取抵押财产的孳息,但解释上应该认为抵押权人也有权就孳息优先受偿。

(4)关于添附物。

《担保制度解释》第41条指出:抵押权依法设立后,抵押财产被添附,添附物归第三人所有,抵押权人主张抵押权效力及于补偿金的,人民法院应予支持(第 1 款)。抵押权依法设立后,抵押财产被添附,抵押人对添附物享有所有权,抵押权人主张抵押权的效力及于添附物的,人民法院应予支持,但是添附导致抵押财产价值增加的,抵押权的效力不及于增加的价值部分(第 2 款)。抵押权依法设立后,抵押人与第三人因添附成为添附物的共有人,抵押权人主张抵押权的效力及于抵押人对共有物享有的份额的,人民法院应予支持(第 3 款)。本条所称添附,包括附合、混合与加工。(第 4 款)

该条第 1 款类推适用第 390 条物上代位的规定,承认在添附后因抵押人所有权消灭而导致抵押权消灭时,抵押权人可就抵押人的补偿金享有代位请求权;第 2 款则是强调即使抵押人的所有权添附后不消灭,也不及于因为添附后抵押财产价值增加的部分;第 3 款在添附物为抵押人与第三人共有时,承认抵押权及于抵押人就添附后的抵押财产本身的共有份额。该解释的核心观点是,抵押权不及于因为添附本身增加的价值,抵押权人的权利只能及于添附前抵押财产的价值。对此,可以不精确地概括为抵押权不及于添附物。

(二)抵押权人的权利

1. 抵押权人的优先受偿权

优先受偿权是抵押权人最根本的权利,具体的行使将在抵押权的实现以及抵押权的顺序中予以说明。

2. 抵押权的处分

(1)抵押权的转让和用作担保。

如前所述,抵押权作为所担保的债权的从权利,随债权的处分而处分。抵押权不得与债权分离而单独转让或者作为其他债权的担保。债权转让的,担保该债权的抵押权一并转让,但是法律另有规定或者当事人另有约定的除外(第 407 条)。所谓法律另有规定,是指第 421 条关于从属性较弱的最高额抵押权所担保的债权转让,抵押权不得转让的规定。就当事人另有约定而言,可能发生在债权的部分让与的情形,这种约定不但突破了从属性,更是突破了不可分性。至于约定债权全部转让时抵押权不得转让的,此时,不仅仅是指抵押权不得转让,还指不随债权一并转让的抵押权消灭,因为让债权让与人继续行使抵押权的后果是不可接受的,不符合抵押权的性质。

实践中,可能存在债权已经有效转让,但是抵押权的变更登记尚未完成的情形。在债务人不履行债务的情况下,认为原债权人依然有优先受偿权,也同样是不可接受的。《九民纪要》第62条指出:"抵押权是从属于主合同的从权利,根据'从随主'规则,债权转让的,除法律另有规定或者当事人另有约定外,担保该债权的抵押权一并转让。受让人向抵押人主张行使抵押权,抵押人以受让人不是抵押合同的当事人、未办理变更登记等为由提出抗辩的,人民法院不予支持。"《民法典》第547条第2款明确规定,债权的受让人取得从权利不因从权利未办理转移登记而受到影响。

《民法典》并未明确抵押权可以随同主债权一起作为其他债权的担保,但是正如下文权利质权中所讨论的,债权可以转让,自然没有不可以质押的道理。例如,甲向乙借款100万元,并以自己的房屋抵押给乙,而乙又向丙借款80万元。为担保丙的债权的实现,乙可以将自己对于甲所享有的债权质押给丙,担保出质债权实现的对甲房屋的抵押权也随同作为丙实现债权的担保。也就是说,如果乙到期未履行债务,丙就乙对甲的债权优先受偿,若甲同样未履行义务,则丙可以就作为担保其享有的质权的客体债权实现的抵押权优先受偿。

(2)抵押权的放弃、变更。

①放弃、变更的程序。

抵押权人可以放弃抵押权(第409条第1款第1句)。抵押权的放弃,即抵押权人放弃自己享有的抵押权,导致自己的抵押权消灭的意思表示。

抵押权人不能单方变更抵押权的内容,抵押权人与抵押人可以协议变更被担保的债权数额等内容。但是,抵押权的变更未经其他抵押权人书面同意的,不得对其他抵押权人产生不利影响(第409条第1款第 2 句)。

②抵押权人放弃、变更债务人设定的抵押权的影响。

债务人以自己的财产设定抵押,抵押权人放弃该抵押权或者变更抵押权的,其他担保人在抵押权人丧失优先受偿权益的范围内免除担保责任,但是,其他担保人承诺仍然提供担保的除外(第 409 条第 2 款)。

[例 5-6] 甲向乙借款 200 万元,并以价值 100 万元的房屋为乙设定了抵押权,而后丙为甲的该笔借款与乙签订了连带责任保证合同。如果乙放弃了对甲的房屋享有的抵押权,丙如何承担其担保责任?

依据第 392 条第 1 句第 2 分句债务人提供的物保优先的规则,丙应该在甲的 100 万元物保之外对债权人乙承担保证责任,即承担 100 万元的保证责任。现在抵押权人乙放弃了 100 万元的物保,抵押权人也就丧失了 100 万元的优先受偿权益,债务人的物保消灭,债务人的物保优先也就无从谈起,丙应该就 200 万元的债权承担保证责任。但是,依据第 409 条第 2 款的规定,丙在乙因为放弃抵押权而丧失的 100 万元的优先受偿的权益的范围内免除担保责任,也即丙还是承担 100 万元的担保责任。不能认为,由于债务人的物保优先,丙原本承担 100 万元的人保的担保责任,因为乙又放弃了 100 万元的物保,在 100 万元的人保基础上再减去乙基于所放弃的物保而享有的 100 万元的优先受偿利益,从而丙什么责任都无须承担。

据此可以认为,关于放弃抵押权影响的规定,其理由是债务人的物保本就优先于其他担保人承担的责任,其他担保人实际上是在该物保以外承担责任的。规定的意义在于既不让其他担保人的责任因为权利人的放弃而加重,也不应该让其他担保人的担保责任无故减轻。

如果基于第 392 条第 1 款第 1 分句,约定了其他担保人的担保和债务人的物保无承担责任先后顺序时,此时即使是其他担保人承担责任,基于追偿权(第 392 条第 2 句)或者债权的法定移转(第 700 条),承担了担保责任的其他担保人原本应该在追偿的同时,就可以对债务人主张该物保。由于抵押权人放弃了该物保,导致其他担保人失去了就物保优先受偿的机会,故同样有必要适用放弃抵押权影响的规定。也就是说,此时,其他担保人同样在抵押权人放弃的债务人提供物保的优先受偿利益的范围内免除责任。

如果担保均为第三人提供,但是各方当事人约定其中一个担保人的担保责任优先,这意味着其他担保人同样仅在该担保范围之外承担担保责任。如果债权人放弃应该优先承担责任的担保人的担保,上述规定应该类推适用。

即使担保均为第三人提供,且依据第392条第1句第1分句或者第3分句,彼此间没有承担责任的先后顺序,但是由于类推适用连带责任或者连带债务的追偿权规定,各担保权人之间还是可以彼此追偿。如果债权人放弃其中一个担保,类推适用上述规定,其他担保人在其可以追偿的范围内,同样应该免除担保责任。

就减少抵押权所担保债权的数额的抵押权的变更,以上分析同样成立,不再赘述。

3.抵押权的保全

(1)含义。

抵押人的行为足以使抵押财产价值减少的,抵押权人有权请求抵押人停止其行为;抵押财产价值减少的,抵押权人有权请求恢复抵押财产的价值,或者提供与减少的价值相应的担保。抵押人不恢复抵押财产的价值,也不提供担保的,抵押权人有权请求债务人提前清偿债务(第408条)。据此,抵押权的保全是指抵押人的行为足以造成或者实际造成抵押财产的价值持续减少的,抵押权人可以采取的保全抵押财产价值的法律措施。

(2)行为停止请求权。

抵押人的行为足以造成抵押财产价值减少的,既包括有造成抵押财产价值减少危险的行为,也包括正在导致抵押财产价值持续减少的行为。抵押权人有权要求抵押人停止相应的行为,避免抵押财产价值减少或者持续减少。例如,抵押人将抵押的家用汽车用于出租车营运,会造成抵押财产折旧加快,进而产生当事人所未预期的抵押财产的价值减少,此时,抵押权人有权要求抵押人停止该行为。一方面,这是抵押权人所预期的;另一方面,抵押人本就有正常使用未移转占有的抵押财产的权利,此时即使造成抵押财产价值减少,抵押权人不能基于抵押权的保全,行使停止行为请求权。

(3)恢复价值请求权。

抵押人的行为实际造成抵押财产的价值减少的,抵押权人可以要求抵押人恢复抵押财产的价值,或者提供与减少的价值相应的担保以代替恢复抵押财产价值。这实际上是因为抵押人造成抵押权人的权利损害而需要由其承担损害赔偿责任。解释上与第1165条第1款规定的一般侵权行为一样,责任的承担应该以抵押人的行为有过错为前提。

基于抵押权的不可分性,即使剩余的抵押财产的价值依然足以担保债权,抵押权人应该依然享有恢复价值请求权。

恢复价值请求权行使无果的,抵押权人可以提前实现抵押权。但是,如果此时抵押财产因为价值减少,不能确保抵押权人的债权得到清偿的,抵押权人可以要求抵押人提供与减少的价值相应的担保。

(三)抵押人的权利

1. 使用、收益的权利

在抵押期间,由于不移转对抵押财产的占有,抵押人有权对抵押财产使用收益。当然,如前所述,使用收益的权利不得与抵押权人的保全措施相冲突。

基于买卖不破租赁的逻辑,抵押也不破租赁,抵押权设立前,抵押财产已经出租并转移占有的,原租赁关系不受该抵押权的影响(第405条)。抵押权设定不移转占有,承租人的占有自然不会受到影响。所谓租赁关系不受抵押权的影响,实质上是指抵押权实现时,也就是抵押财产拍卖、变卖或者折价归抵押权人所有时,抵押权人不能主张解除租赁关系后实现抵押权。抵押期间,将抵押财产租赁,抵押权在实现时自然不受上述限制。

2.处分权

处分即在抵押财产上再次设定物上负担或者转让抵押财产。抵押后抵押人可以在抵押财产之上再次设立抵押权或者质权等物上负担。就抵押权和其他担保物权之间的顺序将在下文详细探讨,此处只讨论抵押财产的转让。

(1)抵押财产附物上负担转让。

抵押期间,抵押人可以转让抵押财产,但是抵押权不受影响(第406条第1款第1句、第3句),即抵押权具有追及效力。

(2)抵押财产附物上负担转让的三种形态。

①有债务承担的抵押财产的转让。

有债务承担的抵押财产的转让,即抵押财产按照第406条第1款规定,附物上负担地转让后,受让人除了作为物上保证人对抵押权所担保的债务负责之外,个人不对所担保的债务负责。

有债务承担的抵押财产转让的法律后果,有以下四个方面:

第一,对于债务人。由于不存在债务承担的问题,抵押权所担保的债务仍然由原债务人履行。

第二,对于原抵押人。对于原抵押人而言,如果其原本就是债务人,抵押财产转让之后,其应当继续对抵押权所担保的债务负责。如果其并非债务人,而是物上保证人,抵押财产转让后,其也就不再是物上保证人,不需要对抵押权所担保债务再承担任何责任。

第三,对于受让人。由于抵押权并不消灭,受让人仍然需要按照抵押合同原来的约定,以受让的抵押财产对抵押所担保的债务承担责任。也就是说,受让人作为新的抵押人,成为债务的物上保证人。

第四,对于抵押权人。抵押权人作为债权人,其债权仍然应该对原债务人主张,同时对抵押财产的受让人就转让的抵押财产继续享有抵押权。

[例5-7]甲将价值200万元房屋抵押给银行乙,用以担保为购买该房屋所需支付的价款。在尚有50万元贷款未清偿时,甲根据《民法

典》第 406 条第 1 款将房屋转让给丙。剩余 50 万元房贷,由甲继续负责偿还。

房屋价值 200 万元,且房贷与受让人无关,房屋价款自然通常就是 200 万元。问题在于,如果甲不归还房贷,丙的房屋将会进入抵押权实现程序,支付全部房款的丙自然不会愿意承担该风险。作为后续,甲、丙通常会约定将一部分房款用来提前清偿所担保的债务,从而使房屋上的抵押权得以消灭。此时与原《物权法》第 191 条第 1 款确立的无物上负担的抵押财产的转让区别在于,存在附物上负担的抵押财产转让的过程,如果连这一过程都没有,则既不属于《民法典》第 406 条规定的转让模式,也不属于原《物权法》第 191 条第 1 款规定的转让模式。因为就买卖本身抵押权人并没有参与,没有经过抵押权人同意转让的问题。如果原抵押人本就是物上保证人,其还款后,参照第 392 条第 2 句,可以向债务人追偿。

转让也可以是无偿的,根据《民法典》第 406 条第 1 款规定将房屋赠与丙,法律分析则相对比较简单,此时丙只需要承担甲不履行债务时,房屋被银行乙主张实现抵押权的后果。

②有免责的债务承担的抵押财产的转让。

有免责的债务承担的抵押财产的转让,即按照第 406 条第 1 款,附物上负担转让抵押财产后,受让人除了作为物上保证人对抵押权所担保的债务负责之外,还需要对所担保的债务负责,且原债务人不再对所担保的债务负责。《民法典》第 551 条第 1 款规定,"债务人将债务的全部或者部分转移给第三人的,应当经债权人同意",即免责的债务承担应该经过债权人同意。亦即,附物上负担抵押财产的转让虽然无须抵押权人同意,但是抵押权人作为债权人,在有免责的债务承担的抵押财产的转让中,免责的债务承担应该经过其同意。

有免责的债务承担的抵押财产的转让的法律后果,有以下四个方面:

第一,对于债务人。由于发生了免责的债务承担,其不再对抵押权所担保的债务负有责任。

第二,对于原抵押人。对于原抵押人而言,如果其原本就是债务人,那么在抵押财产转让之后,其无须继续对抵押权所担保的债务负责。如果其并非债务人,而是物上保证人,那么在抵押财产转让后,其也就不再是物上保证人,同样不需要对抵押权所担保的债务再承担任何责任。

第三,对于受让人。由于抵押权并不消灭,受让人仍然需要按照抵押合同原来的约定,以受让的抵押财产对抵押所担保的债务承担责任。同时,其也需要作为债务人对抵押财产所担保的债务负责。

第四,对于抵押权人。由于有免责的债务承担,抵押权人应该向抵押财产的受让人主张其债权。同时,抵押权人就转让的抵押财产继续享有抵押权。

[例5-8]甲将价值200万元的房屋抵押给银行乙,用以担保为购买该房屋所需支付的房屋价款。在贷款尚有50万元未清偿时,甲根据《民法典》第406条第1款将房屋转让给丙。同时,根据甲、丙的约定,并经过乙同意,剩余50万元房贷也由丙负责偿还。

此时,由于房贷由丙负责偿还,房价中自然应该扣除该房贷,故房价应该是150万元。原《物权法》第191条第1款模式下无物上负担的转让,买方可能没有足够的价款支付房款,还是会继续抵押房屋,贷款支付房屋价款。如果所需贷款的额度不高于此时未还的房贷,《民法典》模式下的这种转让可以简化手续,且受让人无须先筹措资金按照无物上负担的转让模式消灭抵押权。不过,如果买方本来就准备贷更多的款,显然还是得采取《物权法》的模式。

③有并存的债务承担的抵押财产的转让。

有并存的债务承担的抵押财产的转让,即根据第406条第1款的规定,附物上负担地转让抵押财产后,受让人除了作为物上保证人对抵押权所担保的债务负责之外,还需要对所担保的债务负责。但原债务人并不因此免除对所担保的债务的责任,承担债务的受让人和原债务人同时负担债务,所以称为并存的债务承担。就并存的债务承担,由于原债务人依然对债务负责,而且又增加了受让人作为新的债务人,此时的债务承担并没有增加债权人债权实现的风险,故无须债权人同意。不过,《民法典》第552条规定,债权人在合理的期限内可以予以拒绝,变相地赋予了债权人以同意权,其必要性可议。

有并存的债务承担的抵押财产的转让的法律后果,有以下四个方面:

第一,对于债务人。由于是并存的债务承担,其仍然对抵押权所担保的债务负有责任。

第二,对于原抵押人。对于原抵押人而言,如果其原本就是债务人,抵押财产转让之后,须继续对抵押权所担保债务负责。如果其并非债务人,而是物上保证人,在抵押财产转让后,由于其不再是物上保证人,故不需要对抵押权所担保的债务再承担任何责任。

第三,对于受让人。由于抵押权并不消灭,受让人仍然需要按照抵押合同原来的约定,以受让的抵押财产对抵押所担保的债务承担责任。同时由于并存的债务承担,其也需要作为债务人对抵押财产所担保的债务负责。

第四,对于抵押权人。抵押权人作为债权人其债权既可以向抵押财产的受让人主张,也可以向原债务人主张。同时对抵押财产的受让人,就转让的抵押财产继续享有抵押权。

[例5-9]甲将价值200万元的房屋抵押给银行乙,用以担保为购买该房屋所需支付的房屋价款。在贷款尚有50万元未清偿时,甲根据《民法典》第406条第1款规定将房屋转让给丙。同时根据甲、丙的约定,剩余50万元房贷由甲、丙共同负责偿还。

(3)抵押财产转让的约定限制。

①约定限制的形态。

第406条第1款第2句,紧接着第1句抵押人可以附物上负担地自由转让抵押财产之后规定:"当事人另有约定的,按照其约定。"针对自由转让可以"另有约定",这意味着抵押人和抵押权人可以约定对抵押财产自由转让的限制,具体可以有两种做法:一是禁止转让;二是转让须经抵押权人同意。不过,两种做法没有实质差别。就禁止转让来说,如果抵押人想转让,又取得抵押权人同意的,从而就转让达成合意的,禁止转让的约定基于当事人这一新的合意,而被废止。换言之,禁止转让约定之下,只要经过抵押权人同意,抵押人依然可以转让;而就转让须经抵押权人同意的约定来说,抵押权人未同意之前,转让也就被禁止了。可见,不管采取哪种做法,都会产生禁止转让的效果,故可以统一称为禁止转让的约定。

②约定限制的效力。

立法中明确允许通过约定禁止附物上负担抵押财产的转让,这意味着《民法典》承认两种不同的抵押权:一是抵押财产可以附物上负担转让的抵押权;二是抵押财产不可以附物上负担转让的抵押权。针对《民法典》明确规定的两种类型的抵押权,登记机构在登记时,应该予以区别登记,即在抵押财产按照约定不得转让时,注明"不得转让"的字样。

第一,对于未登记的抵押权。

动产抵押即使未登记抵押权也成立,但依据第403条的规定,此类抵押权不得对抗善意第三人。但法律只是规定抵押权本身不得对抗善意第三人,并未明确规定禁止转让的约定是否可以对抗善意第三人。而从抵押财产转让来说,由于抵押权未登记,善意的受让人对于抵押权的存在一无所知,因此不得对抗善意的受让人应该意味着,善意受让人可以主张抵押权不成立,从而无负担地取得抵押权。需要注意,成立善意取得还须满足《民法典》第311条第1款规定的善意取得的其他要件:以合理价格受让并已经接受交付。

抵押财产的转让也因上述约定限制而被禁止,虽然其限制的是附物上负担的抵押财产转让,但是举轻明重,无物上负担的抵押财产的转让更是受到其限制。善意受让人意图取得的是无物上负担的抵押财产,其对抵押权存在一无所知,其对于抵押财产转让限制也同样一无所知,故应类推适用第 403 条,禁止转让的约定限制同样不可以对抗善意受让人。善意受让人若具备第 311 条第 1 款规定的善意取得要件——以合理价格受让并已经接受交付,就可以无物上负担地取得抵押财产,从而导致抵押权消灭。

可见,受让人只要具备善意取得要件,不管有没有限制转让的约定,未登记的抵押权均消灭,抵押权人不得对善意受让人主张抵押权。

如果受让人是恶意的,也就是其知道抵押权的存在,抵押权可以对抗恶意的受让人,受让人取得的只能是附物上负担的抵押财产。而知道抵押权存在的恶意受让人,如果其并不知道转让限制的约定,则可类推适用第 403 条,转让限制的约定不得对抗该受让人,其可以取得有物上负担的抵押财产,抵押权人只能向受让人主张抵押权。而如果其也知道禁止附物上负担的转让的约定,类推适用第 403 条的反对解释,则该约定同样可以对抗受让人,受让人不能取得附物上负担的抵押财产,抵押权人可以主张其非抵押财产所有人。但这一主张如果是在抵押权实现时提出,则并无太多实际意义,因为此时才发现抵押人违反约定的抵押权人,本可依据第 410、412 条请求人民法院扣押该财产。如果在抵押期间发现抵押人有上述转让行为的,则可以据此主张受让人不是抵押财产所有人,属于无权占有,类推适用第 235 条的规定,可以请求受让人将抵押财产的占有返还给抵押人,以便其将来实现抵押权。

如果不知道抵押权存在的善意受让人没有满足第 311 条第 1 款规定的其他两项善意取得要件,如受让人并非基于买卖合同取得抵押财产,而是基于赠与合同取得抵押财产,此时,受让人只是不可以无物上负担地取得抵押财产,但仍有取得抵押财产所有权的余地,尽管抵押权并不因此消灭。由于所有权已经移转,抵押权人只能向受让人主张抵押权。因为是善意的受让人,不知道抵押权的存在,自然也不可能知道抵押权人和抵押人之间存在禁止转让的约定,类推适用第 403 条的反对解释,该禁止转让的约定不得对抗受让人。即使有禁止转让的约定,抵押权人同样不能主张抵押财产的所有权不得移转,也不能借此主张受让人将抵押财产返还给原抵押人,而只能向受让人主张抵押权。实践中,如受赠抵押财产的受让人因此放弃受赠,将抵押财产又返还给原抵押人的,则不应为法律所禁止。

第二,对于已经登记的抵押权。

如前所述,抵押权登记时,如果当事人约定禁止抵押财产的转让,则应该在登记簿上明确予以记载。此时该抵押权依据第403条可以对抗善意第三人,类推适用第403条的反对解释,禁止转让的约定也可以对抗善意第三人,其结果就是即使是善意受让人,连附物上负担的抵押财产也无从取得,遑论取得无物上负担的抵押财产了。而恶意受让人自然也无从取得附物上负担的抵押财产,无物上负担的抵押财产的取得也是无从说起。概言之,抵押权登记后,转让的约定限制也已经登记的,不管受让人善意还是恶意,均不能取得抵押财产的所有权。抵押期间,抵押权人可以类推适用第235条,要求受让人将抵押财产返还给抵押人,以便抵押权人将来行使抵押权;抵押权实现期间,发现抵押人违反限制转让的约定的,抵押权人可以依据第410、412条向法院申请扣押抵押财产。

如果由于登记制度不完善,对抵押权进行登记的登记簿未能明确记载禁止转让的约定,禁止转让约定也就无从因为登记而类推第403条对抗善意第三人。由于约定限制不可以对抗善意受让人,受让人依然可以取得无物上负担的抵押财产,抵押权人只能追究抵押人的违约责任。由于立法造成的登记制度本身的不完善,导致抵押权人的损失,原则上不可以要求登记机构赔偿。而如果受让人知道约定限制的存在,便不能取得有物上负担的抵押财产。上述登记制度完善情况下对于抵押权人的权利分析,适用于恶意的抵押权人。

第三,对于转让合同债权行为效力本身的影响。

以上分析均是针对抵押财产物权变动的分析,是对转让合同的物权行为效力的分析。在受让人因为约定限制的影响,无法取得附物上负担的抵押财产时,抵押权人可以通过事后追认,也就是通过与抵押人合意变更限制转让的约定,从而让受让人取得有物上负担的抵押财产,可以说物权行为本身的效力待定。

无论如何,约定限制,只是针对抵押财产物权变动限制的约定。约定限制并不影响债权行为的效力,转让合同债权行为的法律后果应该根据具体情形分别处理:

当善意受让人类推善意取得制度取得无物上负担的抵押财产后,抵押财产转让合同中抵押人的合同义务也就得到履行。

抵押人如果未能履行抵押财产转让合同中的义务,其责任内容取决于抵押人和受让人约定的内容。如果约定的是无物上负担的抵押财产的转让,受让人未能取得抵押财产所有权时,就买卖合同来说,抵押人应该承担违约责任;受让人未能取得无物上负担的抵押财产所有权时,抵押人应该依据第612条承担权利瑕疵担保责任。如果约定的是附物上负担抵押财产的转让,未能完成该义务的,则不存在适用权利瑕疵担保责任的余地,抵押人应该承担的就是违反移转所有权义务的违约责任。

就权利瑕疵担保责任而言,依据《民法典》第613条,受让人知道或者应当知道抵押权存在时,由于其恶意的存在,抵押人不承担权利瑕疵担保责任。当然,即使是受让人明知抵押权存在以及禁止转让抵押财产的约定存在,但抵押人明确承诺,其将取得抵押权人同意,以完成抵押财产无物上负担的转让,而抵押人未能做到的,依据该明确的约定,抵押人承担违约责任,亦无不可。

需要指出的是,就抵押人和抵押权人就转让限制的约定本身来说,违反该约定的抵押人应该依据第577条以下关于违约责任的一般规定来承担违约责任。

第四,《担保制度解释》的立场。

《担保制度解释》第43条指出:当事人约定禁止或者限制转让抵押财产但是未将约定登记,抵押人违反约定转让抵押财产,抵押权人请求确认转让合同无效的,人民法院不予支持;抵押财产已经交付或者登记,抵押权人请求确认转让不发生物权效力的,人民法院不予支持,但是抵押权人有证据证明受让人知道的除外;抵押权人请求抵押人承担违约责任的,人民法院依法予以支持(第1款)。当事人约定禁止或者限制转让抵押财产且已经将约定登记,抵押人违反约定转让抵押财产,抵押权人请求确认转让合同无效的,人民法院不予支持;抵押财产已经交付或者登记,抵押权人主张转让不发生物权效力的,人民法院应予支持,但是因受让人代替债务人清偿债务导致抵押权消灭的除外(第2款)。

本条是对第406条第1款第2句当事人可以约定禁止或者限制转让抵押财产的规定的解释。解释根据转让有无登记和受让人是否善意,规定了不同的法律后果。就动产而言,该解释类推适用第403条关于动产抵押权登记效力的规定,不过目前动产抵押登记实务,还没有关于是否禁止或者限制转让的登记项目。[1] 有必要进一步完善这一方面的规定。

就不动产而言,该解释仍然类推适用第403条关于动产的规定。不过,不动产抵押权在登记后成立,根据这一精神,解释上似乎可以认为,未经登记似乎也有解释为不发生效力的余地,也就是未登记似乎不可以对抗恶意第三人,而不是类推适用动产抵押的规则,即不登记可以对抗恶意第三人。但是只要当事人就不动产限制转让的约定本身没有登记,恶意第三人就可以主张这一约定对其没有效力,从而可以主张任意转让,与诚信原则有悖。

2021年4月6日《自然资源部关于做好不动产抵押权登记工作的通知》就不动产抵押登记实务,明确将是否禁止或者限制转让作为法定的抵押权登记项目,从而与该解释相互衔接。

需要明确的是转让本身,也就是转让中处分行为的效力。不论禁

---

[1] 参见中登网,https://www.zhongdengwang.org.cn/cms/goOperationHelpIndex.do?pathName=aboutRegister/index,2020年11月21日访问。

止或者限制转让的约定有无登记,依据转让合同发生的债权行为的效力并不受影响,《担保制度解释》第 46 条第 1、2 款各自的第 1 分句以及第 1 款第 3 分句均指出了这一点,这与《民法典》第 597 条第 1 款处分人无处分权不影响负担行为的效力规定是一致的。但如果约定已经登记,解释第 2 款并没有关于抵押人承担违约责任的规定。就此来说,应该视具体情况而定。如果当事人之间没有相反的约定,那么依据第 598 条,抵押人负有移转抵押财产所有权的义务。因此,应该认为抵押人有义务取得抵押权人同意,从而使抵押财产能得以转让;如果不能转让,应该由抵押人承担违约责任。

约定未登记的,就动产类推适用第 403 条、不动产根据第 403 条的精神,约定对其不发生效力。此时,如果处分行为的生效要件已经具备,也就是已经登记或者交付,则处分行为效力不受影响。这也是为什么第 1 款第 2 分句规定,抵押权人请求确认转让不发生物权效力的,人民法院不予支持。但是,受让人知道约定存在的,就动产类推适用第 403 条,就不动产根据第 403 条的精神,约定对其也有效力,约定可以对抗受让人。此时构成无权处分,抵押权人拒绝追认的,处分行为确定不生效,也就是转让不发生物权效力,解释第 1 款第 2 分句但书明确了这一点。

约定涉及抵押人和抵押权人的权利,如果约定想生效或者对抗善意第三人,此时登记是必须的。如前所述,动产抵押登记实务就此还需要进一步完善。

如果约定已经登记,则此时就不动产而言,类推适用第 402 条,约定发生对世效力,就动产而言,类推适用第 403 条,约定可以对抗善意第三人。

就动产而言,此时买受人即使已经获得交付,且受让人属于第 403 条的善意第三人,转让作为处分行为属于无权处分,依据解释第 2 款第 2 分句,抵押权人依然有权拒绝追认,也就是主张转让不发生物权效力。

就不动产而言,没有抵押权人的同意,是完成不了登记的。前述自然资源部通知中要求的,此时转让需要由受让人、抵押人(转让人)和抵押权人共同申请转移登记,此时处分行为本身就没有登记,依据第209条,无从发生效力,《担保制度解释》第43条第2款第2分句对不动产也以抵押权人拒绝追认为由,认为处分行为无效的解释是没有必要的。

受让人如果代为清偿抵押权所担保的债务,此时依据第393条第1项的规定,抵押权会由于所担保的债权消灭而消灭。此时,因为抵押权登记而产生的约定对世效力,则不再存在,因为约定本身已经没有意义,《担保制度解释》第43条第2款第2分句的但书明确了这一点。

(4)抵押财产转让的法定限制。

①法定限制的规定。

第406条第2款规定,"抵押权人能够证明抵押财产转让可能损害抵押权的",抵押权人可以就转让价款主张价金代位权,并且明确规定"不足部分由债务人清偿",也就是主张价金代位权之后抵押权已经消灭,抵押权人不再对抵押财产有任何权利。换言之,在具备第2款规定的条件时,不再能够进行附物上负担抵押财产的转让,只能进行无物上负担的抵押财产的转让。第406条第1款下附物上负担的抵押财产的自由转让也就受到第2款的规定本身的法定限制。

②法定限制的适用前提。

抵押财产转让可能损害抵押权,是该法定限制的适用前提。转让本身不会改变抵押财产的实体,抵押财产的价值并不会减少,而转让后抵押权又继续存在,抵押权人的权利也就不会因为抵押财产的转让受到损害。也就是说,通常情况下,附物上负担抵押财产的转让并不具备第406条第2款的适用前提。

不过,在例外的情况下,转让附物上负担的抵押财产后,也可能损害抵押权人的利益。例如,甲将其日常生活所用的汽车抵押给乙并进行了登记,后来又将该汽车转让给丙用于营业。由于汽车用途的改变会加大汽车的损耗,汽车的价值也会相应降低,尽管汽车转让后乙对该汽车仍享有抵押权,但是在其实现抵押权时,汽车的价值可能已经贬损到不能完全清偿债权。就不动产转让而言,如果将不动产转让给对其抵押权行使上受限制的买受人,也就是并非抵押人唯一住房的不动产转让给买受人后,成为买受人的唯一住房,抵押权实现时需要为买受人保留五至八年的租金(《最高人民法院关于人民法院办理执行异议和复议案件若干问题的规定》第20条),从而缩减了抵押权人可以优先受偿的范围。

③关于抵押权人对转让的同意权。

如前所述,《担保制度解释》第43条第2款的适用情形是无物上负担的抵押财产的转让。而这种模式的抵押财产的转让正是原《物权法》第191条第1款规定的转让模式。若将《民法典》的这一规定与《物权法》进行对比,可以发现《民法典》欠缺关于抵押权人同意权的规定。

事实上,对于自己的权利消灭的转让,抵押权人却无从置喙,显然没有道理的。并且如果不需要抵押权人同意,实践中也无法操作,试想一下,甲将车辆过户给丙时,要求车辆登记部门注销乙的抵押权,理由是《民法典》不需要取得乙的同意,问题是登记机构真地敢未经权利人同意,就注销该人的权利登记吗?基于以上考虑,此时消灭抵押权人的抵押权的转让,必须经过抵押权人同意。《民法典》对此没有规定,实则构成立法漏洞,应当基于《民法典》第7条规定的诚信原则予以填补。在此种情形下,抵押权人不同意的,抵押财产的转让不生效力。这种消灭抵押权的转让需要抵押权人的同意,也说明了这种转让是依法受到限制的转让。

④关于价金代位权的行使。

如果价款付给抵押权人,会给享有价金代位权的抵押权人带来不必要的风险。规定担保物权的物上代位的立法,均将代位权建立在可以取得作为代位物的金钱的债权之上。[1] 也就是说,就取得代位物的债权本身成立法定的债权质权,抵押权人应当向就代位物负有金钱给付义务的人主张自己的质权。

---

[1] 参见《荷兰民法典》第3编第229条第1款、《日本民法典》第304条第1款。

抵押权是价值权,虽然是抵押人与受让人之间的交易,但是抵押权人的抵押权消灭,与抵押权对应的交换价值,原本就应该归抵押权人支配,而不是先交给作为出卖人的抵押人,而后再由他交给抵押权人。但是第2款规定,抵押权人"可以请求抵押人将转让所得的价款向抵押权人提前清偿债务或者提存",该表述显然表明,受让人价款得先支付给抵押人,而后由抵押人再支付给抵押权人,这种做法显然不合法理,故有必要对其进行限制解释。在受让人尚未支付价款的情形下,抵押权人有权直接请求受让人在抵押权所担保的债权范围内将价款直接支付给抵押权人。另外由于此时的转让是在抵押权人同意之下进行的,抵押权人、抵押人以及买受人也可以就价款支付本身作特别安排。

(5)关于无物上负担的抵押财产的转让。

原《物权法》第191条第1款规定:"抵押期间,抵押人经抵押权人同意转让抵押财产的,应当将转让所得的价款向抵押权人提前清偿债务或者提存。转让的价款超过债权数额的部分归抵押人所有,不足部分由债务人清偿。"

依据该款规定,在抵押财产转让后,所得价款不足以清偿所担保的债权的,因抵押权消灭,不足部分由债务人清偿。这种转让方式属于无物上负担的转让,转让后抵押权消灭,转让自然应该取得抵押权人同意。《民法典》未规定此种转让方式,但是基于合同自由,应该允许基于抵押人、抵押权人、受让人三方同意下进行这种转让安排。

四、抵押权的顺序

同一抵押财产上存在包括抵押权在内的数个担保物权的,其彼此之间的顺序决定了彼此之间优先受偿的先后次序。

(一)抵押权之间的顺序

1. 抵押权之间的法定顺序

(1)已经登记的抵押权之间的顺序。

抵押权已经登记的,按照登记的时间先后确定清偿顺序(第414条第1款第1项)。值得注意的是,原《物权法》第199条第1项规定"顺序相同的,按照债权比例清偿",其理由主要是统一登记的条件下,不可能存在顺序相同的可能,登记必然会有先后。但立法上完全排除顺序相同的做法其实是没有必要的,因为数个抵押权人完全可能愿意同时登记,愿意处于同一顺序。

(2)已登记的抵押权与未登记的抵押权之间的顺序。

抵押权已经登记的先于未登记的受偿(第414条第1款第2项)。必须指出,抵押权彼此之间存在顺序问题的前提是抵押权必须已经存在。因此,该项规定自然仅适用于第403条无须登记抵押权也成立的动产抵押的情形。另外,该项关于登记的抵押权和未登记的抵押权之间顺序的规定,优先于第403条关于登记对抗规则的适用。也就是说不管已经登记的抵押权人善意还是恶意,已登记的抵押权总是优先于未登记的抵押权。

(3)未登记的抵押权彼此之间的顺序。

抵押权未登记的,按照债权比例清偿(第414条第1款第3项)。如前所述,该项规定同样仅适用于动产抵押权。由于各项抵押权均未登记,故均不得对抗善意第三人,彼此之间应处于同一顺序,按照债权比例获得清偿。

需要说明的是抵押权彼此之间的顺序,完全以登记与否与登记先后顺序为准,与在后的抵押权人对于在先的抵押权设定本身是否属于善意无关。如果考虑善意,会在三人以上的抵押中导致悖论。比如,甲、乙、丙先后就同一动产取得抵押权,乙、丙先后登记,甲最先取得抵押权,但未登记。乙知道甲的抵押权存在,但丙不知道甲的抵押权存在。就甲、乙而言,乙虽然登记,但是恶意,两者顺序为甲、乙;就甲、丙而言,丙登记在先且为善意,则甲丙顺序为丙、甲。合并考虑后,三者之间的顺序为丙、甲、乙,丙应该在乙之前。而乙、丙之间的顺序,又是按照登记先后确定,顺序为乙、丙,而不是丙、乙,最终将导致无法确定三者之间的顺序。如果不考虑是否善意,则最终的顺序为乙、丙、甲,乙、丙登记优先于未登记的甲,乙、丙又是根据登记先后确定彼此之间的顺序。

(4) 抵押权法定顺序的准用。

其他可以登记的担保物权,清偿顺序参照适用第 414 条第 1 款前述 1—3 项规定(第 414 条第 2 款)。《民法典》规定可以登记的其他担保物权,见于第 441 条、第 443—445 条规定的权利质权。而第 443—445 条规定的权利质权设定后,权利本身未经质权人同意不得再次转让,不应该影响重复设质,四种质权均是登记后成立,因此,实际上只能适用第 1 项规定,即按照登记的先后顺序受偿。

2. 顺位递进主义与顺位固定主义

顺序在先的抵押权消灭,就顺序在后抵押权的顺序是否递进的问题在比较法上有两种不同的做法,即顺位递进主义和顺位固定主义。

[例5-10] 甲有价值为 150 万元的房屋,先后为乙、丙设定抵押权,所担保的债权均为 100 万元。乙、丙先后通过登记取得抵押权,依据第 414 条第 1 款第 1 项的规定,就乙、丙享有的抵押权来说,乙的顺位为第一顺位,丙的顺位为第二顺位。如果乙、丙的债权到期后均未获得清偿,拍卖抵押房屋得款 150 万元,顺位在前的乙可以就自己的全部债权 100 万元获得受偿。在乙受偿之后,处于第二顺位的丙的 100 万元债权,只有 50 万元可以获得受偿,不足部分则依据第 413 条,由债务人清偿。

现在如果乙所享有的受到担保的 100 万元债权,因为债务人履行债务,也就是因获得清偿而消灭(第 557 条第 1 款第 1 项),则依据第 393 条第 1 项,作为抵押权担保的主债权消灭,抵押权也随之消灭。如果第一顺位乙的抵押权消灭,丙的顺位从第二顺位递进到第一顺位,为抵押权的顺位递进;如果即使乙的抵押权消灭,丙的顺位也不递进,仍然为第二顺位,则是顺位固定。乙的抵押权消灭,丙的顺位递进时,在债务人不履行 100 万元债务时,丙可以就 100 万元债权从抵押房屋拍卖所得 150 万元中得到全部清偿,而如果丙的顺位固定,仍然处于第二顺位,其仍然只能获得50万元的清偿。这在抵押人甲只是为债务人提供抵押担保的物上保证人,而不是债务人时有特别的意义,因为其不是债务人,即使丙尚有50万元债权未受偿,甲也无须依据第413条承担清偿债务的责任。当然如果甲自己就是债务人,丙剩下的未获清偿的50万元,作为债务人甲仍然需要履行,可以同时申请强制执行房屋拍卖款。但是如果甲已经破产,在破产程序中,丙只能就50万元获得优先受偿,剩余的50万元,只能作为普通债权处理(《企业破产法》第109、110条)。

　　日本法均采取顺位递进主义(順位昇進の原則,順位上昇の原則)。日本民法学说认为,抵押权具有从属性,第一顺位的抵押权由于被担保的债权消灭,附随于债权的抵押权也消灭,第二顺位的抵押权当然递进到第一顺位。[1]

　　顺位递进的理由无非是,第二顺位的抵押权因为第一顺位的抵押权的存在,所以才处于第二顺位,既然第一顺位的抵押权消灭,那么第二顺位的抵押权当然应该上升为第一顺位。也就是说,由于所担保的债权的消灭,第一顺位的抵押权本身也消灭,这也构成了第二顺位抵押权升进的理由。

　　第二顺位的抵押权原本只支配50万元(因为顺位在后,没有能够获得更为可靠的担保,第二顺位的债权的利息通常会高于第一顺位),而正如本书所示,顺位递进会使第二顺位的抵押权人获得担保的范围从50万元扩大到100万元。我妻荣教授指出,由于与抵押权人无关的偶然情形而使其获得担保价值扩大的利益,这是不合理的。[2] 也

---

[1] 参见〔日〕我妻荣:《新订担保物权法》,申政武等译,中国法制出版社2008年版,第202、203页(日本学说将"顺位确定"分为两个层次:第一层意义上的顺位确定是指抵押权是指抵押权的顺位根据登记的先后确定;第二层意义上的含义就是本书所讨论的抵押权的顺位固定。此书的译者可能是为了便于读者理解,将日文第二层意义上"顺位确定"翻译为顺位顺序,但实际上反而增加了读者的阅读难度);〔日〕铃木禄弥:《物権法講義(4訂版)》,創文社1994年版,189頁,我妻、铃木均指出,日法只采纳了第一层意义上的顺位确定,没有采纳第二层意义上的顺位确定。

[2] 参见〔日〕我妻荣:《新订担保物权法》,申政武等译,中国法制出版社2008年版,第203页。

许还可以思考一下,为什么与第一顺位的抵押权所对应的财产价值的利益,一定归第二顺位的抵押权人优先受偿,而不是抵押人的所有的其他债权人平等享有呢?

德国法则采取了顺位固定主义。《德国民法典》第1163条第1款规定,"抵押权为之而设立的债权未能成立的,抵押权属于所有人。债权消灭的,所有人取得抵押权"。就第2句来说,也就是顺位在先的抵押权所担保的债权消灭,抵押权并不消灭,而是为所有人取得。既然第一顺位的抵押权不因为所担保的债权消灭而消灭,第二顺位的抵押权也就无从升进,结果就是顺位固定。

顺位固定没有让后顺位的抵押权人因为前一顺位抵押权所担保的债权获得清偿而获得更多的担保。但是《德国民法典》在1896年通过时,第1179条规定:"抵押权与所有权同归于一人时,所有人有义务让抵押权被涂销的,为确保涂销请求权,可以在不动产登记簿进行预告登记。"这意味着后顺位的抵押权人可以和所有人达成协议,由所有人承担涂销先顺位抵押权担保的债权消灭时其取得的所有人抵押权,并且这个涂销还可以通过预告登记得到确保。对于后顺位的抵押权发生的情形,这种做法实际上已经成了惯例,而在1977年《德国民法典》进行修改后,第1179a条第1款认可此时后顺位和同一顺位的抵押权人有法定的涂销请求权,也就是无须以约定为前提,而且这种请求权不再需要通过预告登记来确保,从而避免了登记簿上过多的涂销抵押权的预告登记的记载。实际上,结果就是先顺位的抵押权所担保的债权消灭时,所有人依据第1163条所取得的所有人抵押权也就因为涂销而消灭,后顺位的抵押权自然顺位也就递进,事实上这显然已经是顺位递进主义的做法了。

德国民法之所以从顺位固定发展到顺位递进,笔者认为至少有两个原因:一是物权法定上的保障。在《德国民法典》制定时就允许后顺位的抵押权人通过约定请求涂销原本可以用来压制后顺位抵押权升进的所有人抵押权,从而在物权法定的前提下,认可了有利于后顺位的抵押权人的权利,也就不会因为违背物权法定,使关于涂销所有人抵押权的约定无效。二是合同自由的现实限制。事实上就抵押权所担保的借款,贷款人也会在法律允许的范围内追求自己利益的最大化,约定涂销请求权并通过预告登记确保自己的权利,自然会成为其对借款人的要求。而借款时通常抵押权人作为贷款人都是比较强势的,处于弱势的一方的借款人也不得不接受其这一要求,从而普遍达成顺位递进的法律效果。

我国《担保法解释》第77条所设计的所有人抵押权制度也达成了顺位固定的效果,但是《民法典》并无一般性的类似于《德国民法典》的顺位固定主义制度设计。可以认为我国采取的应是顺位递进主义。

3. 抵押权顺位的处分

(1)顺位处分的形态。

依据第409条,抵押权的顺位可以处分。顺位的处分包括顺位的放弃和顺位的变更,顺位的变更本身又可以根据对于其他抵押权人影响的不同,分为绝对的变更和相对的变更。

[例5-11] A将价值200万元的房屋抵押给B、C、D,B、C、D因而依次取得第一、第二和第三顺位的抵押权,而所担保的B、C、D的债权则分别是100万元、150万元、150万元。

情形一:B相对于D放弃其第一顺位;

情形二:C相对于D放弃其第二顺位;

情形三:B放弃自己的第一顺位;

情形四:B、D之间变更彼此之间的顺位;

情形五:B、D之间经过C同意变更彼此之间的顺位;

就B、C、D而言,以上几种情形各自优先受偿的范围是多少,在下文分别论述。

(2)抵押权顺位的放弃。

抵押权的顺位的放弃,是指抵押权人之间放弃彼此之间优先受偿的顺序。就其效力来说,有以下两种情形:

第一,顺位的放弃本身不会产生对于其他抵押权人的不利影响,因此,放弃本身不改变原有的各抵押权人总的优先受偿范围。

第二,顺位的放弃,意味着当事人之间就可以优先受偿的金额处于同一顺位,如果所担保的债权本身均已经获得全部清偿,则放弃没有意义。因此,可以优先受偿的金额必须低于所担保的债权的金额。由于放弃后当事人之间处于同一顺位,必须按照所担保债权金额的比例进行优先受偿。因此,放弃的结果必然是原来顺位在前的抵押权人受偿金额减少,而在后顺位的抵押权人受偿金额增加。

例 5-11 中,情形一,放弃顺位前,B、C、D 优先受偿范围分别是 100 万元、100 万元和 0,B 相对于 D 放弃顺位后,B、D 之间按照债权比例是 2:3,B、D 可以优先受偿的总额也就是 100 万元,按比例清偿,B 获得 40 万元,D 获得 60 万元。情形二,C、D 可以获得优先受偿范围总额也是 100 万元,C、D 债权比例为 1:1,也就是 C、D 可以优先受偿的范围各为 50 万元。

(3) 抵押权顺位的放弃形式以及抵押权顺位的绝对放弃。

从第 409 条第 1 款第 1 句的措辞看,顺位的放弃是和抵押权的放弃一样,均是抵押权人的单方行为。但是,抵押权顺位的放弃本身也有相对人,抵押权人有三人以上时尤其如此。如第一顺位的抵押权人与第三顺位的抵押权人达成放弃抵押权的协议,这显然也是可以的。即使是抵押权人只有两人,第一顺位的抵押权人顺位的放弃,也可以是相对于第二顺位的抵押权人放弃,此时第一顺位和第二顺位的抵押权人处于同一顺位。

法律规定的抵押权的顺位放弃,既然是没有相对人的放弃,那就是绝对的放弃,也就是抵押权人的顺位变成最后一个顺位。此时,其他抵押权人的顺位相应递进,抵押权的放弃是针对所有的其他抵押权人。因此也可以说此时抵押权顺位的放弃没有针对任何人,是没有相对人的抵押权顺位的放弃。这种绝对的放弃,其实也可以说是使自身处在最后的顺位之中,从而引起所有的抵押权人的抵押权顺位变更的一种放弃。也就是说,是一种特殊形态的变更。

既然依据第409条第1款第1句,绝对的放弃都是可以的,相对的放弃更是没有理由不认可其效力。即基于当然解释,抵押权的相对放弃是符合物权法规定的,并不违反物权法定的要求。

例5-11情形三是B的顺位的绝对放弃,B为最后一个顺位,也就是第三顺位,新的顺位为C、D、B,相应的C优先受偿的范围为150万元,D也为50万元,而B为0。

(4)抵押权顺位的相对变更。

抵押权顺位的相对变更,是指无须其他抵押权人同意,发生在当事人之间的优先受偿顺位的变更,就其效力来说,有以下两个方面:

第一,顺位的变更本身不会产生对于其他抵押权人的不利影响,因此,变更本身不改变原有的各抵押权人总的优先受偿范围。

第二,顺位变更后,当事人之间优先受偿顺位发生互换。

基于以上两点,抵押权顺位的变更,只是在顺位变更的抵押权人之间发生相对效力。既然对其他抵押权人并没有发生任何影响,自然也就没有取得其他抵押权人同意的必要。

例5-11情形四是抵押权顺位的相对变更。B、D可以优先受偿的总额为100万元。就100万元来说,由于B、D清偿顺位变成D前B后,D可以优先受偿100万元,B受偿额为0。由于B、D优先受偿的总额不变,故C的受偿范围也不变,仍然为原来的100万元。

(5)抵押权顺位的绝对变更。

抵押权顺位的绝对变更是在其他抵押权人同意下,引起的绝对的抵押权顺位的变动,此时,抵押权人之间优先受偿的顺位按照变更后新的顺位确定。

《民法典》第409条第1款第2句规定,抵押权的顺位可以协议变更,但是根据第3句,未经其他抵押权人书面同意,不得对其他抵押权人产生不利影响。这实际上是一方面承认了无须其他抵押权人同意的,没有对其他抵押权人产生不利影响的变更,也就是承认了抵押权顺位的相对变更;另一方面又承认了需要经过其他抵押权人同意,从而对其他抵押权人产生不利影响的绝对变更。

例5-11情形五属于抵押权顺位的绝对变更,也就是在B、D达成协议后又取得C的同意,B、C、D的新的抵押权顺位为D、C、B,结果就是D优先受偿150万元,C优先受偿50万元,D受偿额为0。

(6)抵押人对于抵押权顺位变更的参与。

与抵押权的放弃不同,从第409条第1款第2句来看,抵押权顺位的变更必须以抵押权人和抵押人达成协议为条件。也就是说,即使抵押权人之间达成抵押权顺位变更的协议仍然不够,必须同时有抵押权人和抵押人之间的协议,即需要取得抵押人的参与,抵押权的变更因此也就需要取得抵押人的同意;否则,法律所要求的抵押权人和抵押人之间的协议也就无从谈起。

事实上,如果各个顺位的抵押权所担保的债权均可以从抵押财产中获得清偿,此时抵押权顺位的变更并无实际意义。也就是说,抵押权顺位的变更是在抵押财产不是以全部清偿所担保的债权时才会发生,抵押人对于抵押财产的价值本身已经毫无支配的可能。抵押权人之间通过抵押权顺位的变更对彼此之间优先受偿的顺位进行变更,仍然需要对抵押财产的价值并无支配的可能的抵押人参与,从立法论上看,显然是没有什么道理可言的。

(7)债务人以自己的财产设定抵押,抵押权顺位的放弃或者变更对于其他担保人的影响。

抵押权的放弃会导致放弃顺位的人优先受偿范围减小,而顺位变更时,不管是绝对的变更还是相对的变更,都会导致变更当事人的优先受偿范围发生变化。依据第409条第2款的规定,如果受到影响的是抵押权人对债务人提供的抵押财产的抵押权,"其他担保人在抵押权人丧失优先受偿权益的范围内免除担保责任,但其他担保人承诺仍然提供担保的除外"。该款具体可以参见前面抵押权人放弃抵押权影响的规定分析。

(二)抵押权与其他担保物权的顺序

1. 与质权之间的顺序

同一财产既设立抵押权又设立质权的,拍卖、变卖该财产所得的价款按照登记、交付的时间先后确定清偿顺序(第415条)。参照第414条第1款第2项的规定,如果抵押权没有登记,自然是通过交付设立的质权顺序在前。

2. 与留置权之间的顺序

就抵押权和留置权之间的顺序,成立在后的留置权永远顺序在先(第456条)。不过,该条应该限制解释仅适用于普通留置权,不应该包括企业之间的留置权。

[例5-12]2021年8月1日,甲企业将价值150万元的一艘挖沙船抵押给银行,且在当日办理了抵押登记并从银行处获得借款100万元,借期半年。9月1日,甲企业购买原材料,欠乙企业货款100万元,约定3个月后归还。11月1日乙企业向甲企业借用该挖沙船两个月。2021年12月1日,甲企业到期未能归还乙企业借款,2022年2月,甲企业未能归还银行贷款。依据第447条第1款和第448条,乙企业对挖沙船享有留置权。银行和乙企业分别主张抵押权和留置权,其受偿顺序如何?

第456条规定:"同一动产上已经设立抵押权或者质权,该动产又被留置的,留置权人优先受偿。"依据该条,乙企业的留置权优先于银行的抵押权,受偿顺序在银行的抵押权之前。

如前所述,抵押后抵押人可以继续处分抵押财产,银行无权阻止甲企业将挖沙船出借给他人,也不应该赋予其阻止抵押人出借、出租抵押财产的权利。但是,如果按照第456条的文义适用该条,又确实会给银行带来不应该承担的风险。银行的抵押权成立于2021年8月1日,乙企业的留置权于2021年12月1日条件具备而成立,银行的抵押权办理了登记,依据第403条,可以对抗包括在后取得留置权的乙企业。根据第456条,认为在后成立的留置权优先于在先成立的抵押权,并非当然之理。

《民法典》第 456 条的规定主要是受到《海商法》第 25 条第 1 款的影响,该款后半句规定"船舶抵押权后于船舶留置权受偿"。不过该条第 2 款规定,海商法上的留置权,仅指"造船人、修船人在合同另一方未履行合同时,可以留置所占有的船舶,以保证造船费用或者修船费用得以偿还的权利"。造船人创造了船舶价值,修船人避免了船舶价值的减少或者恢复了船舶的价值,例外规定其留置权优先于抵押权,自然不是没有道理。但是《民法典》普遍规定留置权优先于抵押权,即使债权人的留置权的享有与对抵押财产价值的形成和保全的贡献毫无关系时,也予以适用,则是没有道理的。这将给在先设立的抵押权人带来不必要的不利益。因此,适用上应该对第 456 条加以限制,将该条仅限制适用于享有留置权的债权人对于抵押财产或者质押财产的价值的形成与保全有贡献的情形。对于其他情形,仍然应该按照时间顺序的原则来处理彼此之间的顺序,也就是权利成立在先,权利在先。对第 456 条进行限制解释后,本例所及的银行的抵押权和乙企业的留置权彼此之间的顺序问题,则不属于适用该条的情形,不能适用该条。应该依据第 403 条,并结合第 414 条第 1 款规定的精神,使成立在先的银行抵押权优先于成立在后乙企业的留置权获得受偿。

(三)担保价款债权的超级抵押权

动产抵押担保的主债权是抵押物的价款,标的物交付后 10 日内办理抵押登记的,该抵押权人优先于抵押物买受人的其他担保物权人受偿,但是留置权人除外(第 416 条)。该规定使就买卖合同的价款在作为买卖标的动产上设定的抵押权,优先于除留置权以外的其他任何担保物权。

适用该条的前提是必须在作为买卖标的物的抵押财产交付后 10 日内办理抵押登记。只要在此期间内完成登记,即使就该动产其他担保物权登记在先或者交付设立在先,价款债权的动产抵押权仍然优先。而如果没有在此期限内办理登记,不适用该条,其与其他担保物权之间的顺序,参照上述(一)、(二)处理。

《担保制度解释》第 57 条指出:担保人在设立动产浮动抵押并办理抵押登记后又购入或者以融资租赁方式承租新的动产,下列权利人为担保价款债权或者租金的实现而订立担保合同,并在该动产交付后 10 日内办理登记,主张其权利优先于在先设立的浮动抵押权的,人民法院应予支持:(1)在该动产上设立抵押权或者保留所有权的出卖人;(2)为价款支付提供融资而在该动产上设立抵押权的债权人;(3)以融资租赁方式出租该动产的出租人。(第 1 款)买受人取得动产但未付清价款或者承租人以融资租赁方式占有租赁物但是未付清全部租金,又以标的物为他人设立担保物权,前款所列权利人为担保价款债权或者租金的实现而订立担保合同,并在该动产交付后 10 日内办理登记,主张其权利优先于买受人为他人设立的担保物权的,人民法院应予支持。(第 2 款)同一动产上存在多个价款优先权的,人民法院应当按照登记的时间先后确定清偿顺序。(第 3 款)

该条第 1 款,将超级抵押权的规定类推适用到融资租赁的出租人的权利以及所有权保留的卖方的权利,在具备了《民法典》第 416 条的要件时,承认这些担保相对于浮动抵押的超级优先权,从而避免了第 414 条第 1 款第 1 项的适用,该款其实有必要通过类推适用,进一步扩大适用范围。事实上此时超级优先,与此说是基于第 416 条,不如说是基于浮动抵押的本质。在浮动抵押确定之前,浮动抵押的存在不影响对于抵押财产的一切处分,而且更关键的是该款显然不能排除类推适用第 416 条,此时对于价款或者租金的担保物权超级优先于所有的其他担保物权,这也是解释第 2 款的意思。第 3 款则明确在超级优先权并存时,以登记的先后顺序来确定彼此之间的顺位。

(四)行使代位求偿权的保证人与债权人之间的顺序

甲借给乙 20 万元,乙以自己价值 10 万元的房屋作为抵押,丙作为连带责任保证人承担保证责任。丙作为保证人偿还了甲 15 万元(在我国,依据第 392 条,除非有特别约定,债务人乙就物保不优先于丙承担责任),乙用来担保甲债权的房屋拍卖得款10万元,这10万元在甲、丙之间如何分配?

1. 保证人丙的代位求偿权及于债务人提供的抵押财产

《民法典》第700条规定,承担了保证责任的保证人在其承担的责任范围内,取得债权人对于债务人的权利。从文字上看,此时应该是指取得债权人对于债务人的债权,债务人的债务不因为保证人的清偿而消灭,而是被保证人代位取得,以债权从债权人到保证人的法定移转成立债权让与。作为债权让与的适别,自然可以类推适用第547条第1款债权让与的规则,作为法定的受让人的丙取得与债权有关的从权利,也就是取得甲对于乙就房屋享有的抵押权。

保证人可以取得甲对乙享有的抵押权的结论也获得了第409条第2款中的支持。该款规定:"债务人以自己的财产设定抵押,抵押权人放弃该抵押权、抵押权顺位或者变更抵押权的,其他担保人在抵押权人丧失优先受偿权益的范围内免除担保责任,但是其他担保人承诺仍然提供担保的除外。"假定作为其他担保人的保证人,承担保证责任后,不取得作为抵押权人的债权人对于债务人的抵押权,抵押权人放弃抵押权与其他担保人何干?该条规定存在的前提就是,作为其他担保人的保证人在承担担保责任后,不但依据第700条取得债权人对于债务人的债权,也取得债权人作为抵押权人对于债务人享有的作为债权的从权利的抵押权。

2. 未足额承担担保责任的保证人取得债权人的权利

从第700条文义上看,债权的法定让与只与保证责任的承担有关,未足额而是部分承担保证责任,也是承担保证责任。在保证人承担的保证责任范围内,债权必须依据第700条让与给保证人。一方面,此时债务人的债务不能在此范围内消灭;另一方面,债权人也不能再就已经获得清偿的部分再享有债权。为达这两个目的,必须发生债权人与保证人之间的债权法定让与。

3. 保证人可以行使的抵押权范围

就债权而言,毫无疑问,应该依据第 700 条在保证人承担的保证责任范围向债务人主张。保证人的债权为 15 万元,而债权人的债权为 5 万元。而抵押房屋拍卖得款就只有 10 万元,保证人和债权人都对房屋享有抵押权。是否应该作为同一顺序的抵押权按各自享有的债权比例获得清偿呢?答案是否定的。根据抵押权设定的目的,抵押房屋首先是用来担保债权人的债权实现的,既然债权人尚有 5 万元债权未实现,自然需要优先确保债权人债权实现。也就是说,在债权人和保证人之间的抵押权的顺序是债权人先于保证人;就 10 万元的拍卖款,债权人甲优先实现剩余的 5 万元的债权后,保证人可以就另外 5 万元优先受偿,这也体现了第 700 条规定的保证人的代位求偿权"不得损害债权人的利益"的要求。依据第 700 条代位求偿权的行使"不得损害债权人的利益"(nemo contra se subrogare censetur, nul nést censé subroger contre soi,代位不会不利于被代位人自己),而抵押权的行使是从属于代位求偿权的,自然也不能损害债权人的利益。因此债权人的抵押权优先也于法有据。事实上,考虑到债权人已经获得受偿,法定让与本身显然不构成对于债权人利益的损害,第 700 条规定所指恰恰正是这里的债权人的担保权益本身不应该受到保证人的取得抵押权的影响。据此,也可以认为,在债权人未获受偿的债权范围内,抵押权属于第 547 条第 1 款意义上的"专属于债权人自身的"从权利。

五、抵押权的实现

(一)含义

抵押权的实现是指抵押权人就抵押财产主张优先受偿的程序。虽然抵押权是物权,体现了抵押权人对于抵押财产的价值的支配,但是平时该支配并不显现,只有进入抵押权实现阶段,对抵押财产价值的支配才会表现出来。抵押权实现后,抵押权也就消灭了(第 393 条第 2 项),就此来说,抵押权有类似于债权的特点。抵押权实现后抵押权消灭,抵押权人不再对抵押财产有优先受偿权,即使所担保的债权未获全部清偿,不足部分也是由债务人清偿,与抵押人无关。而由于抵押权是就所担保的债权对抵押财产的价值支配权,抵押财产的价值超过所担保的债权的部分,同样也与抵押权人无关,而是属于抵押人所有。这种多退少补的过程是抵押权实现过程中必须进行的清算(第413条)。

(二) 实现的前提

依据第410条,抵押权的实现的前提有两个:债务人不履行到期债务或者发生当事人约定的实现抵押权的情形。

1. 债务人不履行到期债务

这是抵押权实现的基本前提。抵押权意在确保债权人的债权实现,债务人不履行到期债务,债权人债权的实现受到影响,自然就可以主张抵押权的实现。

2. 发生当事人约定的实现抵押权的情形

除债务人不履行到期债务之外,其他可能影响抵押权所担保的债权实现的情形还有很多,比如债务人明示或默示地预期违约,或者债务人有丧失或者可能丧失履行债务能力的其他情形。但即使如此,由于债权人有抵押权担保,债权实现通常无忧,通常还是无须在债务履行期到来之前主张抵押权的实现,如果需要主张抵押权的实现,则必须通过约定将有关情形列入抵押合同中作为实现担保物权的情形。

一方面因为债务人不履行到期债务以外的其他原因主张抵押权实现时,必须以明确约定为前提;另一方面,抵押权是担保债权实现的物权,当事人约定的实现担保物权的情形,同样必须以有关情形发生时,需要以抵押权实现的方式确保债权实现为前提,不能任意约定。

(三) 实现的方式

1. 折价

具备抵押权实现条件后,抵押权人与抵押人协议抵押财产折价归抵押权人所有,从而确保抵押权人得到优先受偿。折价可以理解为抵押人将抵押财产出售给抵押权人,并以抵押人因此享有的价款债权清偿抵押权所担保的债务,确保抵押权人的优先受偿。该抵押权实现方式本身必须以抵押人和抵押权人之间达成折价实现抵押权协议为前提。

折价应当参照市场价格(第 410 条第 3 款)。折价时也必须进行清算,折价超过所担保债权数额部分归抵押人所有,也就是抵押权人应当向抵押人补偿抵押权价款与所担保债权之间的差额,折价的价款不足以清偿所担保的债权,不足部分由债务人清偿(第 413 条)。

折价的抵押权实现方式不同于流押的约定,后者是在抵押合同中就已经约定,债务人不履行到期债务,抵押财产即归抵押权人所有,且无多退少补的清算约定。如前所述,该种约定没有任何效力,抵押权人只能依法就抵押财产优先受偿(第 401 条),优先受偿的方式自然不以折价为限。也就是说,不能将预先约定的折价视为实现抵押权的约定(该类约定必须包含清算条款,预先约定折价实现本身不为法律所禁止),要以折价的方式实现抵押权依然需要抵押权人和抵押人之间新的协议。

2. 拍卖

通过拍卖的程序出售抵押财产,抵押权人就拍卖所得的价款优先受偿。

3. 变卖

以拍卖以外的方式出售抵押财产,抵押权人就变卖所得的价款优先受偿。法律要求变卖应该参照市场价格(第 410 条第 3 款),参照不等于按照,适当低于市场价格也是可以的。但价格取决于变卖人和买受人之间的磋商,如果没有买受人购买的,则只能采取拍卖的方式,没有理由强迫抵押权人以接受参照市场价格确定价格的折价的实现方式。

(四) 实现的程序

1. 协议实现

依据第 410 条第 1 款第 1 句的规定,抵押人和抵押权人可以协议通过以上三种方式之一实现抵押权。依据同款第2句,协议损害其他债权人利益的,其他债权人可以请求人民法院撤销该协议。其他债权人是指担保物权以外的人。如果存在数个担保物权人,有关抵押权的实现方式的协议原本就必须由数个担保物权人一致同意。协议损害其他债权人利益,主要是指抵押权实现时,价格过低且影响了抵押人的其他债权人债权的实现。此时可参照规定债权人撤销权的第539条,就折价和变卖的实现,应该以抵押权人或者买受人知道该情形为前提;就拍卖而言,由于最终的拍卖价格非抵押人和抵押权人所能决定,不存在适用该撤销权的余地。

2. 司法实现

当事人不能就抵押权实现的方式达成协议的,抵押权人可以请求人民法院拍卖、变卖抵押财产。此时只能采取拍卖、变卖的方式,因为折价实现必须以当事人之间有协议方有可能。

我国《民事诉讼法》第15章第7节将抵押权实现程序规定为特别程序。但是由于抵押权的实现本身必须具备抵押权实现的条件,此时条件若不具备,或者就抵押权所担保的债权乃至于抵押权本身可能都存在争议时,直接以特别程序实现抵押权在很多情况下并不现实,此时仍然需要经由诉讼程序最后通过执行程序进行。

另外,如果存在关于抵押权实现的协议但是抵押人不履行协议的,《担保制度解释》指出:当事人约定当债务人不履行到期债务或者发生当事人约定的实现担保物权的情形,担保物权人有权将担保财产自行拍卖、变卖并就所得的价款优先受偿的,该约定有效。因担保人的原因导致担保物权人无法自行对担保财产进行拍卖、变卖,担保物权人请求担保人承担因此增加的费用的,人民法院应予支持(第45条第1款)。也就是说,协议实现不得不转为诉讼实现,担保人应当承担因此增加的费用。该笔费用作为共益费用,解释上应该认为其也属于担保物权所担保的范围。

3. 集体土地使用权抵押实现程序后的特殊问题

以集体所有土地的使用权依法抵押的,实现抵押权后,未经法定程序,不得改变土地所有权的性质和土地用途(第418条)。例如,某公立高校购买了用于抵押的集体企业炒货厂的土地使用权,用于建造教职工宿舍,土地所有权仍然为集体所有,同时土地用途也不能改变,其建造教职工宿舍的目的,需要履行土地所有权征收为国有,取得建筑许可等程序方可实施。

4. 执行异议与抵押权实现

不管是特别程序还是诉讼程序中的抵押权实现,性质上都是执行,有关当事人可以提出执行异议。而其中最重要的是前文已经提到的开发商已经抵押的商品房的购买者提出的异议。

2020年《最高人民法院关于人民法院办理执行异议和复议案件若干问题的规定》第29条指出:"金钱债权执行中,买受人对登记在被执行的房地产开发企业名下的商品房提出异议,符合下列情形且其权利能够排除执行的,人民法院应予支持:(一)在人民法院查封之前已签订合法有效的书面买卖合同;(二)所购商品房系用于居住且买受人名下无其他用于居住的房屋;(三)已支付的价款超过合同约定总价款的百分之五十。"

基于该条规定,只要在抵押房屋被查封之前,通常也就是抵押权实现之前,商品房的买受人已经签订了买卖合同,且支付价款超过50%。由于房屋事关买受人的生存,即系用于居住且买受人名下无其他用于居住的房屋,就可以排除抵押权的实现。就此来说,商品房的买受人的生存权大于抵押权。当然,如果抵押人转让抵押财产的行为损害了抵押权人的利益,此时可以类推适用第406条第2款第2句,抵押权人可以请求抵押人将转让所得的价款向抵押权人提前清偿债务或者提存。该价款可以视为抵押财产的代位物,就价款获得优先受偿的抵押权人的抵押权也因此消灭。但如果抵押人所取得的价款已经无法追及,由于异议本身不以抵押权人就该价款实际获得优先受偿为条件,抵押权人的抵押权实际上就被该司法解释架空了。

六、最高额抵押权

(一)含义

最高额抵押权,是指为担保债务的履行,债务人或者第三人对一定期间内将要连续发生的债权提供担保财产的,债务人不履行到期债务或者发生当事人约定的实现抵押权的情形,抵押权人有权在最高债权额限度内就该担保财产优先受偿的抵押权(第420条第1款)。

这里的最高额不是债权本金的数额上限,而是债权人所有的债权的数额上限。当事人另有约定,如最高额仅指债权本金的上限,则也必须明确登记,如果约定和登记不一致的,以登记的为准。对此《担保制度解释》第15条明确指出:最高额担保中的最高债权额,是指包括主债权及其利息、违约金、损害赔偿金、保管担保财产的费用、实现债权或者实现担保物权的费用等在内的全部债权,但是当事人另有约定的除外。(第1款)登记的最高债权额与当事人约定的最高债权额不一致的,人民法院应当依据登记的最高债权额确定债权人优先受偿的范围。(第2款)

(二)特征

最高额抵押权最重要的特征是在多个方面突破了一般抵押权具有的从属性。

1. 成立上的从属性的突破

如前所述,一般抵押权从属于债权,这意味着抵押权在所担保的债权成立时才有意义。但是,最高额抵押权在最高的债权额度内担保的债权,不需要在抵押权设定之时就存在,这类抵押权主要是为了将来发生的债权预设的抵押权。所以,《民法典》才特别规定,最高额抵押权设立前已经存在的债权,经当事人同意,可以转入最高额抵押担保的债权范围(第420条第2款)。

2. 处分上的从属性的突破

对于一般抵押权而言,抵押权所担保债权被处分将会导致抵押权随之处分(第407条)。但是,最高额抵押担保的债权确定前,部分债权转让的,最高额抵押权不转让,当事人另有约定的除外(第421条)。最高额抵押权不随所担保的债权的转让而转让,从而确保最高额抵押权还可以继续用来担保抵押权设定之时的债权人已经存在和将要发生的其他债权。但是,当事人之间另有约定时,依然可以将转让的债权纳入最高额抵押权所担保的债权的最高限额内。至于最高额抵押权实现时,数个抵押权人被担保的债权超过最高额,则应该作为处于同一顺序的抵押权,类推第414条第1款第3项,按比例清偿。

3. 消灭上的从属性的突破

在一般抵押的情形下,主债权消灭,抵押权消灭(第393条第1项)。但由于最高额抵押担保的是连续不断发生的多个债权,某个债权因为清偿而消灭并不导致抵押权的消灭。消灭的从属性的突破,可以避免抵押权的反复注销和反复设定,便利当事人的交易,这是该制度的最大价值之一。

(三)最高额抵押权所担保的债权的变更

最高额抵押担保的债权确定前,抵押权人与抵押人可以通过协议变更债权确定的期间、范围以及最高债权额。但是,变更的内容不得对其他抵押权人产生不利影响(第422条)。抵押人和抵押权人之间约定变更最高额抵押权的内容是合同,是合同自由的体现。不得对其他抵押权人产生不利影响,是指不得对顺序在后的抵押权人的权利产生影响。如果变更后扩大了所担保的债权范围、延长了债权确定的期间、提高了最高债权额,这些做法均会使顺序在后的抵押权人利益受到不利影响,有关的变更对于顺序在后的抵押权人不发生效力。

(四)最高额抵押权所担保的债权的确定

最高额抵押权所担保的债权会不断发生变化,担保的债权确定是指抵押权所担保的债权不再发生变化。

有下列情形之一的,抵押权人的债权确定:(1)约定的债权确定期间届满;(2)没有约定债权确定期间或者约定不明确,抵押权人或者抵押人自最高额抵押权设立之日起满二年后请求确定债权;(3)新的债权不可能发生;(4)抵押权人知道或者应当知道抵押财产被查封、扣押;(5)债务人、抵押人被宣告破产或者解散;(6)法律规定债权确定的其他情形(第423条)。

该条第1、2项规定提及的约定的债权确定期间或者法定的二年债权确定期间,主要目的是避免抵押人无休止的担保责任。第3项规定的事实出现后,使最高额抵押权不再有新的担保对象,债权自然也就随之确定。第4、5项实际上是担保债权的被动确定。

(五)一般抵押权规定的准用

除了以上关于最高额抵押权的特别规定外,与这些特别规定没有冲突的一般抵押权的规定也适用于最高额抵押权(第424条)。例如,债务人到期不履行最高额抵押权所担保的债权,此时抵押权人自然可以依据第410条等规定实现抵押权。当然实现抵押权时也需要结合抵押权所担保的债权的确定规则,确定为抵押权所担保的债权范围。

第三节 质 权

一、质权的分类及其与抵押权的区别

《民法典》延续了《物权法》的做法,将质权区分为动产质权和权利质权两类,并分别加以规定。动产质权和抵押权的区别在于,抵押权不移转对抵押财产的占有,动产质权则需要移转对于担保财产的占有,且动产质权在作为质押财产的动产交付于质权人时才会成立(第425条第1款、第429条)。就权利质权来说,由于权利本身的无形性,除了有价证券表征的权利出质有移转权利凭证的占有的要求,质权自权利凭证交付时成立(第441条第1句第1分句),其他权利质权均是登记时设立。此时的权利质权和权利抵押权并无实质区别,甚至在某种程度上更类似于抵押权。如股权质权,股权本身依然由出质人掌控,只是我们在归类上将其定位为质权而已。

二、动产质权

(一)含义

动产质权,是指为担保债务的履行,债务人或者第三人将其动产出质给债权人占有的,债务人不履行到期债务或者发生当事人约定的实现质权的情形,债权人就该动产优先受偿的权利(第425条第1款)。提供动产的债务人或者第三人为出质人,债权人为质权人,交付的动产为质押财产(第425条第2款)。

(二)设立

1. 质押财产

质押财产是动产,对可以质押动产的类型法律没有限制,但是法律、行政法规禁止转让的动产不得出质(第426条)。

至于失主对于失物的质押本身并没有意义,质押财产都不知去向,还作为担保债权实现的手段,不符合担保物权的本质。

货币也不适宜作为质押财产。即使成立担保,也是仅债权人可以单方面予以没收(性质上是以抵销的方式)从而确保债务的履行,与质权并不相同,而是被称为保证金或者押金等,而且未返还前,保证金和押金的所有权也不再属于债务人所有。

2. 质押合同

设立质权,当事人应当采用书面形式订立质押合同。质押合同一般包括下列条款:(1)被担保债权的种类和数额;(2)债务人履行债务的期限;(3)质押财产的名称、数量等情况;(4)担保的范围;(5)质押财产交付的时间、方式。(第427条第1、2款)

违反第427条第1款规定的,应该依据第490条第2款处理。当事人未采用书面形式,但是出质人已经将质押财产交付给出质人的,质押合同也是成立的,即债权行为是成立的,出质人此时负有其已经履行了的交付出质财产的义务。换言之,如果没有交付出质财产,由于合同不具备书面形式,该合同中的债权行为也就不成立,出质人不负有义务,债权人自然也就无权请求出质人履行其并不负担的义务。总之,不具备书面形式的质押合同并非无效,而是不可以要求履行,是所谓不可强制执行的合同(unenforceable contract)。

3. 流质禁止

质权人在债务履行期限届满前,与出质人约定债务人不履行到期债务时质押财产归债权人所有的,只能依法就质押财产优先受偿(第428条)。也就是说,债务人不履行债务时质押财产归债权人所有的流质的约定无效,出质人需要按照质权实现的程序(第436条第2款)实现质权。

4. 交付

质押财产的交付是质权得以设定的形式要件,质权自出质人交付质押财产时设立(第429条)。也就是说,质押合同中设定质权物权行为,在交付时生效。

在交付的形态上,与抵押权不同,质权的设立不能采取占有改定的交付形式。现实交付、简易交付中质权人均取得质押财产的直接占有,均是符合要求的交付形式。稍有疑问的是指示交付。在指示交付的场合,质权人取得了相对于直接占有质押财产的第三人的对该质押财产的间接占有,且也排除了出质人可以通过第三人掌控质押财产的可能,此时的指示交付也是使质权得以设定的交付。

《担保制度解释》第55条规定的就是一种指示交付的动产质权的设定方式。该条指出:债权人、出质人与监管人订立三方协议,出质人以通过一定数量、品种等概括描述能够确定范围的货物为债务的履行提供担保,当事人有证据证明监管人系受债权人的委托监管并实际控制该货物的,人民法院应当认定质权于监管人实际控制货物之日起设立。监管人违反约定向出质人或者其他人放货、因保管不善导致货物毁损灭失,债权人请求监管人承担违约责任的,人民法院依法予以支持。(第1款)在前款规定情形下,当事人有证据证明监管人系受出质人委托监管该货物,或者虽然受债权人委托但是未实际履行监管职责,导致货物仍由出质人实际控制的,人民法院应当认定质权未设立。债权人可以基于质押合同的约定请求出质人承担违约责任,但是不得超过质权有效设立时出质人应当承担的责任范围。监管人未履行监管职责,债权人请求监管人承担责任的,人民法院依法予以支持。(第2款)

该条第1款,首先强调对于质押财产的描述,能够满足质权客体特定性的要求,而被担保的债权人取得间接占有时,也就是监管人系受债权人的委托监管并实际控制该货物的,则质权成立。而监管人如果违反监管义务,则需要依据合同对债权人承担违约责任。第2款则认为,如果出质人依然掌控质押财产,此时并不符合指示交付的要求,质权不成立。债权人可以请求出质人就未能履行的依据质押合同所负担的让质权人取得质权的合同义务承担违约责任。同时,监管人由于违反了三方协议,也需要对债权人承担责任。

(三)效力

1. 质权效力所担保的债权范围

由于质押财产由质权人占有,依据第389条的规定,质权所担保的范围比抵押权所担保的债权范围多出了一项,即保管担保财产的费用,此处也就是保管质押财产的费用。

2. 质权所及质押财产的范围

(1)质物原物及孳息。

质权不仅以质物原物作为权利客体,也及于质物原物的孳息。质权人有权收取质押财产的孳息,但是合同另有约定的除外,质权人收取的孳息应当先充抵收取孳息的费用(第430条)。只有质权人可以收取质物孳息,而质权自交付后才成立,因此收取孳息的权利也只有在交付之后才存在。收取的孳息自然也是用来担保债权的实现,属于质押财产的范围。由于原物可能已经可以有效地提供担保,或者因为其他原因,当事人约定质权不及于孳息也是可以的。

应当注意,上述规定自然可以适用于天然孳息,但法定孳息的收取,如质押汽车出租收取的租金,则必须以质权人有权使用质押财产为前提,也就是必须经过出质人同意。如果未经出质人同意而出租的,不但应该对出质人承担赔偿责任(第431条),而且也无权收取作为租金的孳息。

(2)从物。

质权的设定和所有权的转让同属于处分,因此,应该类推适用第320条,如果没有特别约定,则主物质押的,从物也随之质押,出质人负有将从物交付质权人从而使对于从物的质权得以成立的义务。对从物的质权在从物交付之后成立。

3. 质权人的权利和义务

(1)留置的权利。

质权人取得质押财产的占有之后,在债务人未履行完债务,债权未消灭之前,质权不消灭(第393条第1项),质权人可以留置质押财产而无须归还。这是质权的担保作用的必然要求。质押财产如果是债务人提供的,也会对债务人形成心理压力,督促其履行债务,起到担保债权实现的作用。当然这种留置的权利也受到质权人必须及时行使质权义务的限制。(第437条)

(2)优先受偿的权利。

质权人可以就质押财产受偿,优先受偿权的行使将在下文质权的实现中分析。

(3)质权的处分。

基于担保物权的从属性,质权所担保的债权被处分的,质权也随之被处分。(第547条第1款,类推适用第407条)债权的受让人取得从权利不因从权利未转移占有而受到影响。(第547条第2款)我国《民法典》还规定了转质制度,其内容较为复杂,下文将专门探讨。质权人可以对质权本身加以处分,可以放弃物权。债务人以自己的财产出质,质权人放弃该质权的,其他担保人在质权人丧失优先受偿权益的范围内免除担保责任,但是其他担保人承诺仍然提供担保的除外。(第435条)对此可参见前述放弃抵押权的分析。

(4)责任转质。

质权人在质权存续期间,未经出质人同意转质,造成质押财产毁损、灭失的,应当承担赔偿责任。(第434条)该条规定的是责任转质。

①含义。

责任转质,是指未经出质人同意质权人自己将质物再次质押于他人,用以担保自己或者第三人债务的履行。之所以称为责任转质,是因为该转质未经出质人同意,转质造成质押财产毁损、灭失,责任概由质权人承担,不管质权人有无过错,都必须对出质人承担赔偿责任。(第434条)当然,对于非由转质造成的损失,质权人无须承担责任。

转质是转质人以质权人的身份在自己占有的质物上再次为转质权人设定质权,第434条只是说此时造成质押财产毁损、灭失,应该承担责任,并不认为此时构成无权处分,在质物之上的新的质权依然有效成立。如果质权人以质物的所有人身份设质,则构成无权处分,质权是否成立要看善意取得要件是否具备,且完全不受无权处分的质权人自己的质权权利的限制。

②对转质权人的效力。

转质权人在享有质权人的权利的同时,也受到质权人的权利限制。转质权虽然是在质物上再次设定物权,但是转质人是以质权人的身份出质,转质权人所取得的权利不得大于质权人所享有的权利。

[例5-13] 甲向乙借款5万元,约定2年后归还,并将自己的一幅市价10万元左右的古画质押给乙作为担保。2个月后乙向丙借款8万元应急,约定半年后归还,由于无其他适当的担保,于是将该幅字画转质给丙作为担保。

一方面转质所担保的债权不得超过质权人的权利。例如,在例5-13中,乙向丙借款8万元,但丙依然和乙一样只能就古画价值中的5万元优先受偿。另一方面,如果质权人尚不可以实现质权,转质权人也不得实现质权。另外,基于转质的本义,质权人和转质权人之间优先受偿顺序自然是转质权人优先,丙可以优先受偿3万元,而乙只可以优先受偿2万元。

③对于质权人的效力。

质权人有维持转质权存在的义务,其不得以接受债务人的清偿或者放弃债权的方式导致债权消灭,从而导致自己的质权消灭,并引起转质权消灭。如果质权所担保的债务先于转质权所担保的债务到期,则可以向转质权人提前清偿(见下一部分分析)。

④对于出质人的效力。

转质后转质权不仅对质权人具有拘束力,也对出质人具有拘束力。也就是说,在转质权所担保的债务未受清偿前,转质权继续存在。如果出质人就是债务人,那么依据第524条第1款,其有权向转质权人清偿债务,并将自己依据第524条第2款从转质权人处取得的对于质权人的债权与质权人对其自己的债权抵销,从而使出质人对于质权人的债务消灭,最终达成同时消灭质权和转质权的效果。如果质权人只是作为物上保证人转质,此时出质人可依据第524条第2款,就转质财产取得转质权,也可以此为由,要求转质权人返还质押财产。

如果作为债务人的出质人对转质并不知情,其向质权人履行债务后,要求返还质押财产时才知道转质权的存在,此时应该类推适用债权让与规则第546条第1款的规定,因为转质没有通知出质人,不能对抗出质人,其债务的清偿依然具有导致债权消灭的效力,债权消灭则质权消灭,在质权基础上成立的转质权也因此消灭。

由于转质权人的权利不能优于质权人的权利,因此在出质人代为清偿时,其清偿的范围应该不高于质权人可以优先受偿的范围,即以质权人可以优先受偿的范围为限。在例5-13中,如果丙的债权是8万元,由于乙只能优先受偿5万元,甲只需要代为清偿5万元,就可以使质权、转质权消灭,从而取回质押财产(第436条第1款)。

当出质人是物上保证人时,依据第524条第1款,其同样在质权人优先受偿范围内,有权向作为转质权人的债权人清偿债务,消灭转质权。依据第 524 条第 2 款,出质人可在其清偿范围内取得转质权人对于质权人的权利,此时其可以同时主张以其享有的这一债权抵销质权人对于债务人的债权,从而完成第 524 条第 1 款规定的代债务人的清偿,使得质权人的质权也消灭,并因此直接从转质权人处直接取回质押财产。

(5)承诺转质。

①承诺转质的含义法律依据。

第 434 条只规定了未经出质人同意的质权人对质物的责任转质。而如果出质人同意质权人的转质,自然也不违背该条规定的本义。此种经过出质人同意的质权人的转质是承诺转质。

承诺转质实质上是在出质人、质权人和转质权人三方合意的基础上,在质物上再次为转质权人设定质权。

②对于转质权人的效力。

转质既然经过出质人同意,自然可以根据其承诺,赋予转质权人比责任转质时更多的权利,如可以约定转质权所担保的债权范围大于质权所担保的范围,也可以约定即使质权人不具备质权实现条件时,转质权人也可以实现质权。例 5-13 中,如果乙到期不履行债务,转质权人可以即时实现质权。但是,既然承诺转质是三方约定的结果,出质人也可以限制转质权人的质权的实现。以质权为限,前述分析以当事人没有特别约定为前提。

③对于质权人的效力。

在转质权存在时,质权人的权利受到转质权人的权利限制。如果转质权因为担保债务的清偿而消灭,质权人自然也就恢复其普通质权人地位。质权人可以获得债务的清偿,转质权经由出质人同意而设立,此时质权虽然消灭,但是转质权并不消灭。

④对于出质人的效力。

对于出质人而言,其同时受到质权和转质权的限制,只有转质权和质权所担保的债权均得到实现,从而质权和转质权同时消灭时,才能获得质押财产的返还。出质人作为物上保证人时,其既有可能向转质权所担保的债务人追偿,也可以向质权所担保的债务人认追偿,追偿的范围自然以其所担保的债权因为质押财产而获得优先受偿的范围为限(类推第392条第2句及第700条)。如果其兼有债务人的身份,自然不存在行使追偿权的问题。例5-13中,如果乙到期未清偿对于丙所负担的债务,此时丙就字画优先受偿8万元之后,剩余的2万归甲所有。在转质中,其地位类似于物上保证人的地位,丙可以向乙追偿该8万元,虽然甲对乙负有5万元的债务,但是由于该债务尚未到期,除非甲愿意提前清偿而主张抵销;否则,乙不可以主张抵销。(第568条第1款第1分句)

(6)质押财产的保全。

由于质押财产由质权人占有,因此不会因为出质人的行为造成质押财产的毁损或者价值减少。质权人自己造成质押财产毁损、灭失,或违反对质押财产的保管义务,则应对出质人承担赔偿责任。但是,因不可归责于质权人的事由而使质押财产毁损或者价值明显减少,足以危害质权人权利的,质权人有权请求出质人提供相应的担保;出质人不提供的,为保全质押财产的价值,质权人可以拍卖、变卖质押财产,并与出质人协议将拍卖、变卖所得的价款提前清偿债务或者提存(第433条)。

不可归责于质权人的事由,通常是指由于自然原因有造成质押财产毁损或者价值明显减少的危险。这些危险同样不能归责于出质人。在该危险足以危害质权人的权利,也就是将来质权实现时,质权人不能就全部的债权获得优先受偿时,法律虽然规定质权人可以要求相应的担保,但该规定目的并不在于确认出质人和抵押权保全时的抵押人一样,负有另行提供担保的义务,而是在于明确质权人应该依据该规定给出质人以另行提供担保的机会,出质人如果仍希望继续拥有质押财产的所有权,可以另行提供担保,包括提供替代担保或者补充担保。如果出质人不提供担保,质权人为保全质押财产的价值,可以提前拍卖、变卖质押财产,从而使出质人失去对质物的所有权。

另外,如果是因为质押财产本身的瑕疵导致质押财产价值减少的,此时出质人对质押合同中提供质押财产义务的违反,出质人应该因此承担违约责任,包括基于实际履行的违约责任(第577条、第580条)、负有另行提供质押财产的义务等,与质押财产的保全制度无关。

(7)质权人的义务。

①保管义务。

质权人负有妥善保管质押财产的义务;因保管不善致使质押财产毁损、灭失的,应当承担赔偿责任(第432条第1款)。质权人不能视为无偿保管人,其未尽到妥善保管义务,有过失时就需要承担赔偿责任,当然该赔偿责任与质权人所享有的债权本身应该有抵销的可能。

②不得使用、处分质押财产。

质权人虽然占有质押财产,但是未经出质人同意,不得擅自使用、处分质押财产,擅自使用、处分质押财产,造成出质人损害的,应当承担赔偿责任。(第431条)该赔偿责任不以质权人有过错为前提,属于无过错责任。处分既包括事实上的处分,也包括法律上的处分,不过应该注意前述转质特有的规则。就责任转质来说,其作为例外规定的理由在于,责任转质的担保范围受到质权人的权利限制,并没有加重出质人的负担,而其实质只是质权人对已经为其拥有的对质押财产的优先受偿权的进一步处分。

③及时行使质权(实现质权)的义务。

在实现质权的人条件得到满足时,出质人可能并不希望质权人立即通过拍卖、变卖等手段行使质权。因此,质权人通常也没有及时行使质权的义务,但出质人有权请求质权人及时行使质权,也就是实现质权。在出质人提出该请求后,质权人就负有及时实现质权的义务,出质人请求质权人及时行使质权,因质权人怠于行使权利造成出质人损害的,由质权人承担赔偿责任。(第437条第2款)此处的损害,主要指由于质权人未及时行使质权,质押财产未能在合适的时间以较高的价格拍卖、变卖导致的损失。

第五章 担保物权

4. 出质人的权利和义务

（1）出质人的权利。

①收取孳息的权利。

质押合同中可以约定，由出质人收取质押财产的孳息。（第430条）如果无此约定，则默认孳息收取权由质权人行使。

②对质物进行法律上处分的权利。

出质人可以通过指示交付，出让质押财产的所有权，所有权的转让不影响质权人的质权继续存在。

出质人还可以通过指示交付为他人再次设定质权，通过简易交付为质权人的其他债权再次设定质权，或者直接通过抵押合同的订立设定动产抵押权。此时，各质权之间的顺序应根据交付时间的先后顺序确定，和抵押权之间的顺序则根据登记和交付的时间的先后来确定（第415条及其类推适用）。而动产抵押权如果没有登记，则其顺序永远在其他质权人的权利之后（类推适用第414条第1款第2项）。

③请求质权人及时行使质权的权利。

出质人可以请求质权人在债务履行期限届满后及时行使质权；在质权人请求后，质权人依然不行使质权的，出质人可以请求人民法院拍卖、变卖质押财产（第437条第1款）。

（2）出质人的义务。

质权设定后，质押财产为质权人占有，出质人就质押财产本身通常就不再负有义务，至于前文提及的因质押财产的瑕疵导致的违约责任，是质押合同作为债权行为的效力，与质权的效力无关。

(四) 质权的实现

质权的实现，是指质权人就质押财产的价值获得优先受偿的程序。质权实现后，质权消灭，质押财产折价或者拍卖、变卖后，其价款超过债权数额的部分归出质人所有，不足部分由债务人清偿（第438条）。

1. 质权实现的前提

依据第436条第2款，质权的实现有以下两点前提：

(1)债务人不履行到期债务;

(2)发生当事人约定的实现质权的情形。

两种前提的理解可以参见抵押权实现部分的分析。

2. 质权实现的方式

依据第 426 条第 2 款,与抵押权的实现相同,质权的实现也有三种实现方式:折价、拍卖、变卖,其理解同抵押权实现。

3. 质权的实现程序

(1)协议实现及私力实现。

就折价而言,必须以出质人和质权人达成购买质押财产的协议为前提,亦即只能通过协议的方式实现。由于质权人已经占有质押财产,如果不能达成折价实现的协议,质权人可以自行变卖、拍卖质押财产。因此,就质权的实现,并没有类似于第 410 条第 2 款的关于就质权实现方式未达成协议时,应该通过诉讼方式实现的规定。当然,质权人在变卖质押财产时,也应当参照市场价格(第 436 条第 3 款)。

(2)诉讼实现。

如前所述,如果质权人不实现质权,出质人有权利请求质权人在债务履行期限届满后及时行使,质权人仍然不行使的,出质人可以请求人民法院拍卖、变卖质押财产(第 437 条第 1 款)。也就是说,出质人此时可以通过诉讼实现质权。

(五)最高额质权

最高额质权,是指为担保债务的履行,作为出质人的债务人或者第三人与质权人协议对一定期间内将要连续发生的债权提供质押财产。债务人不履行到期债务或者发生当事人约定的实现质权的情形,质权人有权在最高债权额限度内就该质押财产优先受偿(第 439 条,参照适用第 420 条第 1 款)。

最高额质权规定在动产质押一节,但是应该同样适用于权利质押,就最高额质权所担保的债权的范围,债权的确定、变更等参照适用最高额抵押权的规定(第 439 条第 2 款)。

三、权利质权

(一)概述

1. 含义

权利质权,是指在债务人或者第三人享有的权利之上为债权人设定的质权,以担保债权实现的担保物权。

2. 客体

《民法典》第440条规定:"债务人或者第三人有权处分的下列权利可以出质:(一)汇票、本票、支票;(二)债券、存款单;(三)仓单、提单;(四)可以转让的基金份额、股权;(五)可以转让的注册商标专用权、专利权、著作权等知识产权中的财产权;(六)现有的以及将有的应收账款;(七)法律、行政法规规定可以出质的其他财产权利。"

需要说明,普通债权不是应收账款债权。法律虽然没有关于普通债权质押的规定,但既然债权可以让与,那就应当可以质押。此时,可以类推债权让与规则,债权质押不需要登记,在质押合同订立后质权就成立,但是未经通知不得对抗债务人(第546条)。

(二)有价证券质权

1. 含义

有价证券质权,是指以汇票、本票、支票、债券、存款单、仓单、提单出质设定的质权(第441条),就其性质而言,是以有价证券所表现的出质人所享有的债权出质。

2. 设立

就质权设立的本身,法律规定有权利凭证的,自凭证交付质权人时设立,没有权利凭证的,如记账式的或者上市交易的债券,自办理出质登记时设立(第441条第1句)。

作为票据的汇票、本票、支票的质押,必须通过以背书记载"质押"字样的方式进行(《票据法》第35条第2款规定了汇票质押背书,本票、支票质押背书分别依据《票据法》第80条第1款以及第93条第1款准用该规定)。背书,是指在票据背面或者粘单上记载有关事项并签章的票据行为(《票据法》第 27 条第 4 款)。以票据质押的,除背书外还要交付票据(《票据法》第 27 条第 3 款)。

原《物权法》第 224 条规定当事人应当订立书面的质押合同,《民法典》第 441 条则删除了这一要求。此时应该依据第 446 条,准用第 427 条第 1 款,依然应该采取书面形式。删除的原因是为了避免不必要的重复,因为第 446 条准用规定已经解决了要式的规定问题,所有的权利质权均通过前述准用规定,必须采取书面形式订立质押合同。因此,根据该条准用规定,质押合同仍需采用书面形式。正如对动产质押的规定分析中指出的,口头的约定不应产生有拘束力的设定质权的义务,但是不能认为口头的质押合同无效。

还应该注意,票据质押背书,作为票据行为本身具有无因性,即使书面的质押合同无效,设定的票据质权依然有效成立,只是基于无效的质押合同,质权人应该返还该质权而已。

3. 质权人对质押债权的行使及质权的实现

债务人不履行到期债务时,就未到期的被质押的债权,作为债权人的质权人并不能通过立即对债务人行使该债权,在受领债权的范围内获得优先受偿。因为质权人的权利不应当优于出质人的权利,不能强迫债务人提前履行债务,质权人只能等待被质押债权的履行期届满后再行使权利。另外,基于对动产质权实现规定的准用(依据第 446 条准用第 436、437 条),质权人可以通过对有价证券本身的折价、变卖或者拍卖获得优先受偿。

如果汇票、本票、支票、债券、存款单、仓单、提单的兑现日期或者提货日期先于主债权到期的,则质权人可以兑现或者提货,并与出质人协议将兑现的价款或者提取的货物提前清偿债务或者提存(第 442 条)。

(三) 基金份额及股权质权

1. 含义

以基金份额及股权质押于质权人,质权人可以就基金份额及股权优先受偿。

2. 设立

质押合同的书面形式要求及口头合同效力的分析同上。质权自办理出质登记时设立(第443条第1款)。登记为质权的成立要件。

3. 出质人的权利

(1)出质后的基金份额、股权的转让。

由于基金份额、股权出质后,质权人支配其价值,同时在质权未具备实现条件时,又不得就该价值主张优先受偿,基金份额、股权出质后,不得转让,但是出质人与质权人协商同意的除外。出质人转让基金份额、股权所得的价款,应当向质权人提前清偿债务或者提存(第443条第2句)。

(2)出质人的其他权利。

就股权而言,股权出质不影响成员权的行使,出质人仍然可以行使重大决策、选择经营者的权利。但是就资产受益权,此时依据446条准用第430条,有关的孳息应该归质权人支配,就以派股形式支配的孳息,属于质押财产的范围,而就以现金派发的股息,则可以类推第443条第2款的规定,应当用来提前清偿债务或者提存。

4. 质权的实现

基于对动产质权实现规定的准用(依据第446条准用第436、437条),质权人可以通过对基金份额和股权进行折价、变卖或者拍卖以获得优先受偿。证券市场公开交易的基金份额、股权,通常是通过份额的赎回以及股权的出售,就获得的现金优先受偿。

(四)知识产权质权

1. 含义

以注册商标专用权、专利权、著作权等知识产权中的财产权出质的,质权人可以以该财产权优先受偿。

2. 设立

质押合同的书面形式要求及口头合同效力的分析同上。质权自办理出质登记时设立(第 444 条第 1 款)。登记为质权的成立要件。

3. 出质人的权利

知识产权中的财产权出质后,出质人不得转让或者许可他人使用,但是出质人与质权人协商同意的除外。出质人转让或者许可他人使用出质的知识产权中的财产权所得的价款,应当向质权人提前清偿债务或者提存(第 444 条第 2 款)。出质人在出质前就因许可他人使用而继续收取的许可费,可类推适用第 444 条第 2 款,同样应当向质权人提前清偿债务或者提存。

4. 质权的实现

基于对于动产质权实现规定的准用(依据第 446 条准用第 436、437 条),质权人可以通过对知识产权中的财产权进行折价、变卖或者拍卖获得优先受偿。

(五)应收账款质权

1. 含义

应收账款质押,是指应收账款出质,具体是指为担保债务的履行,债务人或者第三人将其合法拥有的、现有的和将有的应收账款出质给债权人,债务人不履行到期债务或者发生当事人约定的实现质权的情形。债权人有权就该应收账款及其收益优先受偿[第 445 条第 1 款、第 440 条第 6 项,以及 2021 年中国人民银行发布的《动产和权利担保统一登记办法》(以下简称《担保登记办法》)第 3 条]。

2. 应收账款的范围和应收账款质权的设立

应收账款,是指权利人因提供一定的货物、服务或设施而获得的要求义务人付款的权利以及依法享有的其他付款请求权,包括现有的和将有的金钱债权,但不包括因票据或其他有价证券而产生的付款请求权,以及法律、行政法规禁止转让的付款请求权。应收账款包括下列权利:(1)销售、出租产生的债权,包括销售货物,供应水、电、气、暖,知识产权的许可使用,出租动产或不动产等;(2)提供医疗、教育、旅游等服务或劳务产生的债权;(3)能源、交通运输、水利、环境保护、市政工程等基础设施和公用事业项目收益权;(4)提供贷款或其他信用活动产生的债权;(5)其他以合同为基础的具有金钱给付内容的债权(《动产和权利担保统一登记办法》第3条)。

应收账款质权的对象主要是各种持续产生和消灭的债权。就此性质而言,应收账款质权类似于浮动抵押的浮动债权质押。其自出质登记时设立(第445条第1款),登记为质权成立条件。但是非浮动质押性质的质权,也就是以某一特定的应收账款债权设定质押,仍有类推适用债权让与规则(第546条)设立的余地。

3. 出质人的权利

在应收账款质权并未具备实现条件时,出质人收取应收账款和使用收取的应收账款的权利,不受质权人权利的任何影响。在出质后,整个应收账款债权不得转让,但是出质人与质权人协商同意的除外。出质人转让应收账款所得的价款,应当向质权人提前清偿债务或者提存(第445条第2款)。

4. 应收账款债权的实现

基于对动产质权实现规定的准用(依据第446条准用第436、437条),质权人可以通过对应收账款债权进行折价、变卖或者拍卖获得优先受偿。但应该注意与应收账款有关的设施本身并不是质押的客体,也非质权实现时拍卖、变卖的直接对象。除已经发生的应收账款债权应该用于所担保的债权的优先受偿外,就将要发生的应收账款债权,质权人仍然可以继续主张优先受偿,直至所担保的债权得到全部清偿为止。

2015年11月19日,最高人民法院发布了53号指导案例。该案例为福建海峡银行股份有限公司福州五一支行诉长乐亚新污水处理有限公司、福州市政工程有限公司金融借款合同纠纷案。[1] 关于应收账款质权实现的方式,指导案例指出:

---

[1] 参见最高人民法院网站,http://www.court.gov.cn/fabu-xiangqing-16095.html,2020年11月21日访问。

我国《担保法》和《物权法》均未规定权利质权的具体实现方式，仅就质权的实现作出一般性的规定，即质权人在行使质权时，可与出质人协议以质押财产折价，或就拍卖、变卖质押财产所得的价款优先受偿。但污水处理项目收益权属于将来的金钱债权，质权人可请求法院判令其直接向出质人的债务人收取金钱并对该金钱行使优先受偿权，故无须采取折价或拍卖、变卖之方式。况且收益权均附有一定之负担，且其经营主体具有特定性，故依其性质亦不宜拍卖、变卖。因此，原告请求将《特许经营权质押担保协议》项下的质物予以拍卖、变卖并行使优先受偿权，不予支持。

根据协议约定，原告海峡银行五一支行有权直接向长乐市建设局收取污水处理服务费，并对所收取的污水处理服务费行使优先受偿权。由于被告长乐亚新污水处理有限公司仍应依约对污水处理厂进行正常运营和维护，若无法正常运营，则将影响到长乐市城区污水的处理，亦将影响原告对污水处理费的收取，故原告在向长乐市建设局收取污水处理服务费时，应当合理行使权利，为被告预留经营污水处理厂的必要合理费用。

《担保制度解释》第61条第4款指出："以基础设施和公用事业项目收益权、提供服务或者劳务产生的债权以及其他将有的应收账款出质，当事人为应收账款设立特定账户，发生法定或者约定的质权实现事由时，质权人请求就该特定账户内的款项优先受偿的，人民法院应予支持；特定账户内的款项不足以清偿债务或者未设立特定账户，质权人请求折价或者拍卖、变卖项目收益权等将有的应收账款，并以所得的价款优先受偿的，人民法院依法予以支持。"也就是说，根据该解释上述对于质权人行使方式的限制则不再存在，但是这种一锤子买卖实现方式不足以确保债权人债权实现。因此，按照指导案例的做法细水长流式实现质权，自然也不应该为该解释所排除。

第四节　留置权

一、留置权的含义

留置权,是指债务人不履行到期债务,债权人可以留置已经合法占有的债务人的动产,并有权就该动产优先受偿的权利。此时的债权人为留置权人,占有的动产为留置财产(第447条)。

留置权担保作用的发挥首先依靠的是留置,而后才是优先受偿。其与动产质权的共同点在于都是担保物权人占有担保财产,只是留置权是依法发生,而非当事人约定产生,属于法定担保物权。比较法上有将一些留置权定性为法定质权的做法,如我国《民法典》第783条规定的承揽人留置权、《德国民法典》第647条规定的承揽人质权(Unternehmerpfandrecht)。

二、留置权的成立条件

(一)积极条件

1. 债权人已经合法占有债务人的动产(第447条第1款)

债权人必须已经占有债务人的动产,这是留置权必然的前提,否则,留置无从谈起。合法占有意味着占有的取得与侵权以及其他不法行为无关。占有的动产必须是债务人的动产,从债务人处取得的其他人的动产,只有在符合善意取得的要件(第311条第3款)的前提下,才有成立留置权的可能。《担保制度解释》第62条第1款也指出:"债务人不履行到期债务,债权人因同一法律关系留置合法占有的第三人的动产,并主张就该留置财产优先受偿的,人民法院应予支持。第三人以该留置财产并非债务人的财产为由请求返还的,人民法院不予支持。"该解释实际上承认了留置权的善意取得,但是解释放松了对于留置权人的善意的要求。

[例5-14]甲所借的乙的自行车轮胎漏气,甲交给丙修理,甲未履

行其应该支付的修车费用。虽然自行车不是承揽合同中的债务人甲的,而且丙也知道自行车不是甲的而是乙的,但是债权人丙可以依据善意取得的规定并依据上述司法解释取得该自行车的留置权。

2. 债务人不履行到期债务(第447条第1款)

留置权并非债权人取得占有时就成立,而是债务人不履行到期债务时才成立。

3. 债权人留置的动产,应当与债权属于同一法律关系,但是企业之间留置的除外(第448条)

留置权所担保的债权应该和债权人取得债务人动产的原因属于同一法律关系。例如,例5-14中,若甲支付了修车费用,即使甲因为其他原因对丙负有债务,丙也不能留置该自行车。

企业之间留置则不受限制,债权人即使因为与其债权无关的原因取得债务人的动产占有,在具备了前两个条件时,依然可以取得留置权。

4. 《担保制度解释》第62条

《担保制度解释》第62条指出:债务人不履行到期债务,债权人因同一法律关系留置合法占有的第三人的动产,并主张就该留置财产优先受偿的,人民法院应予支持。第三人以该留置财产并非债务人的财产为由请求返还的,人民法院不予支持(第1款)。企业之间留置的动产与债权并非同一法律关系,债务人以该债权不属于企业持续经营中发生的债权为由请求债权人返还留置财产的,人民法院应予支持(第2款)。企业之间留置的动产与债权并非同一法律关系,债权人留置第三人的财产,第三人请求债权人返还留置财产的,人民法院应予支持(第3款)。

该条第1款指出,债权人基于同一法律关系合法占有第三人的动产的,即使不符合第447条的规定的留置权成立条件,也可以成立留置权。这实际上是对第447条的规定进行了类推解释。这一解释并非基于善意取得制度,而是基于实际需要,如甲借来的车坏了,交给修车店

第五章 担保物权 277

丙修理,为修理费用债权的实现丙有权留置该车,即使丙知道车不是甲的,也应该做同样解释。

该条第 2 款构成对第 448 条的限制解释,第 448 条不要求留置权所担保的债权与占有债务人的动产属于同一法律关系,从而扩大了企业之间的留置权成立的可能。解释将企业之间的留置权所担保的债权限制解释为企业持续经营中发生的债权,生产企业对于其他企业的普通借贷发生的债权,就不会受到留置权的担保,而因为销售产品发生的价金债权,则受到留置权的担保。

该条第 3 款同样考虑到第 448 条放松了企业之间的留置权的成立要件,不再放松留置的财产必须是债务人的财产的要求,即第三人的财产不得留置。不过解释上可以认为,如果是基于同一法律关系占有债务人提供的第三人的财产,仍有适用第 1 款的余地。

(二)消极条件

1. 不属于约定不得留置的财产

法律规定或者当事人约定不得留置的动产,不得留置(第 449 条)。除明确约定外,这种约定也可以通过债权人负有先履行返还占有的动产义务的合意推定而得。即使债权人迟延履行自己这一义务后,债务人的债务履行期届至时,债权人也不应该享有留置权。

2. 不超出可以留置的财产的范围

留置财产为可分物的,留置财产的价值应当相当于债务的金额(第 450 条)。在货运合同中,托运人或者收货人不支付运费、保管费或者其他费用的,承运人对相应的运输货物享有留置权,但是当事人另有约定的除外(第 836 条)。例如,甲为乙运输一车价值 3 万元的苹果,到达目的地后,乙未按约定支付运输费 2000 元,此时甲如果只能留置价值 2000 元的苹果,并不能给乙造成心理上的压力,担保作用较为有限。依据第 836 条的但书,当事人可以留置与 2000 元债权处于同一法律关系的全部 3 万元苹果。这样才能充分发挥担保债务人履行的作用。

三、留置权的效力

(一)留置权所担保的债权范围

与质权一样,除了包括主债权及其利息、违约金、损害赔偿金、实现担保物权的费用外,留置权担保的债权范围也包括留置财产的保管费用(第389条)。

(二)留置权所及留置财产的范围

留置权与质权一样同样及于孳息(第452条),有关分析可以参见质权部分的内容。

但是由于留置物是针对债权人已经占有的债务人动产依法成立的担保物权,因此除非从物本身也已经为债权人占有,否则,留置物不及于从物。

(三)留置权人的权利和义务

1. 留置的权利(第447条第1款)

扣下债务人的动产不返还的权利,以此给未履行债务的债务人造成心理上压力,这是留置权担保作用实现的基本手段。

2. 优先受偿权

具体见留置权的实现。但是,由于法律上认为留置权发挥担保作用的基本手段是留置,因此留置权人通常必须先留置一段时间,方可主张优先受偿权。留置权人与债务人应当约定留置财产后的债务履行期限;没有约定或者约定不明确的,留置权人应当给债务人60日以上履行债务的期限,但是鲜活易腐等不易保管的动产除外(第453条第1款第1句)。

3. 保管义务

留置权人负有妥善保管留置财产的义务;因保管不善致使留置财产毁损、灭失的,应当承担赔偿责任(第451条)。留置权人承担的是过错责任。

(四)债务人的权利

债务人作为留置动产的所有人,和质押财产的出质人一样,可以对留置动产进行法律上的处分,包括转让留置动产的所有权、设定动产抵押权、动产质权等。但是由于留置权依法产生,因此约定有收取孳息的权利没有依据。

四、留置权的实现

留置权实现,是指具备留置权实现条件时,留置权人依照法定程序和方法就留置动产优先受偿的权利。留置权实现后,留置权消灭,其价款超过债权数额的部分归债务人所有,不足部分由债务人清偿(第455条)。

(一)实现的前提

如前所述,留置权的实现通常必须先留置债务人动产一段时间后方可进行。也就是说,虽然在债务人不履行到期债务时,留置权即可成立,但是留置权实现前应该给债务人以约定的宽限期或者法定的60日的宽限期(第453条第1款第1句)。同时《民法典》也规定债务人可以请求留置权人在债务履行期限届满后行使留置权(第454条第1分句),此处债务履行期届满应该是指原本的履行期限届满。也就是说,此时债务人的请求实际上是放弃了自己享有的宽限期利益,留置权人基于债务人的请求,可以立刻实现留置权。

(二)实现方式和实现程序

留置权具备实现条件,其实现方式和实现程序的规定和质权的规定一致,实现方式有折价、拍卖、变卖留置财产三种,实现程序既有协议实现及私力实现,也有诉讼实现(第453条第1款第2句、第2款;第454条第2分句)。另外,留置权人在宽限期届满后债务人未履行债务时,仍然不行使留置权的,债务人可以类推适用第454条,要求诉讼实现。

五、留置权消灭的特别规定

留置权人对留置财产丧失占有或者留置权人接受债务人另行提供担保的,留置权消灭(第457条)。

(一)留置权人丧失对留置财产的占有

1. 留置权人将留置财产交还给债务人

留置权人将留置财产交还给债务人,留置权人丧失对于留置财产的占有,从而无法通过留置本身对债务人产生心理压力。此时,应该认为留置权人因此有放弃留置权的意思,留置权因为留置权人放弃而消灭。

2. 留置权人因为他人侵占而丧失占有

在此意义上,留置的权利消灭,但是留置权人依然有优先受偿的可能,依然是物权人,作为物权人自然可以主张第235条的基于物权的返还原物请求权,在恢复对于留置财产的占有时,不管留置的权利还是优先受偿的权利均可以正常行使。

(二)留置权人接受债务人另行提供的担保

留置权是为了确保债权实现的法定担保物权,如果留置物对于债务人而言极为重要,债务人愿意另行提供担保且留置权人接受的,实际上就是以约定的其他担保来担保债权实现,此时依据第457条留置权消灭,留置权人应该将留置物返还给债务人。应该注意的是,担保必须以双方有成立约定担保的合意为前提,留置权人没有接受债务人另行提供担保的强制缔约义务。如果留置权人拒绝接受该担保,则留置权不消灭,债务人如果想要取回该留置财产,应该通过宽限期内及时履行义务来达到目的,而不是强制留置权人接受其另行提供的担保。

担保的形式通常是债务人提供的其他物保,但是如果第三人提供物保或者人保,留置权人接受的,此时也应该类推适用第457条,留置权消灭。

第六章 占 有

第一节 概 述

一、我国《民法典》规定的占有制度

《民法典》物权编最后一章以占有为标题,该章构成了我国《民法典》规定的占有制度的主体。该章的内容由两个部分组成,除了对于占有保护的规定外(第462条),还有关于所有人和占有人关系的规定(第459—461条)。该章还有两个澄清性规定,一是依据合同关系产生的占有中与合同约定有关的内容,不受该章调整(第458条);二是侵占或者妨害造成损害的,占有人有权依法请求损害赔偿(第462条第1款第3分句),即必须根据侵权责任的规定处理以侵占或者妨害的形式侵害占有的问题。

除此之外,占有的变动引起物权的变动的规定以及动产的善意取得制度,也是与占有有关的制度,就此前文已经加以说明,此处不再赘述。本章仅讨论所有人和占有人的关系以及占有保护两个问题。另外,对占有的分类也会进行全面的说明。

二、占有的性质和含义

占有是一种事实,也就是事实上管领和控制了物。对占有的保护不取决于占有人是否拥有权源。因此,对小偷的占有也会以占有制度

予以保护。其间理由是维护社会秩序,保护社会安宁,禁止对占有人的占有进行侵占和妨碍。给占有以保护不等于承认了占有是一种权利,占有是没有本权的,无权占有人最终要向权利人返还占有。

不过也有学者指出,之所以保护小偷的占有,是因为要保护小偷的人格。因为仅从保护社会秩序和社会和平角度来看,完全可以采取公法手段来制裁有关侵占行为,而不需要恢复小偷的继续占有盗窃物的不法状态。人格不仅体现于个人的人身,也体现于个人控制的物,没有物就无法形成个人的人格。无视盗窃形成的占有状态,以禁止的私力取回,自然也就是没有尊重小偷的人格,为保护其人格,所以必须先恢复这一不法状态,自认是物的权利人者必须以法律规定的形式主张权利。亦即,占有不是权利,保护占有实际上保护的是个人的人格。[1]

三、占有的分类

占有的分类,前文物权的分类中已经有简单说明,以下做进一步说明。

(一)直接占有与间接占有

这是根据占有对于物的控制方式进行的区分,通常所讲的占有是直接占有,也就是占有人直接对物的管领控制。除直接占有外还有间接占有,也就是占有人通过占有媒介来控制物。间接占有的观念,使物权的变动更多地与占有相联系,详见物权变动一章中对观念交付的分析。占有媒介关系在物权的分类本权及占有部分也有分析。

(二)自主占有与他主占有

这是根据占有人的意愿指向而进行的区分。自主占有就是有将物作为自己的物的意思而进行的占有,包括所有人的占有;也包括自认为自己是所有人的占有,如遗失物的善意受让人;还包括知道自己不是所有人但还是以所有人之名行事的占有人,如小偷的占有。他主占有没

---

[1] Wieling/Finkenauer, Sachenrecht, 6. Auf., Springer, 2020, S. 55-56.

有将物作为自己的物的意思而占有物。换言之,也就是将物作为他人所有的物而占有,故此有他主占有之名。间接占有中占有媒介人的直接占有,就是他主占有,如承租人将出租人作为物的所有人(他主)而占有。如果承租人不承认出租人的所有权而作为自己的物占有租赁物,则是自主占有。自主占有还是他主占有取决于当事人可辨识的意图,如在借来的图书上写上自己的名字,就能看出自主占有的意图。

对占有的保护并不区分自主占有和他主占有,但是在所有人和占有人关系中,对善意占有人有利的规定的适用对象多是善意的自主占有人。而第312条规定的2年的取得时效,适用对象为遗失物的善意受让人,也就是限于善意的自主占有人。

(三)有权占有与无权占有

这是根据占有有无本权进行的区分。有权占有就是占有本权的占有,如基于借用、出租等合同赋予的债权而占有,基于物权的占有也是有权占有;无占有的本权的占有,如合同无效、被撤销、解除,租期届满或者根本就没有合同的占有(比如小偷占有)是无权占有。

如前所述,第235条基于物权的返还原物请求权,占有人必须是无权占有人。另外,所有人和占有人关系的规定适用前提是基于物权的返还原物请求权成立,该关系自然也只是适用于无权占有人。

(四)善意占有与恶意占有

这是对于无权占有的进一步划分,区分标准是无权占有人是否知道自己是无权占有。无权占有人知道自己是无权占有的是恶意占有,无权占有人不知道自己是无权占有的是善意占有。参照《物权编解释一》对善意取得的善意的解释,由于重大过失不知道自己是无权占有的占有人,也属于恶意占有人。所有人和占有人关系中,恶意占有和善意占有经常有不同的处理。

(五)部分占有

占有的标的是物,而物必须有独立性,如房屋就是一个独立的物。但是由于居住不易,有可能一套房屋由数个人分别占有不同的部分,这种占有不属于典型的占有,而是部分占有。但是,此时依然有通过占有保护制度对各部分占有人予以保护的必要(参见《德国民法典》第865条)。

第二节 占有保护

一、概说

《民法典》第462条规定了占有人可以主张的保护措施,但其中损害赔偿的请求必须依法主张(第1款第3分句)。也就是说,占有人请求损害赔偿的主张必须符合第1165条第1款规定的侵权责任的成立要件,侵权法中对占有的保护,本书暂不讨论。

对于占有的保护,同样适用正当防卫(第181条)和自助行为(第1177条)的规定,占有人可以采取措施制止对于占有的侵害,动产、不动产被侵占时,符合自助行为的条件,占有人可以当场夺回来(参见《德国民法典》第859条)。

二、占有人返还原物请求权

(一)含义

占有人返还原物请求权,是指占有人的占有因为被侵占而丧失的,占有人可以请求侵占人返还原物,也就是返还占有的权利(第462条第1款第1分句)。

(二)要件

1. 请求权人是不动产或者动产的占有人

准确来说是,请求权人是前占有人,因为其占有人的地位已经因为侵占而丧失。前占有人的占有是否是有权占有,在所不论,《民法典》只要求他是占有人即可。即使是小偷,对于其盗窃的动产而言,也是占有人,也就是前文已经提到的,小偷的占有也受保护。

2. 义务人是侵占人

所谓侵占,就是指违背前占有人的意愿而取得占有。侵占一语意味着违背前占有人的意愿取得占有的行为具有违法性。违背前占有人的意愿取得占有本身通常因为构成对占有的侵害而具有违法性,但是如果是自助行为等,则因为不具有违法性,不成立侵占。例如,小偷在偷走钱包时,失主追上去夺回来的自助行为因为不具有违法性,不构成侵占,小偷不能要求失主返还占有。

侵占人的占有的概括继受取得人,比如继承人,以及知道侵占的事实而取得占有的特定继受取得人,对于其取得的占有应承继前手的瑕疵。因为侵占而丧失占有的前占有人同样有权要求受让人返还占有。

[例6-1] 甲的汽车被乙偷走,并被乙出租给了丙。如果丙不知道汽车是偷的,那么甲不能以丙侵占为由,依据第462条的规定要求其返还(依据第235条基于所有权返还原物请求权的行使又是另一个问题)。如果丙知道乙的车来路不明却依然承租,则乙侵占构成的占有瑕疵应该为丙承继,甲依然可以要求丙返还占有。

前占有人如果是物权人,即使对瑕疵占有的善意继受人不可以主张占有返还请求权,也仍然可以主张物权返还原物。如果占有人本身并非物权人,如例6-1中甲的汽车是在丁汽车修理厂修理时,被乙偷走。丁如果不能要求善意的丙返还,则会导致善意占有人丙的地位优先于前占有人丁。而德国法认为,如果先占有人的占有是因为被盗、遗失或者其他方式而丧失的,则依然有权要求善意占有人返还占有(《德国民法典》第1007条第2款)。因为此时前占有人的占有地位优于在后的善意占有人,更应该受到保护。而如果丁可以要求丙返还,返还后能及时返还给权利人甲,也可以因此避免对甲承担违约责任。德国法只是认为以违法的私力取得的占有,善意的在后占有特定继受取得人才不承继前手的瑕疵(《德国民法典》第858条第2款)。例如,出租人A强行驱逐逾期不还租赁房屋的承租人B,而后将房屋出租给C,C是善意时,也就是不知道A的占有有瑕疵且无重大过失的,B无权要求丙返还。在对我国《民法典》中的占有返还请求权进行解释时,是否有必要区分两种不同形式的侵占,并对于不同情形下的善意占有人给予不同保护,值得斟酌。如果认为无须做这种区分,那么前述的丁作为基于债权的占有人,即使可以自己占有汽车的债权受到侵害为由,要求丙承担侵权责任,包括恢复原状,从而让丙返还占有,依据第1165条第1款的规定,仍必须以丙有过错为前提。此时丁未必能够主张该权利,因为善意的丙未必有过错。也许区分不同的善意占有人,保护处于这种困境中的丁,是合适的选择。

(三)消灭时效

占有人返还原物的请求权,自侵占发生之日起1年内未行使的,该请求权消灭(第462条第2款)。此处的1年不是诉讼时效,因为属于诉讼时效的请求权并不消灭(第192条)。之所以有1年的期限限制,其理由在于侵占人已经形成了新的需要保护的占有,比起前占有人曾经的占有地位更应该受到保护。这一时效应该有类推适用诉讼时效中断规定(第195条)的可能性。事实上,如果占有人行使了返还原物请求权,或者侵占人表示同意交还占有物,即使侵占人没有实际返还,此时也已经造成了新的需要保护的占有状态并没有有效形成。

(四)占有人返还原物请求权与所有人的基于本权的抗辩

占有人要求作为侵占人的所有人返还原物时,所有人基于第235条的规定主张返还原物的请求权,自然也是可以的。占有人此时行使返还原物请求权,从而获得重新占有的效果是暂时的。

不过,禁止包括所有人在内的人违背占有人的意愿侵害占有人的占有,是《民法典》的明确规定。所有人不能通过基于本权的权利行使,架空这一规定。占有人提起诉讼后,所有人自然也可以提起反诉,但是在占有人的诉讼中,不应允许所有人提出其基于本权的抗辩。而占有人一个合适的选择是,依据《民事诉讼法》第103—106条申请诉讼保全乃至诉前保全,要求侵占人先返还原物。如果在要求返还原物的本权之诉中,所有人胜诉且已经进入执行程序,此时占有人才必须再次返还原物于所有人。

三、占有人的排除妨害和消除危险请求权

(一)含义

依据第462条第1款第2分句规定,对妨害占有的行为,占有人有请求排除妨害或者消除危险的权利。

(二)要件

(1)请求权人必须是占有人;

(2)义务人是妨害占有或者有可能妨害占有的人。

妨害自然是指以侵占以外的方式妨害占有人的占有,且必须是无权妨害。前述物权请求权中关于妨害的形态以及无权妨害与容忍义务的分析,对于占有妨害均适用。

需要说明的是,《民法典》上述规定对于占有人的消除危险请求权,也以妨害占有为要件,显然是立法上构成要件的遗漏,应该类推适用物权人的消除危险请求权的规定(第236条)填补这一立法漏洞,以有可能造成妨害,也就是有妨害危险为要件。

(三)关于消灭时效

与占有返还请求权不同,对于占有人的排除妨害与消除危险请求权,第462条第2款并未规定消灭时效。其主要原因应该在于,妨害和妨碍危险的持续存在本身,使该请求权不断地产生。因此,没有必要规定时间限制。不过,如果妨害本身是占有人可以自己消除的,似乎仍然有适用时效的必要。

[例6-2]甲将一车沙土倾倒于乙租住房屋的院子之中,由于通行并未受到妨害,乙一直就没有予以理会。但是5年后,乙要用该院子停放自己刚买的车辆,需要清理院子里的沙土。此时,如果乙仍然有权请求甲清除沙土,对乙似有保护过度之嫌。此时,仍应认为乙不再享有排除妨害的请求权,而应该由乙自行负担清除院子里的沙土的费用。

由于第462条第2款的明确规定,该款1年的期限不能适用,但是可以直接适用第188条第1款规定的3年的普通诉讼时效,限制占有人

的这一排除妨害请求权。同时,排除妨害不是排除妨碍,不存在受到第196条第1项排除妨碍请求权不适用诉讼时效规定的限制。

第三节 所有人、占有人关系

一、所有人、占有人关系的含义

所有人、占有人关系,是指所有人依据第235条行使返还原物请求权时,为了平衡所有人和占有人的利益,就使用利益损害的赔偿、孳息返还、费用负担,以及不动产或者动产毁损、灭失时的赔偿,视为《民法典》第459条至第461条规定的法定债权债务关系。

有关法律规定均应以所有人和占有人之间具备了第235条规定的所有人返还原物请求权的成立要件为前提,也就是该法定的债权债务关系,是该请求权的配套性规定,但是由于与占有人的占有保护也间接相关,所以一并规定于占有一章。

二、占有人就使用利益损害的赔偿义务

占有人因使用占有的不动产或者动产,致使该不动产或者动产受到损害的,恶意占有人应当承担赔偿责任(第459条)。

(一)使用利益损害的含义

占有人因使用占有的不动产或者动产本身,致使该不动产或者动产受到损害,而没有造成不动产或者动产实体本身损毁和灭失的,应该优先适用处理这类损害的规定(第461条)。使用权能是所有权的权能,此处的不动产或者动产受到的损害,是指造成所有人就该不动产或者动产使用利益受到损害。比如,居住房屋、骑马、开车、弹击乐器等都是对于不动产和动产的使用。占有人在使用标的时就已经获得了使用利益,同时也侵害了所有人的使用权能,造成所有人的损害,并因此需要依据第459条承担相应的赔偿责任。

[例6-3]甲撬开一直无人居住的房屋,在其中居住了数年才被在

外地工作的房主乙发现。就该数年对房屋的使用本身,即构成对房屋的损害。损害的计算根据该房屋在此期间内若出租可以收取的租金来确定。

(二) 占有人的赔偿义务

1. 恶意占有人负有赔偿义务

依据第459条的规定,就使用利益损害,恶意占有人,也就是明知道自己不是有权占有的占有人,负有赔偿责任,如例6-3中的甲对于乙就负有赔偿其使用利益损害的义务。

2. 善意占有人不负有赔偿义务

反对解释第459条,意味着善意占有人对使用利益不负有赔偿义务。

[例6-4] 甲撬开无人居住的房屋后出租给不知情的丙使用,此时丙对于房屋所有人乙不负有赔偿其使用利益损害的义务。而甲许可丙使用本身,也是甲使用房屋的一种方式。乙如果要求甲返还间接占有,甲作为恶意的间接占有人,依然应该对乙负有赔偿其使用利益的义务。

3. 无偿的善意占有人不应保有使用利益

依据第459条的规定,善意占有人就使用本身造成的他人的使用利益损害无须承担赔偿责任,也就是可以保有其获得的使用利益,区别于所有权善意取得,是一种迷你形式的善意取得。而依据第311条第1款第2项,所有权并不能无偿地善意取得,为避免评价矛盾,有必要对使用利益的善意取得进行限制解释。亦即,无偿的善意占有人不能保有其获得的使用利益(参见《德国民法典》第988条),仍然应对所有权人或者用益物权人的使用利益损害负有赔偿责任。例6-4中的丙如果是无偿借用人,仍负担赔偿责任,而此时由于甲作为恶意(侵权)占有人,也需要依据第459条承担赔偿责任,甲、丙对于乙承担连带责任(类推适用第1168条)。

4. 善意间接占有时对恶意直接占有人的保护

当间接占有人为善意,而直接占有人为恶意,恶意的直接占有人仍然应该不承担赔偿责任,以避免间接占有人被动地就所有人的使用利益承担赔偿责任。

[**例 6-5**] 乙窃得甲的汽车后出租给善意的丙,丙又将汽车转租给丁,丁知道该车为甲所有。丙为善意的间接占有人,丁为恶意占有人。如果丁就使用利益负有赔偿责任,而丁有权以丙违约为由不交给丙租金,或者要求丙退还已经支付的租金。丙一方面需要依据约定支付乙租金,另一方面又不能通过收取丁租金获得补偿,其实质上还是要承担甲的使用利益损失,这与第 459 条的本旨不符。因此,在此种情形下,丁即使是恶意,依然无须赔偿。

(三)用益物权人主张返还原物请求权时的处理

第 459 条并未指明赔偿权利人,但该条作为所有人和占有人关系的规定,以第 235 条规定涉及的所有人返还原物请求权适用条件具备为前提,故权利人自然应该是所有权人。但是,用益物权人也可以行使第 235 条的返还原物请求权。由于所有人已经将物的使用收益赋予了用益物权人,此时的用益物权人应该优先于所有人享有该利益的赔偿请求权。例如,A 有居住权这一用益物权的房屋,被 B 非法转租给恶意的 C,C 就该房屋的使用利益应该返还给房屋的居住权人 A,而不是房屋所有人。

(四)合同无效时使用利益的返还

无行为能力的甲将自己的房屋转让给不知情的乙,甲、乙之间的买卖合同中债权行为和物权行为都无效,乙不能取得所有权。但是合同无效期间乙居住于房屋本身的利益(使用利益)是否需要返还?

假定物权行为具有无因性,债权行为无效,物权行为有效时,没有所有权的甲只能依据第 985 条的规定,要求乙返还房屋所有权及使用利益(两者均是不当得利,乙若善意,依据第 986 条,只有在利益不存在时才有可能影响利益的返还,此处使用利益没有不存在的问题)。同时甲没有所有权不存在适用第 459 条的余地(作为与所有人返还原物请求权相配套的规定,该条的适用必须以第 235 条的要件具备为前提,即甲必须是所有权人)。

物权行为无效,甲依然拥有房屋所有权,甲可以依据第235条要求返还房屋所有权。但是由于第459条的限制,善意的乙对于甲的使用利益的损害,没有赔偿责任,也就是对使用利益不负有返还义务。

以上法律适用选择表明,有所有权的甲就使用利益返还本身还不如没有所有权的甲,这构成法律评价上的矛盾。德国通说对此问题的解决办法是,给付型不当得利的规则优先于所有人占有人关系中用益返还规则适用。[1]

这一解释值得采纳。也就是说,在合同无效时,我国虽然没有物权行为无因性的法律规定,故此时债权行为与物权行为均无效。但如果适用第459条的使用利益赔偿规则,其效果还不如请求权人没有所有权时,直接适用不当得利返还规则。有所有权不如没有所有权,为避免这种不公平的结果,返还本身一概优先适用第985条以下不当得利的规定。

对于因为无效、被撤销或者确定不发生效力的法律行为的后果,《民法典》第157条有特别的规定。但其中只涉及因为行为取得的财产的返还以及不能返还时的折价补偿,而未涉及有关使用利益的返还问题。第157条财产返还本身也与取得人善意、恶意无关。笔者认为,此时使用利益的返还与取得人善意、恶意无关,体系上是更为协调的。因为第157条的规定和不当得利第985条的规定之间的关系,彼此应该相互影响。

三、占有人孳息返还义务

不动产或者动产被占有人占有的,权利人可以请求返还原物及其孳息(第460条第1分句)。该分句规定的返还原物请求权的要件本身应该根据第235条确定,该条并非独立的请求权基础。

---

[1] Palandt/Herrler BGB § 988 Rn. 8; Medicus/Petersen BürgerlR Rn. 600.

(一)占有人返还义务与善意或恶意无关

区别于前述第459条,孳息返还义务的成立要件,与占有人善意还是恶意无关。其主要理由应该是孳息理当归所有权人,占有人即使是善意也应该返还。

[**例6-6**]甲将拾得的乙丢失的波斯猫卖给不知情的丙,在丙处该猫下了两只小猫。乙要求丙归还波斯猫时,即使丙是善意占有人,其也应该将两只小猫归还于乙。

(二)孳息的范围不包括与使用利益对应的法定孳息

由于有些法定孳息与使用利益对应,而使用利益本身的赔偿与占有人的善意和恶意有关,此时则涉及善意占有人的保护问题。对此应该优先类推适用第459条,而非适用第460条孳息返还的规定。

[**例6-7**]甲将乙的房屋出租给丙,如果甲为恶意,乙要求其返还间接占有或者直接占有(如租期正好届满,丙已经将房屋返还给了甲)时,则其应该赔偿乙房屋的使用利益,该使用利益对应于其取得的租金这一法定孳息。而如果其为善意,则依据第459条无须赔偿该使用利益,而如果此时依然适用第460条第1分句,又需要返还其取得的租金这一相当于其使用利益的法定孳息,则会造成矛盾的结果。既然第459条是对使用利益的赔偿有特别规定,那么相比于第460条第1分句,第459条处于特别法的地位,应该优先适用。

基于以上分析,占有人孳息返还义务事实上仅适用于天然孳息的返还。

(三)用益物权人请求返还孳息时的处理

参照前述对于使用利益赔偿的分析,用益物权人的请求返还孳息的权利应该优先于所有人。而第321条第1款第1句也明确规定,天然孳息,由所有权人取得;既有所有权人又有用益物权人的,由用益物权人取得。就动产而言无所谓用益物权;就不动产的孳息而言,通常又都是所有谓的法定孳息。因此,所有人之外的用益物权人行使物权请求权时适用第460条第1分句的情形并不多。

第六章 占 有 293

[例 6-8] 甲将乙承包的集体土地转包给善意的丙,丙承包该土地收获的粮食,属于天然孳息。作为用益物权人的土地承包经营者乙有权要求丙返还该孳息,而拥有土地所有权的集体则不能要求返还。

(四) 孳息的怠于收取与毁损、灭失

《民法典》关于孳息的返还,自然应该以孳息的已经取得并依然存在为前提。如果孳息实际上未收取或者孳息已经灭失,则属于法律未规定之情形。

1. 孳息的怠于收取

当占有人怠于收取孳息时,是否应当承担赔偿责任?此时以类推适用第459条规定的使用利益的赔偿责任,取决于占有人是善意占有还是恶意占有人。善意占有人以为孳息收取后属于自己的,由于种种原因未收取,其以为自己对此有任意处置的权利的信赖,就怠于收取孳息本身不应该承担赔偿责任;恶意占有人,则没有这种信赖,应该就孳息的怠于收取负有赔偿责任。

2. 孳息的毁损灭失

孳息的返还责任从属于原物的返还责任,孳息毁损灭失时,占有人的责任不应该重于占有人就原物的返还责任。下文对占有的原物毁损、灭失的分析应该类推适用于孳息的毁损、灭失。

四、所有人的费用支付义务

权利人请求返还原物及其孳息时,应当支付善意占有人因维护该不动产或者动产支出的必要费用(第460条第2分句)。

(一) 必要费用的含义

维护不动产或者动产的必要费用,是指为保存原物及其孳息,维持物的运转以及正常使用所需支出的费用,如动物的饲养费用、治疗费用、耕地使用时购买种子、化肥、农药等费用。但是如果有关费用与使用利益本身有关,则依据第459条的规定,善意占有人无须就使用利益负有赔偿责任。就有关费用也无权要求所有人支付,如房屋的善意无权占有人,就房屋本身的维护费用,所有人不负有支付义务。

该规则还意味着所有人一概不负有支付有益费用的义务,以避免加重所有人的责任。例如,甲擅自将乙的房屋当成自己的房屋出租给不知实情的丙,并同意丙自行(自担费用)对房屋进行简单的装修。后乙发现甲无权出租的事实后,依据第235条将房屋从丙处要了回来,尽管丙是善意占有人,其也无权要求乙支付装修费用。就所有人、占有人关系来说,根据第460条,善意占有人只能要求所有人支付必要费用,因为装修费用属于有益(增益)费用,而非必要费用。所有人对此费用概不负责。该规定相对于不当得利的规则属于特别法,应当优先适用,也不存在适用不当得利的规则排除该规定适用的余地。

(二)仅对善意占有人负有支付义务

所有人即使自己占有时也需要承担的必要费用,其要求他人返还原物及孳息时,同样也应该支付该费用。应该注意,依据第460条第2分句,所有人或者用益物权人仅对善意占有人负有支付该费用的义务,对恶意的占有人就有关费用不负有支付的义务。换言之,恶意占有人依法必须承担所支出的必要费用无法获得补偿。依据第459条要求恶意占有人赔偿使用利益时,基于公平考虑,也不存在类推此处规定支付恶意占有人必要费用的义务。

(三)必要费用支付义务与返还原物及其孳息的义务对待给付关系

第460条将权利人必要费用的支付义务作为其返还原物及孳息请求权但书加以规定,这表明两者之间存在对待给付关系。此时应该类推适用第525条的规定,占有人可以主张同时履行抗辩权。

五、占有人在占有物毁损、灭失时的损害赔偿责任

占有的不动产或者动产毁损、灭失,该不动产或者动产的权利人请求赔偿的,占有人应当将因毁损、灭失取得的保险金、赔偿金或者补偿金等返还给权利人;权利人的损害未得到足够弥补的,恶意占有人还应当赔偿损失(第461条)。

（一）所有人的物上代位权与占有人的赔偿责任

标的物毁损、灭失，此时因毁损、灭失而负有支付保险金、赔偿金或者补偿金义务的债务人，是因为标的物的所有权受到侵害而负有债务，有权获得债务清偿的权利人应该是所有权人。但是，由于债务人信赖占有人是债权人而清偿的，其信赖应该给予保护。也就是说，债务人对占有人的清偿依然发生导致债权消灭的效力，此时所有人只能要求占有人将因毁损、灭失取得的保险金、赔偿金或者补偿金等返还。即只能主张物上代位权，而不能要求债务人再次履行义务。

由于物上代位本身可能已经使所有人因标的物毁损、灭失遭受的损害获得了弥补，因此，所有人自然不能再要求占有人赔偿损失。否则，会出现重复赔偿的后果。但是，标的物毁损、灭失时，并不是都有可以代位之物，此时就有占有人的赔偿义务问题。

（二）善意占有人不负有赔偿责任

第461条只是规定恶意占有人还应当赔偿损失，也就是善意占有人在无代位物时，不负有赔偿责任。

[例6-9] 甲将拾得的乙的遗失物卖给或者送给善意的丙，丙在使用过程中不小心烧毁了该物，此时善意的丙对于所有人乙不负有赔偿责任。

但善意的他主占有人依然要承担赔偿责任。例6-9中的甲将乙的遗失物出租给丙，丙使用过程中不小心烧毁了该物，此时，若善意的丙依据租用合同已经支付违约损害赔偿金的，依据第461条甲获得的损害赔偿金应该返还给乙；而如果丙尚未支付该赔偿金，则应该直接对所有人乙承担赔偿责任。但是应该注意，作为占有人取得他主占有的合同，如果约定有免责或者限责的事由，此时自然可以对乙主张，因为此时乙实际上代为行使了间接占有人对于善意的他主占有人的赔偿请求权。另外，乙依然可以依法要求恶意占有人甲赔偿其损失，甲、丙对于乙的赔偿责任属于连带责任，乙不能获得双重赔偿。

需要说明的是第461条对于善意占有人的保护本身，排斥了侵权责任规定适用的可能。也就是说,即使符合侵权责任的要件,善意占有人也无须承担赔偿责任。

(三)恶意占有人的赔偿责任

依据第461条第2分句,恶意占有人对所有人承担无过错责任,即不管恶意占有人有无过错,均应该就不动产或者动产的毁损、灭失承担赔偿责任。

恶意占有人既包括侵权占有人,比如小偷,也包括非侵权占有人,比如明知是盗窃物而受赠的占有人。让侵权占有人承担无过错责任,是因为其占有的取得本身就已经有过错了,即使就毁损、灭失本身无过错,让其承担赔偿责任,也不算苛责。但是,非侵权的恶意占有人的占有取得本身并不能等同于过错,如果其对标的物的毁损、灭失也无过错,让其承担无过错责任,则过于苛刻。因为即使是侵权人,依据第1165条第1款也只承担过错责任。因此,有必要对该条进行限制解释,即此处承担无过错责任的恶意占有人,应该仅限于侵权占有人。普通的恶意占有人,应该根据第1165条第1款一般侵权行为的规定,只有在有过错时,才对毁损、灭失承担责任。

[**例6-10**]甲发现国家被盗的文物流失海外,花重金购得,在送回国内的途中再次被盗。甲自然还是无权占有人,且是恶意占有人,但是不是侵权占有人。此时如果甲就被盗本身没有过错,则不能依据第461条第2分句的规定,让其承担无过错的赔偿责任,而依据第1165条第1款的规定,由于其无过错,不需要承担侵权赔偿责任。

(四)占有人的迟延责任

善意占有人不知道所有人的返还原物请求权存在,故对其而言不存在迟延责任的问题。但是,如果所有人已经对其主张返还原物请求权,是否就构成迟延则值得探讨。由于此时涉及权属纠纷,普通交涉本身,未必就有理由认为占有人应当知道其属于无权占有,但是如果所有人已经提起诉讼并得到受理,则应该认为其属于由于重大过失不知道自己是无权占有的恶意占有人。

非侵权占有人的普通恶意占有人,在所有人主张返还原物请求权后,以及上述被起诉后成为恶意占有人的原善意占有人,此时由于其未及时履行返还原物的义务,构成履行迟延。第590条第2款规定,"当事人迟延履行后发生不可抗力的,不免除其违约责任"。类推该款,即使由于不可抗力导致占有物毁损、灭失,此时非侵权占有的普通恶意占有人和起诉后成为恶意占有人的原善意占有人仍然需承担赔偿责任。

附录:占有规则的适用

——以长租公寓经营"爆雷"为例

一、长租公寓经营的性质——转租

长租公寓经营,是指经营长租公寓的公司(以下简称"长租公司")从房东处租赁房屋一段时间(如5年),分期支付租金,并根据房东的授权,将房屋改造成公寓,出租给房客,并收取租金的经营活动。长租公寓实际上是得到房东同意的转租行为。

实践中,长租公司经常以房东代理人身份在合同上署名。但是对于合同的性质,不应该拘泥于合同的文字,而是应该根据实际发生的权利义务关系的性质确定。如果有关公司只是作为代理人代理出租,则其无权自行对所出租房屋改造,有关租金收入也应该直接归于房东,而不是长租公司收一年、半年甚至数年的租金后,再分期支付给房东。

数字时代,长租公寓的经营活动也往往通过网络平台来开展,实践中长租公寓房客的租金如果是按月支付的,长租公司则会与互联网银行(如微众银行)合作,让房客以房租贷的方式,向银行贷款,由银行为房客直接向长租公司支付1年或者更长时间的房租,而后房客再按月归还贷款。如果租客提前解除合同,则长租公司会将与剩余租赁期限相对应的贷款剩余部分,直接归还给银行。租金贷本身再次证明了此时转租的性质,有关的租金贷款就是在长租公司和互联网银行之间发生,如果是代理,有关贷款收入和归还不会与房东毫无关联。

二、长租公寓中的占有关系——多重间接占有(占有连锁)

(一)长租公寓有两重间接占有
(1)房东和长租公司之间的间接占有与直接占有。
房东将房屋出租给长租公司后,租赁合同构成占有媒介关系,房东为间接占有人,长租公司则作为占有媒介人直接占有房屋。
(2)长租公司与房客之间的间接占有与直接占有。
长租公司将房屋转租给房客后,转租合同构成占有媒介关系,长租公司构成间接占有人,而房客则作为占有媒介人直接占有房屋。
长租公司对于房东来说,是他主占有,而对于房客来说则是自主占有。
(二)基于占有连锁房客相对于房东是有权占有
基于租赁合同和转租合同,长租公司相对于房东是有权占有,房客相对于长租公司,亦为有权占有。由于房东对长租公司有转租的授权,基于这样授权,两重有权占有从而就相互关联,构成占有连锁。基于该占有连锁,房客虽然只是依据其与长租公司之间的转租合同对房屋有权占有,但是对于房东而言,房客依然构成有权占有。而房东作为出租人不可以转租为由,解除其与长租公司的合同(反对解释《民法典》第716条第2款),从而打破占有连锁。

三、长租公寓"爆雷"与占有连锁的打破

(一)长租公寓"爆雷"
通常如果长租公司量入为出正常经营,前述经营模式既可避免房东四处寻找租客、房客到处寻找房源的麻烦,也可让长租公司有效利用承租的租金低于转租租金的租金差以及基于公寓管理、卫生打扫的管理费收入,获得经济利益,进而有效地持续经营。
但是,有不少长租公司为抢占市场,高租金租房抢房东,低租金转租抢房客,形成租金倒挂,其经营必然不可持续,最终经营"爆雷"。

(二) 房东的解约导致长租公司成为无权占有人

长租公司经营"爆雷"的直接结果是无法按照约定支付房东租金。依据房东和长租公司的合同,或者直接依据《民法典》第722条,房东可以催告长租公司在合理期限内支付,长租公司逾期不支付的,出租人可以解除合同。

如果长租公司的格式合同中不公平地剥夺或者限制了房东上述权利,则构成不合理地限制或者排除房东依据合同享有的主要权利,依据《民法典》第497条第2、3项,该约定无效。

出租人解除合同后,长租公司构成该房屋的无权(间接)占有人。

(三) 占有连锁的打破与房客相对于房东的无权占有人身份

如前所述,作为次承租人的房客,其对于作为出租人的房东构成有权占有的前提是有两重间接占有构成的有权占有的存在。且有转租授权,也就是形成第二次间接占有的授权,使两重有权占有彼此衔接,构成占有连锁,从而次承租人相对于出租人也构成有权占有。现在第一重间接占有,由于出租合同的解除,已经不复存在。由于该合同还是转租授权的依据,合同解除,转租授权也就消灭,从而占有连锁就彻底破局。虽然作为次承租人,其与长租公司之间的转租合同依然存在,其相对于长租公司仍为有权占有人,但是由于占有连锁的破局,次承租人相对于房东则构成无权占有。

四、占有连锁的维持

占有连锁打破后,房客成为相对于房东的无权占有,房东可以基于其所有权行使第235条赋予的返还原物的物权请求权。为避免这一结果,2009年的《最高人民法院关于审理城镇房屋租赁合同纠纷案件具体应用法律若干问题的解释》(以下简称2009年《房屋租赁解释》,已失效)和《民法典》均赋予占有人以一定的救济措施,从而维持占有连锁,避免作为次承租人的房客对作为所有人的房东构成无权占有的结果。

(一) 2009年《房屋租赁解释》的规定

解释第17条指出:因承租人拖欠租金,出租人请求解除合同时,次承租人请求代承租人支付欠付的租金和违约金以抗辩出租人合同解除权的,人民法院应予支持。但转租合同无效的除外(第 1 款)。次承租人代为支付的租金和违约金超出其应付的租金数额,可以折抵租金或者向承租人追偿(第 2 款)。

1. 房客代为履行的权利

原《合同法》没有规定第三人代位履行债务人债务的权利。2009年《房屋租赁解释》第 17 条第 1 款则确认了房客代为履行的权利,作为次承租人的房客有代承租人支付租金及违约金,从而消除承租人违约状态的存在的权利。房东解除合同的理由是承租人拖欠租金,因为房客代为履行,该理由不再存在,因此房东不再有权利解除合同,即解释所谓房客可以抗辩房东的合同解除权。由于房东与长租公司的租赁合同无从解除,占有连锁也就继续得以维持。

该权利的例外是转租合同无效,依据 2009 年《房屋租赁解释》第 15、16 条的规定,转租期限超过承租人剩余租赁期限时就超过部分的约定,以及未经出租人同意承租人转租,出租人在 6 个月内提出异议的情形。不过这两种情形实质都是承租人无转租权所致,无从成立占有连锁,此时次承租人对出租人均构成无权占有,但是次承租人和承租人之间的转租合同的效力本身不当然受到影响,解释认为此时合同无效是不正确的。不论承租人有无拖欠租金,房屋租赁合同本身有无解除,由于次承租人本就构成无权占有,占有连锁本就无从成立,自然也不存在维持占有连锁的问题。

2. 房客代位履行后的救济措施

由于长租公寓的房客已经向长租公司预付了转租合同约定的租金,就代付的租金和违约金均超出其应付的数额,根据 2009 年《房屋租赁解释》第 17 条第 2 款的规定,房客就代付的租金和违约金均可向长租公司追偿。

(二)《民法典》的规定

《民法典》第 524 条明确规定了第三人代为履行的规则:债务人不

履行债务,第三人对履行该债务具有合法利益的,第三人有权向债权人代为履行;但是,根据债务性质、按照当事人约定或者依照法律规定只能由债务人履行的除外(第1款)。债权人接受第三人履行后,其对债务人的债权转让给第三人,但是债务人和第三人另有约定的除外(第2款)。

依据第524条的规定,合法转租的次承租人在承租人不履行租金支付债务时,显然对该债务的履行具有合法利益,可以代为履行。代为履行后,出租人就租金履行的债权,也就会转让给次承租人,从而发生债权人的代位。也就是说,《民法典》第524条规定的关于第三人代为清偿的规则,已经可以达成与2009年《房屋租赁解释》第17条基本一致的效果。

不过,《民法典》第717条至第719条还是吸收了2009年《房屋租赁解释》第15—17条的规则,就次承租人的代为履行的权利进行了规定:承租人拖欠租金的,次承租人可以代承租人支付其欠付的租金和违约金,但是转租合同对出租人不具有法律约束力的除外(第719条第1款)。而转租合同对出租人不具有法律约束力的情形,是指出租人同意转租时,承租人经出租人同意将租赁物转租给第三人,转租期限超过承租人剩余租赁期限的,超过部分的约定(第717条),以及承租人未经出租人同意转租,出租人知道或者应当知道承租人转租,在六个月内提出异议的情形,或者出租人不知道也不应当知道转租的情形(第718条)。简单来说就是承租人无转租权,占有连锁不成立,次承租人对出租人构成无权占有。次承租人代为支付的租金和违约金,可以充抵次承租人应当向承租人支付的租金;超出其应付的租金数额的,可以向承租人追偿(第719条第2款)。

与2009年《房屋租赁解释》不同,《民法典》规定,违法转租时转租合同并非无效。而其所谓转租合同对出租人不具有法律约束力,实际上就是认为,次承租人对出租人不构成有权占有,至于对于出租人具有约束力的转租合同,自然是次承租人对于出租人构成有权占有,占有连锁成立。不过,《民法典》的其他规则,显然维持了2009年《房屋租赁解释》的做法,甚至于在次承租人代为履行时,也没有按照第524条的规定,确定次承租人对出租人租金债权的代位,仍然使用了《房屋租赁解释》的追偿权称谓,当然,这不代表此时次承租人不可以援用第524条的规定主张租金的债权代位,亦即,代位履行承租人债务的次承租人有了两种不同的选择。

次承租人代为履行后,承租人就不再违约。此时出租人也就不能依据第722条以承租人拖欠租金为由解除合同,从而占有连锁也就继续得以维持。

五、作为所有人的房东的返还原物请求权及其行使条件

(一)房东的权利是基于所有权的返还原物请求权

如前所述,房东依法解除了与长租公司的租赁合同后,占有连锁即被击破,房客相对于房东即构成无权占有。依据《民法典》第235条的规定,作为所有人的房东有权基于所有权主张返还原物请求权,要求作为无权占有人的房客返还房屋。

(二)返还原物请求权的行使条件

返还原物请求权成立以房客构成无权占有,即该权利的行使本身必须以房东有效解除了其与长租公司的合同为前提。但长租公司未按期履行支付租金的义务本身并不直接导致合同的解除。在出租人解除合同前,必须先向长租公司进行催告,要求其在合理期限内履行债务(《民法典》第722条),而后才能通知长租公司解除合同(《民法典》第565条第1款)。

实践中,房东在所出租的房屋门上贴上未收到长租公司的租金一类的通知,通常不能成为对长租公司有效的解除合同通知。从而也就无法击破占有连锁,房客并不因此构成无权占有。

六、作为占有人的房客的地位保护

(一)房客的占有保护请求权

房东基于所有权行使返还原物请求权后,房客作为占有人可以自愿交出房屋。实践中,房东也有可能会以私力赶走房客,或者以侵入出租房、破坏门锁、房屋内的家具以及生活设施等其他方式妨害房客的占有。

就前者而言,房东的行为构成侵占,依据《民法典》第462条第1款第1分句,房客作为占有人有权要求房东返还房屋。就后者而言,房东的行为构成妨害占有,依据《民法典》第462条第1款第2分句,房客作为占有人有权排除妨害。

此外,面对房东的私力侵占,房客有权依据《民法典》第1177条的规定,采取自助行为,以重新获得房屋的占有。

(二)房客占有保护的暂时性

房客主张占有保护请求权时,房东拒绝配合的,房客为保护自己的占有,可以起诉,所有人自然也可以提起反诉,但是在房客占有人的诉讼中,不应允许所有人提出其基于本权的抗辩。起诉的房客可以依据《民事诉讼法》第100条等的规定申请诉讼保全乃至诉前保全,要求作为侵占人的房东先返还原物。而如果在要求返还原物的本权之诉中,所有人房东胜诉且已经进入执行程序,此时,房客必须再次返还房屋于所有人。也就是说,房客最终还是要交出房屋的,只是不能让房客耻辱地被房东夺走房屋的占有而已。

另外,房东胜诉后,房客就合同解除后的房屋使用,属于恶意占有,应适用《民法典》第459条的规定,就使用利益需要对房东承担赔偿责任,即房客还是需要对房东直接负有相当于支付在此期间的租金的赔偿责任。

七、结语

应该说,房东和房客都是长租公司的非正常经营的受害者,但两者就房屋的使用本身不可能同时获得保护,在保护其中一人利益的同时,必然会牺牲另一人的利益。在转租的法律构造框架下,房客的占有即使受到保护,其保护也是暂时的,最终还是要保护房东的利益。房客固然可以追究长租公司的违约责任,但是经营"爆雷"的长租公司往往失去偿债能力,最后房客将会遭受无可挽回的损失。